國立臺灣戲曲學院
NATIONAL TAIWAN COLLEGE OF PERFORMING ARTS

General Education

通識

教育學報

No.5
第五期

2018年6月

目次

沈復〈兒時記趣〉文本修辭探析

丁美雪

高雄師範大學國文系博士、高雄市市立旗山國中教師

摘要

　　沈復〈兒時記趣〉全文只有短短兩百六十三字，作者如何在這麼短的文字中形成童趣？作者是採用何種敘事手法？本文擬從寫作形式，從字詞、句段（含對比、認知隱喻——對沈復「蚊一鶴」的關連進行解析，了解隱喻的新穎作用。）進行文本細讀，並從敘事學角度分析篇章結構，從故事與話語、敘述者與人物視角，省視評鑑此一文本。而無論從認知語言學的角度或是敘事學的角度，對於文本的解讀，勢必與直觀式的閱讀大不相同。

關鍵詞：沈復〈兒時記趣〉、文本細讀、敘事修辭

一　緒論

　　過往教師的備課，絕大部分來自於三家出版商的備課用書與教師手冊，內容約略有題解、作者補充、寫作背景、形音義、修辭法（狹義的修辭格）、翻譯、結構圖、課文欣賞……大抵是以知識的補充、閱讀的理解為主，較少以敘事學作為探看篇章修辭的方法途徑。雖有李清筠（2013：54-56）從文言文角度，提到〈兒時記趣〉是中學階段許多學生第一篇接觸到的古典散文教材，認為進行古典散文教學時講授的重點，及可採用的方法，分別為：1.確認語義，基礎理解。2.認識作者，明瞭背景。3.辨明體製，掌握特色。4.梳理線索，玩味立意。5.剖析作法，欣賞巧思。6.因聲求氣，感受情韻。7.文言語譯，今古融貫。8.穿越時空，重返歷史。並以此篇為例，進行教學設計。其言：

> 〈兒時記趣〉一文的教學重點，就形式而言，是掌握古典散文的特色及敘事文的寫法；就內容而言，則是體會「物外之趣」的含義、掌握獲得「物外之趣」的方法。（頁56）

> 「趣」既為本文的重點，那麼作者在文中如何將「趣」傳達出來，便是讀者要用心之處。本文除了直接使用「怡然稱快」、「怡然自得」、「興正濃」等詞語表達趣味，也透過動作的書寫，如「項為之強」、「神遊其中」、「出神」來呈現。（頁63）

　　但李清筠從形式與內容探看〈兒時記趣〉的教學重點，形式是從敘事理論的「視角」及「時序」為〈兒時記趣〉分析，並認為本文採用「逆時序──倒敘」的方式，「非時序」中的「塊狀」。對此篇「『趣』既為本文的重點，那麼作者在文中如何將『趣』傳達出來，便是讀者要用心之處。」（頁 60-61）。筆者以為：「趣」的傳達，除了詞語直接表現，與動作的書寫外，還有什麼方式可以可以傳達？

　　過往我們閱讀敘事作品時，往往被故事的人物、情節吸引，而對於誰在講這個故事，他如何講述故事的方式則被忽略，而這些被忽略之處正是敘事文的閱讀樂趣。意即我們閱讀敘事作品，處於直覺性的閱讀，容易被故事的情節所感動，忘了也忽略了作者如何表達與如何處理人物形象。事實上，「故事人人會講，巧妙各不相同」，閱讀敘事作品應要理解作者怎麼說故事？如何說故事？並以之進行深度鑑賞。在作者與文本，文本與讀者，作者與讀者間的關係下，如何進行文本分析？筆者以為多元化的理解體驗思維，理解作者，當作者的知音，是深度鑑賞文學之初始。

　　以下進行文本修辭探究，以期深思鑑賞經典文學，何以經典。

二 敘事修辭

就敘事修辭學，申丹（2010：179）提及其概念為：「敘事學以文本為中心，旨在研究敘事作品中普遍存在的結構、規律、手法及其功能，而修辭學則旨在探討作品的修辭目的和修辭效果，因此注重作者、敘述者、人物與讀者之間的修辭交流關係。」簡而言之，敘事修辭是作者以文本為媒介與讀者進行交流活動。日常生活中，我們每天不斷地在聽故事與說故事，故事無論是現實發生的事，還是文學創作中的虛構，可以透過文字、鏡頭、動作來再現，意即我們用何種方式（文字、電影、舞蹈）來表達何種內容（故事）。依據申丹（2010：13）所說，西方敘事學家一般採用「故事」（story）與「話語」（discourse）來指代這兩個層次。「故事」涉及：敘述了什麼？包括事件、人物、背景等；「話語」則涉及：如何敘述？包括各種敘述形式及技巧。

從「話語」的角度而言：作者敘述故事時，由於講述者不同，所採取的角度也會跟著有所差異，包括對於材料的取捨、構組故事與說話方式角度都會影響故事的面貌與色彩。同樣地，故事中透過誰去感知事件也會影響讀者閱讀故事的觀點想法。這就是敘事學中——感知者與敘述者——視角與敘述者。意即我們觀看敘事作品時，藉由觀察者與敘述者（誰看與誰講）我們感知敘事作品的異彩紛呈。以下略述敘事聚焦與敘述者。

（一）聚焦

所謂的人物聚焦為敘述者或人物以何種角度觀察感知故事事件。隨著觀察角度不同，同一事件會有不同的結構或情趣。如：在職場中，是採用老闆或是採用員工的角度來敘述故事就會造成不同的故事情節，熱奈特（Gérard Genette）在《敘述話語》中，分為三大類聚焦模式：

1 非聚焦型

「零聚焦」，或是「無聚焦」上帝的眼睛，視角可以移動，全知全能，容易引起讀者的惰性。敘事者＞人物（敘事者說的比任何人物知道得多）

2 內聚焦型

充分徜開人物的內心世界，淋漓盡致地表現人物的內心衝突與漫無邊際的思緒；嚴格視野限制的視角類型，造成死角空白以獲得某種意蘊或引起讀者的好奇心。也可以出現在第三人稱的口吻講故事，但是採用的卻是故事中某個人物的視角。

（1）固定內聚焦型

例如將焦點固定放在小孩身上使作品展現的生活與成年人感受的生活大異其趣從而造成一種陌生化的效果。敘事者＝人物

（2）不定內聚焦型

在某一特定範圍內必須界定在一人身上。敘事者＞人物

（3）多重內聚焦型

同樣的事件由不同人物從不同角度各自觀察，以產生衝突或互相補充的敘述。人們從多種敘述中瞭解到故事的豐富性與歧義性。敘事者＞人物

3 外聚焦型

敘述者嚴格地從外部呈現每一事件，只提供人物的行動、外表和客觀環境，而不告訴人物的動機、目的、思維與情感。因此，人物往往顯得神秘、朦朧或不可接近。它像一臺攝影機，攝入各種情景。冷眼旁觀，零敘述風格。目的在製造懸念，以引起讀者的的好奇心，而最後中將會消除讀者的疑慮。敘事者＜人物[1]

傳統大部分的小說為全知的外視角零聚焦，所以讀者隨著作者所述，進入了故事情節中，但聽讀者會隨著作者聚焦觀察角度的不同，而有了不同閱讀樂趣。如 R.J. Palacio 吳宜潔譯二〇一二年的電影——《奇蹟男孩》：因為遺傳罕見基因，使得奧古天生臉部殘缺。一出生，就疾病纏身，平均每個月都要動二三次刀，經歷無數次大小的手術，五官扭曲畸形，被稱為「怪物、外星人、噁心鬼、蜥蜴臉、突變人……」，經常有人在奧古背後交頭接耳、竊竊私語。這樣的奧古原本由媽媽在家教育，但為了融入社會中，十歲時，他要去上學了。第一次踏進學校，奧古一開始就遭受大多數同學無情的孤立，精神上殘酷的霸凌，所幸還有小夏和傑克的陪伴以及家人的鼓勵，讓他得以勇敢嘗試對面……創作者讓故事以第一人稱的方式，輪流讓主角奧古、姐姐維亞、上學後遇到的好友小夏、傑克等人上場，使讀者偶爾以奧古眼光看待世界，偶爾換從主角身邊孩子的眼

---

[1] 以上轉引自胡亞敏2014：35-43，申丹2010：97，譚君強2014：90-92依照熱奈特的劃分方法。除此之外，申丹（2010：95-96）提及視角分類的紛亂，但她以為至少可分為九種。分別是外視角（觀察者處於故事之外）五種：全知、選擇性全知、戲劇或攝像式、第一人稱主角敘述中的回顧性視角、第一人稱敘述中見證人的旁觀視角——作為主角的第一人稱敘述者從自己目前的角度來觀察往事。由於現在的「我」處於往事之外，因此這也是外視角；內視角（觀察者處於故事之內）四種：固定式人物有限視角、變換式人物有限視角（簡稱「變換式內視角」或「變換式內聚焦」）、多重式人物有限視角（又稱「多重式內視角」「多重式內聚焦」）、第一人稱敘述中的體驗視角（敘述者放棄目前的觀察角度，採用當初正在體驗事件時的眼光來聚焦。）

光看奧古。此種敘事視角為多重內聚焦型，亦隸屬於申丹所言的觀察者處於故事之內的內視角—多重式人物有限視角。此時，故事不再是單一的角度敘述聚焦於一件事件，而得以從多面向多角度來客觀綜合看待。

（二）敘述者

敘述者是敘事文的講述者，是文本中的「聲音」，在敘述層面用於展示事件中的人物感知。譚君強（2014：59-71）依照敘述者不同層面，有了以下幾種區分：

1 故事外敘述者與故事內敘述者

根據敘述者相對於故事的位置或敘述層次。故事外敘述者外在於其所講述的故事，所以高於其所講述的故事層次，如《三國演義》、《水滸傳》、《儒林外史》等中國古典小說都是故事外的敘述者，敘述者不參與故事，置身於所講述的情境與事件之外；故事內敘述者則與所講述的事件、人物位於同一故事層，因此有時與人物敘述者有相交重合之處。

2 非人物敘述者與人物敘述者

依照敘述者是否參與其所講述的故事並是否成為該故事中的人物。人物敘述者除了承擔敘述的任務，也是故事中的人物，與故事中的其他人物相互交流。

3 外顯的敘述者與內隱的敘述者

此為查特曼（Seymour Chatman）最早於一九七八年在其《故事與話語》所提出來。根據敘述者可否被感知的程度，兩者的差別為敘述者是否在其敘述的敘事文本中現身，以及在多大程度上顯露出來。外顯的敘述者具有較強的自我意識，有時甚至「闖入」故事中，以公開的方式對人物和事件發表評論，如《三國演義・空城計》：「卻說司馬懿前軍哨到城下，見了如此模樣，皆不敢進，急報與司馬懿。」等，「話說」、「且說」、「原來」……都是顯露出敘述者講述痕跡；內隱的敘述者則與外顯的敘述者相反，在其所講述的敘事文本中不漏痕跡，讓故事按期自身的邏輯去發展，讓人物在故事的舞臺上按各自獨特而合理的方式去行動。[2]

就事理層面而言，任何一個故事至少都有一位講述者，無論是作為人物的講述者或是隱藏的敘述者，否則故事就無法表述與組織。

---

2 此外譚君強也提及——可靠的敘述者與不可靠的敘述者。此為根據敘述者與隱含作者的關係，此區分最早由布斯（Wayne C. Booth）提出。依照布斯所說：可靠的敘述者指的是當敘述者在講述或行動時，與作品（隱含作者）的思想規範吻合；不可靠敘述者則非。

三　沈復〈兒時記趣〉文本修辭策略

　　〈兒時記趣〉為清代沈復的作品[3]，文本篇幅短小，沈復對於童年舊往的趣事，信手拈來，寫得生動活潑。篇幅雖短小，但是文章所呈現的童心，歷經時代的淘煉，自有其文學價值。作者採用何種寫作方式以凸顯文本的主題？這是修辭分析重點。

（一）文意脈絡

1　第一段

　　總述物外之趣的由來：「余憶童稚時，能張目對日，明察秋毫。見藐小微物，必細察其紋理，故時有物外之趣。」

2　第二段

　　舉例一：蚊子與白鶴的譬喻，作者與之的互動。

　　夏蚊成雷，私擬作群鶴舞空，心之所向，則或千或百，果然鶴也；昂首觀之，項為之強。又留蚊於素帳中，徐噴以煙，使之沖煙飛鳴，作青雲白鶴觀；果如鶴唳雲端，為之怡然稱快。

3　第三至四段

　　舉例二：幻化融入森林世界中，幽遊於想像世界。

　　又常於土牆凹凸處、花臺小草叢雜處，蹲其身，使與臺齊；定神細視，以叢草為林，蟲蟻為獸；以土礫凸者為丘，凹為壑；神遊其中，怡然自得。

　　一日，見二蟲鬥草間，觀之，興正濃，忽有龐然大物，拔山倒樹而來，蓋一癩蝦蟆也。舌一吐而二蟲盡為所吞。余年幼，方出神，不覺呀然驚恐。神定，捉蝦蟆，鞭數十，驅之別院。

（二）寫作形式

　　「余憶童稚時」的落筆便代表此為回憶性的文本[4]。

3　原為《浮生六記·閒情記趣》，此分析文本採教科書版為節選。

4　此為一篇帶有抒情性的回憶錄和記敘性的散文，寫作此文時作者已四十六歲。資料來源：http://baike.baidu.com/item/%E7%AB%A5%E8%B6%A3/77662百度百科（2018年1月21日）

1 字詞

　　動詞：「吐」、「吞」的字詞展現了癩蝦蟆對小蟲的迅及吞食及毫不留情、凶猛的態度。情緒的表現在第四段的字詞最為明顯。「觀之，興正濃」代表作者融入動物世界中，此時的二蟲不再為小蟲，而是為「獸」；「癩蝦蟆」不是癩蝦蟆，而是氣勢凌人的「龐然大物」。當此，「興正濃」→「忽有」→「方出神」→「呀然驚恐」，在這些字詞中盡皆顯現的情緒反應轉移，此為第一階段；第二階段則為「神定」後對此事件的後續處理，在動詞「捉」、「鞭」、「驅」的使用下，顯現作者盛怒之下的直接反應，一氣呵成，毫無滯掛。

2 句段

　　此篇文本大都使用短句，敘述簡潔明確。

　　作者不寫：「癩蝦蟆吞了二蟲」，而寫了「二蟲盡為所吞」，癩蝦蟆主動的吞食二蟲，與二蟲的被吞食，兩者的差異在於：作為主詞的「二蟲」是敘事焦點所在，強調其「被」活活的，活生生的，血淋淋的「吞下」了，（若有鏡頭，一定是聚焦放大）。相反地，「癩蝦蟆吞了二蟲」，則可能僅止於隨意、漫不經心，弱肉強食的，屬於自然界的規律法則。從作者對二蟲—癩蝦蟆兩者的敘述來分析，敘述視角從一開始的二蟲身上，再移轉至以盛大氣勢出場的「巨大怪物」，癩蝦蟆身上。自此，便聚焦在此兇狠動物上，「舌一吐而二蟲盡為所吞」，成功地塑造這龐然大物的恐怖與兇殘，二蟲完全無招架之後就被吞食了。作者意在描繪癩蝦蟆的兇暴，相對地隱藏了對兩蟲的相憐之意。

（1）隱喻

　　沈復如何將人見人厭的蚊子，幻化成高貴象徵的白鶴？文本第二段隱喻所造成的張力，頗為有趣。認知語言學以為隱喻是人類的基本認知方式，是人們談論和思維抽象概念的認知工具。Lakoff 和 Johnson（2009：9）認為：隱喻滲透於日常生活，除了滲透在語言，也滲透在思維和活動中。我們藉以思維和行動的普通概念系統在本質上基本上是隱喻的，稱為概念隱喻。「概念隱喻」的系統性[5]與融貫性可以延伸、精緻化以產生新穎的隱喻表述。

　　如第二段：作者將可厭的蚊子比擬成高潔的白鶴——「夏蚊成雷，私擬作群鶴舞空」。試想：叮人吸血、媒介疾病的蚊子，素為人所憎惡，誰會欣賞牠們纖細之軀，輕

5　文旭（2003：3）概念隱喻的系統性可以從兩個層次進行分析：語言層和概念層。語言層上的系統性，就是指由一概念隱喻派生出來的多個隱喻表達式或語言隱喻是成系統的，這是因為經驗具有完形感知結構，這個多維結構的整體使得隱喻內的映射具有系統的對應關係。（本文所指為語言層的系統性）至於概念層的系統性為：1.常規隱喻、死隱喻與新隱喻；2.結構隱喻的系統性；3.方位隱喻的系統性；4.本體隱喻。

盈之姿？而後續的文字：「又留蚊於素帳中，徐噴以煙，使之沖煙飛鳴，作青雲白鶴觀，果如鶴唳雲端。」作者用煙噴蚊，煙與白雲連結，靜態的青雲白鶴與動態的「鶴唳雲端」交織成活潑生動，超然物外的情劇。直把蚊子擾人人厭的情景，幻化為白鶴翩翩，長鳴雲端的仙境；作者將日常生活中令人生厭的蚊子與中國傳統社會中具有高潔、尊貴、長壽象徵的鶴連結譬喻，由於兩者的反差大，所以形成新穎的隱喻。隱喻的巧用（如下表），著實令人大出意表，令人拍案叫絕。

表一　〈兒時記趣〉目標域—來源域

目標域	相同特質	來源域
蚊	外型、聲音、動作	鶴
夏蚊成雷	量多、聲音大	群鶴舞空
徐噴以煙，	沖煙	青雲白鶴（靜態）
使之沖煙飛鳴	飛鳴	鶴唳雲端（動態）
心之所向，則或千或百，果然鶴也		

　　第三段也是隱喻的採用，將「叢草、蟲蟻、土礫凸者、凹者」透過想像力的延伸，原來的小草、小石、小蟲瞬間成為了「森林、野獸、山丘、谿壑」，任小沈復馳騁遨翔。作者將日常生活中平凡甚至擾人的蚊蟲、瑣碎的事物，加上想像力予以重新改造，使平淡無味的日常事物變成好玩、有趣的新鮮體驗，創意來自於嬉戲，來自於想像力的無邊無際。

（2）對比

　　表面上，作者從外型、出場氣勢明顯地形塑了癩蝦蟆，而暗陳了兩蟲的弱小外型，即與之相比之下的氣弱：

> 一日，見二蟲鬥草間，觀之，興正濃，忽有龐然大物，拔山倒樹而來，蓋一癩蝦蟆也。舌一吐而二蟲盡為所吞。

也因為作者不明顯的指陳，因此讀者可以對作品進行推論。推論的使用在於發現作品中的空白，促使讀者主動思考作品意義，經由細思中對於作者略而不寫的語詞句段進行語文加工，展開空白的填補與拓展，從空白處讀到文本的言外之意。意即文本對於讀者是一個多層次不確定的意義框架，有需多的空白處需要讀者運用經驗與想像對比進行解釋，透過細讀與詞句段，有助於文本理解。

3 篇章結構

以下以敘事修辭的聚焦與敘述者的角度，對文本重新解構閱讀，並樹立人物與情節。

敘述者與敘事聚焦

就敘事修辭而言，視角是人物的，聲音則是敘述者所有，敘述者只是轉述和解釋人物（包括過去的自己）看到和想到的東西，彼此呈分離狀態。而在第一人稱敘述中，「我」往往是敘述者，又是故事中的人物。此篇文本採用第一人稱的回顧敘述，為故事外的敘述者，敘述者是現在的我——「余憶童稚時……」。

敘事聚焦為固定內聚焦型，為沈復的視角，分為三層，分別為：

Ⅰ.現在的我

第一段：「余憶童稚時，能張目對日，明察秋毫。見藐小微物，必細察其紋理，故時有物外之趣。」為作者追憶童年往事之趣。

Ⅱ.童年的我

第二段：「夏蚊成雷，私擬作群鶴舞空……」，在想像力與創作力的驅使下，「果如鶴唳雲端，為之怡然稱快。」，營造了童年快樂時光。

Ⅲ.童年縮小的我

第三、四段：「蹲其身，使與臺齊；定神細視，以叢草為林，蟲蟻為獸……」。此時，作者已然跌入童年時空中。想像力的作用，作者讓視角以童年且縮小的沈復呈現，展現一種專屬小孩的玩耍情趣。

此兩段是回顧性的敘述，沈復當然早已知道「龐然大物，拔山倒樹而來」的是一隻癩蝦蟆，但是在敘述的過程中，沈復不採用回憶的觀察角度，而從他童年體驗事件的角度來聚焦。因此，讀者只能與沈復當年的角度一起體驗，與沈復同樣受到驚嚇，一起發現「拔山倒樹」者究竟為何者？於是造成了懸念，產生了強烈的故事戲劇性。

兩段相較之下第三段屬於靜態的呈現，第四段則在二小蟲互鬥與大蟲加入下，顯現出一種動態的劇情張力，在想像力的作用下，作者的描述的視角從童年縮小的沈復（余年幼，方出神，不覺呀然驚恐。），變身回到巨大（童年正常版）的沈復（神定，捉蝦蟆，鞭數十，驅之別院。），身形的變大，彷彿就是拯救世界，維護世界和平的使者化身。在此，作者採用不同的視角，突出了此文本的功能與效果——童話世界中兒童特有的拯救世界和平的正義使者——變身。作者所展現的即為令人會心一笑的童趣。

（1）人物

在人物的形塑上，主要人物當然為童年的沈復。從文本得到的訊息為：童年沈復具有：

1.細膩的觀察力：「見藐小微物，必細察其紋理，故時有物外之趣。」

2. 奔馳的想像力:「夏蚊成雷,私擬作群鶴舞空」,「留蚊於素帳中,徐噴以煙,使之沖煙飛鳴,作青雲白鶴觀;果如鶴唳雲端」

3. 融入角色的創造力:「蹲其身,使與臺齊;定神細視,以叢草為林,蟲蟻為獸;以土礫凸者為丘,凹者為壑」,「觀之,興正濃,忽有龐然大物,拔山倒樹而來,蓋一癩蝦蟆也。舌一吐而二蟲盡為所吞。余年幼,方出神,不覺呀然驚恐」當敘事聚焦於童年縮小版的沈復時,「叢草為林,蟲蟻為獸」,童年縮小版的沈復簡直肉眼都看不到,難怪「癩蝦蟆」成了「龐然大物」,以「拔山倒樹」的氣勢而來。此外,小時候的沈復還是正義使者的化身──「神定,捉蝦蟆,鞭數十,驅之別院」。神定後,三句十字,三個動作,採用短句,態度果斷,為小蟲伸張正義,懲暴除惡,令人莞爾。

也因為上述觀察力、想像力、創造力的交相融入,童心、童趣地帶領了讀者走入時光的長廊,進入了沈復童年的歡愉時光。

(2)情節

在情節的安排上,作者透過兩項事件的安排呈現──「物外之趣」,從第二段的:「果如鶴唳雲端,為之怡然稱快」,到第三段:「神遊其中,怡然自得」,情緒一直是平和自在的,直到最後第四段「觀之,興正濃,忽有龐然大物,拔山倒樹而來」,才轉變。隨著作者的縮小,與蟲蟻置身於同一世界區塊,遭受「龐然大物」的攻擊侵犯──讀者也彷彿經歷了作者的經歷,感受作者的感受──「呀然驚恐」,這時的張力陡然升高,而這樣的閱讀效果正是採用童年縮小版的視角所引發。

四 結語

沈復〈兒時記趣〉全文只有短短兩百六十三字,作者以追敘的方式,回到童年時光,透過豐富的想像,以虛擬的筆法進入童話世界而形成童趣。

本文中以第一人稱敘述,有三種不同視角:一為敘述者「我」目前追憶往事的眼光,二為被追憶的「我」過去正在經歷事件時的眼光。三為被追憶的「縮小的我」過去想像正在經歷事件時的眼光。沈復此篇,年老沈復的「我」是作為敘述者在話語層運作,童年時的「我」則是在故事層運作。故事與話語的交互作用,加上新穎隱喻的想像創造與觀察角度的融合匯入,呈現了沈復所要表達的本篇主旨──童趣。

本篇分析的角度主要從認知語言學的隱喻出發,對沈復「蚊─鶴」的關連進行解析,了解隱喻的新穎作用。此外,也藉由敘事修辭關於故事與話語、敘述者與人物視角,省視評鑑此一文本。而無論從認知語言學的角度或是敘事學的角度,對於文本的解讀都與直觀式的方式大不同。通過對作品的理解思考:「此段的敘述者是誰?」、「彼段

的敘述者又是誰？」、「這樣的觀察角度與作品的結構、文體有什麼關係？」、「還可以以誰當視角？」、「誰還可以擔任敘述者？」……透過自我提問，讀者將回溯經歷作者創作的樂趣。

　　理解沈復的，會隨著沈復同情二蟲，為其驅趕癩蝦蟆而喝采。而為什麼我們會同情二蟲？如果作者換個角度敘述呢？會有什麼不同的結果？當講述者不同，讀者觀察的角度也就跟著轉變，因為講述的立足點不同，同一事件將會變得大異其趣。敘事者材料的取捨、組構過程甚或語氣的運用也都會不同程度的影響故事的面貌與色彩，敘事文的豐富性是由於敘述方式的奇妙組合。因此，某些故事的題材相同，但因為不同的敘事方式，我們被故事吸引了。敘事過程的五彩紛呈增添了故事內容的閱讀趣味，敘述形式與內容主題相互交融，此正為敘事魅力之所在。

參考文獻

王　寅　2012　《什麼是認知語言學》第二次印刷　上海市　上海外語教育出版社

文旭、葉狂　2003　〈概念隱喻的系統性和連慣性〉　《外語學刊》　114：1-7

申丹、王麗雅　2010　《西方敘事學：經典與後經典》　北京市　北京大學

沈　復　2016　《浮生六記》　北京市　國際文化出版公司

胡亞敏　2014　《敘事學》　臺北市　若水堂股份有限公司

弗里德里希‧溫格瑞爾著彭利貞等譯　2009　《認知語言學導論》第二版　上海市　復
　　　旦大學出版社

李清筠　2013　〈古典散文教學重點與方法──從〈兒時記趣〉出發〉　《中等教育》
　　　64　3：52-66

劉俐俐　2008　〈經典文學作品分析的性質、地位、路徑和意義〉　《甘肅社會科學》
　　　3：9-16

譚君強　2014　《敘事學導論──從經典敘事到後經典敘事學》第二版　北京市　高等
　　　教育

George Lakoff、Mark Johnson　周世箴譯注　2006　《我們賴以生存的譬喻》臺北市
　　　聯經出版社

Dirk Geeraerts 主編　邵軍航、楊波譯　2009　《認知語言學基礎》　上海市　譯文出
　　　版社

百度百科（清沈復散文）　創作背景 http://baike.baidu.com/item/%E7%AB%A5%E8%B6%
　　　A3/77662

以批判觀點詮釋教與學的實踐價值

王光中

臺灣戲曲學院學務長

摘　要

　　本文以批判理論詮釋現今教學現場所隱晦的問題，批判理論者認為目前教學現場具有以下三點現象：教育的本質不是中立的、學習者的自我覺醒及對話、學習者由實踐到意識的解放。教師於教學中應當利用批判教學策略，來導引學生批判的意識，以利學生自我覺醒。此批判教學策略主要採取對話和問題模式，在班級上以開放的對話，帶領學習者沿著知識去思考，使他們依方向不斷的學習，這也說明教師教學實踐的行動力。最後，審視教學的實踐與反省應有的批判思維，給予學生民主自由的思考、教學者與學生之間的專業對話、教學者應當對教育現場宰制的現象加以批判、解放和尊重達到學習者意識的覺醒。

關鍵詞：法蘭克福學派、霸權、自我覺醒、對話

一 前言

　　批判教學所關心的方向，是以建構教學者和學習者之間關係，除了教學實踐供作參考之外；我們如何了解教與學的方式，以塑造教師成為批判教學者。批判教學的觀點，應了解學習者的疑問、聲音、權力和評價，更應積極地建構教師和學生、行政機構與社會、班級氣氛和學生群體之間的獨特關係。批判教學是以批判的觀點了解知識、權威和權力三者之間潛在問題的關聯性（Giroux, 1994）。

　　教學的反省可由許多方面被證實和不同領域的例子被舉出，批判意識被證明在一個異性戀主義的系統中，其個人經驗對於同性戀的恐懼，其實也影響以同性戀者生活型態（Borrego, 1995）；美國長久以來種族歧視，但是，二十一世紀黑色人種卓越的表現，無論是學生、商界、政治人物等，這些卓越黑色人種的一言一行對社會大眾有極深遠的影響。性別歧視當然是「商品化跨國婚姻」中的重要議題，然而學者往往只在乎這些娶外國新娘的男性，是如何地成為父權的代理人，而忽略了這些男性在他們所處的社會中往往是被邊緣化的一群（Glodava and Onizuka, 1994）。每個例子證實了權力的體認、反社會化和教育的批判意識。

　　思考教學早期的發展，學習者認知主要依據模仿的過程學習，當學習者熟練學習內容的原理與原則之後，學習者才會有自省能力，突破學習的價值。目前批判教學學生學習應以意識及認知上的探究，使教學者成為學習者的解放者，相反地，學生缺乏反省性，教師僅提供框架、教化改善學生學習內容，學生受到教師過多干預與教學指南，學生的創造性與思維的能力會減低，因此，為了啟發學生與發展學生創造力，教學應當引導學生自省的實踐。

　　改變教學現場採取批判教學法，因此，我們在現今教學中應當扮演「抗拒」的角色，亦即抗拒課程設計的教化，解決商業化課程的影響。教學者的工作是發展學生的意識和解放支配個人的觀點、批判意識與對話的能力、衝突管理和合作。假如教學者專心於計畫學習此反省的經驗和發展這些能力，我們的教學是堅強的，學生學習是活絡的。

二 發展教學的批判意識

　　批判教學屬於批判理論的一種；其理論的背景產生在德國法蘭克福學派的批判理論，Gramsci's 霸權的概念，課題隱藏著對課程實施方式、公民倫理、不同的爭論和民主政治的支配性（Freire, 1970；Giroux, 1988；Mclaren, 1993；Shor & Freire, 1987）。首先法蘭克福學派提出第一個觀點，「強調要達成解放應由個人批判的意識和批判社會行動」。Freire 提出自我覺醒（conscientization），藉以說明教師教學應當自我覺醒、獨立選擇、辨識和批判被行政支配的霸權。

關於 Antonio Gramsci 觀點的第二個主張：批判意識乃是探求社會及主體被支配的控制力量及應當具有辯證思維的共同觀點，且具有理性思維的能力（Gramsci, 1971；Luke, 1992）。批判的觀點能夠明確思考問題，學生被設定在學校環境空間內，行政規範支配學生群體的價值（Darder, 1991；Freire, 1985；Giroux, 1988；hook, 1994；Weiler, 1988）。檢視現今教學現場，師生皆缺乏自主意識及批判思維，本文依據批判理論針對現行大學教學現場，提出評論並加以反省。

第三個觀點：批判思維是以倫理學與民主政治為基礎，倫理學的知識針對壓迫和不公平的現象加以反駁，並明確地以人性為中心（Giroux, 1994；Mclaren, 1993）。大學師生與行政認知的差異和許多重要的潛在聲音，會影響教學結果的導向。「對話」是Freire's 批判理論長久以來的重要價值，教學行政單位應聽取師生不同的意見和需求，教師更是教學場域的促進者，激發學生內在學習動機。

我們不可否認，長期教學現場是由教師直接主導，因此在複雜的教學情境中，如師生互動、同儕關係、自我覺知、師生關係（Bloom, Durand-Bush, Schinke, &Salmela, 1998）等，須由教學情境中相互對話（溝通），才能營造尊重與關懷的學習氣氛。如現今學生知覺已被喚醒，由於意識的介入，學生已不再被奴役，能全心投入情境中發揮他們的潛能（Schunk, 1995）。

根據 Freire 經驗指出：「在拉丁美洲，權力和支配的力量兩者是相關聯。」（Brazil, Chile, Nicaragua）他發現教育的本質與社會行動被連結，亦即教師引導學生自省，開放學生自我意識，其教學成效活絡以達到交互關係。根據此論點，擴大在許多社會及政治現場，Robert Armove（1986）描述在六○年代到七○年代晚期尼加拉瓜的社會變動，在 Somoza 總統擊倒之前，其強而有力「反支配的權力」，在尼加拉瓜社會動盪，有三個值得關注的疑點：1.Sandino's 普遍全國反抗。2.馬克思主義課題的分析。3.自由主義解放神學；當人們思想逐漸解放，則教學者應當引導學生的思想，使其在課程束縛中獲得解放，學生能自由的發展自我，學生也能經由心智成熟及自我的反省，創造學習的價值。學生學習表現水準會因為心智的解放，創造高素質的學習成效（Seligman, 1991）。

引藉批判理論的觀點，其三個假定在教學中實踐。這些假定是：教育的本質不是中立的、學習者的自我覺醒及對話、學習者由實踐到意識的解放。

（一）教育的本質不是中立的

Freire（1972）認為教育如同教化或解放。社會化的學習者受到強力支配的意識形態，即是教化的教育一種表現。教學實踐的能力，受到教師的觀念及傳統的教學型態所束縛和教化；大學教學的本質應為學生未來踏進社會做準備，並將學習成果反映在日常生活。長久以來教學的本質、方向和教學過程是固定的形式，在現今多元選擇的社會，

意識的解放受到爭論與批評。現今學習者允許獨立、反省思考和自我期望,假如學習者依舊是被製造的:「教師花費很多時間與了解學生的想法,學生的表現和發展,常會被視為是教師投資的工具(Parker, 1992)」。當學生的發展受到宰制,會像自動機器一樣缺乏主體意識,學生的目標與方向、師生對話、教學者的意見及提問,將會形成毫無疑問或無教學價值。反思現今,應重視批判的價值及學習者自主的能力,教育的本質時常缺少本質的質疑或毫無考慮之下接受教化的措施和接受本質內容,亦即本質內容「教化」措施的不適合,可能未受注意;我們可能未加思索在教學觀點中,學習者無形地受到教化和支配而做了決定。

(二)學習者的自我覺醒及對話

社會的建構、邏輯的推論,這觀點即是社會被反建構、重建或轉型的觀點,解放的教育觀點,學習者應當能體會及了解。有鑑於過去教學系統其意識形態應重新建構,在這世界上應該開始扮演去分解,以下兩個學習的例子,其意識形態和分析如下:

> 第一個實例:利用產業學習者的大量經驗運用在教育經營者(由 Fitzgibbons 對話上的分享,1996),檢視教育是被組織的,被傳遞的,教育的解放包括意義建構的檢核和行動,教育經營者能明確知悉改變的聲音,也了解到教育必須受到解放。探究教學者與學生之間互動關係,學生是消極地接受模糊的訊息,經由教師的灌輸和學生不自覺的接受,我們少有檢視教材的妥適性,是否符合學生身心發展與適性教學,因此,身為教學者,可由自我重新建構來確認學習者知識獲得的價值,並思索體育教學方式的運用和教化之間的差異。
>
> 第二個自我意識和分析的實例,起源於指導者對工業能力的削減的觀念(deindustrialization),針對學生的經驗、廣泛的社會、政治和經濟策略之間相連結。在廣大社會背景中,學習者關注機會和職業上職責的期望,針對資本主義發展與實踐的批判。其次,我們認識此社會,除了利益之外,商業氣息正曲解社會的意識和教育的本質。為了讓學生自我意識的覺醒,應喚醒教學者自我意識和學生自覺相連結(Schinke, 2000)。

(三)學習者由實踐到意識的解放

第三個教學的批判假定;社會的轉型不只是社會意識形態的結果,道德的解放必須包含個人的行動和集體的反省。實踐是一種反覆的、反省的採取行動,所採取行動的策略應介於事實或理論之間適用性、評價的反省和返回到理論。教學價值的改變及尊重學

生個別化的實踐，教學者應以自我意識針對學習的場域、學生背景、社區型態及國情背景，加以反覆的實踐和反省，透過教學實務反省所獲得實用的知識，並透過參與實際行動，吸引學生不斷反覆的省思與自我意識解放。在長久被動的傳授習慣，學生獨特性受束縛，應以加強學生更多內容與過程的方向，透過學生之間的合作及行動，使自我意識加以實踐；更進一步，學生了解其本身的方向和受束縛的學習經驗結果的差異，應促使學生採取積極學習和自省的行動策略。

以社會變動的觀點，強而有力解放教育最好的影響是班級教學型態的轉變。在教學場域內，教師教學的解放引導「學生認知的實踐」取代「教材大變革的改革」。批判理論以現場教學者與學習者被畫為同一直線，學生的學習應當能夠在此同一線上參與共同討論和安排。

這個理論基礎和三個基本假設，在教學的本質功能性轉變成教學實施、教學內容、教學方式的意識，教學的實踐和解放有其必要性，在歐美教學中已經被呈現及運用。

三　教學實踐的行動力

批判教學的焦點是發展批判的意識，如同 Freire（1973）發展「自我覺醒」他確認意識的三個階段：固定的意識、潛在的意識和批判的意識。

（一）固定的意識

所謂學生「固定的意識」狀態，是指學習的意識不經思索，接受教學者直接的傳輸，在這基礎下學生並沒有意願去想像改變成果，此現象教學是被動與僵固的行動。在實際的教學現場，學生對於教學情境或學生學習的認知，其改變的主要原因，憑藉個人隨意的想像或任由教學者主觀的引導。

（二）潛在的意識

學生的潛在意識具有一個世界觀，去觀察零碎的方向產生效果的作用。學生潛意識的改變和意識潛在的變遷，受到「時間點的觸發」而改變。以一個學校教學為例：教學者沒有固定的教材和教學方式，學生的疑惑是存在深層的記憶中。在教育過程中應當啟發學生意識的覺醒，亦即引導學生內在深層的潛意識（Bandura, 1986）。

（三）批判的意識

批判的意識是指學習者自我反省與思索，教學者應認知到個人的問題和社會背景之間範圍內的連結，例如：在教學現場男女平權主義；Seligman（1991）認為：「學生的表現優異，應受到稱讚、鼓勵、信心等心理建設」。批判意識應有四個標準：1. 權力的體認。2. 批判的知識。3. 長久的反社會化主義。4. 教育的本質。此四個標準教學者應有如下的體認：

（1）綱要、教材、學校環境等無形宰制的權力體認，教學者認知的建構，可經由教學者意識的重建和教育正義觀點的努力，可由集體努力加以改造。

（2）教學的知識包括學生實踐個人想法、陳述、問題解決和對話等，釐清學習中不合適的表面意義，使教學或學生了解其深層的意義和營造個人的邏輯推論的能力。

（3）傳統的教材及教學模式，隱藏著不均等的力量，學生的意識在民主化的改變受到壓抑，教學受現今文化的檢視，失去社會化的價值和社會的意識型態，教育是為了營造學生健康成長，為未來生活作準備，並以生存的價值為終極目標。

（4）教育的本質在於生長、社會化與自我實現，教學的本質即是在完成個人自我實現，豐富生命獲得健康的人生。

教學者的批判教學策略，在班級上以開放的對話，學習者開始詮釋他們的經驗和論理的理解，指導者帶領學習者沿著知識去思考，使他們依方向不斷的學習（Shor & Freire, 1987；Shor, 1992；Weiler, 1988, 1994）。本文以對話和問題模式兩種方式提出，說明教學實踐的行動力。

（一）對話

「對話」在教育中是自由表達的方式，陳述一個人的經驗和位置，其經驗背景的表達，即是對話的本質（Freire, 1970）。對話的形式是謙恭的，開放的、有焦點的和合作的學習。溝通能喚醒自我意識和準備共同行動，對話發生在學生和老師之間，以促進學生和老師的交互作用（Shor, 1992）。對話教學實踐主要由學習者引起主題，包括雙人之間開放的對話，個人描述其特點，經由對話和描述過程，去表達他們的生命、經驗和課程內容。

閱讀他們的書寫資料，發現在小型同儕及群體，透過討論書寫資料，學習者吸收其他人的特色、經驗和觀念以建立知識。擴大對話的深度，學習者應加以分析資料和思考如何使資料整合；組織資料之實用性或推論性，使參考資料加以整合以創造問題。學習者對全部資料的思考和詮釋資料的意義，以影響學習者的初始經驗和觀念，以利與資料

之間相連結。Wishnietsky 和 Felder（1989）研究發現，教師指導學生常缺乏了解學生內心訊息的反映，缺乏良性的互動與對話，無法了解學生個人的缺點。當一個反省實踐的論題呈現，教學者對話以開放式為架構，以吸引學習者使用全文和閱讀詮釋不同的觀念，當作學習者對於主題方向的架構，以書寫和交談以促進學習者去發揮觀念的機會。

Freire（1970）研究大學學生發現，「學生對於專業知識共同的反省是沉默的，應透過深層的對話，利用小組討論來引導問題深處」。當班上對話保持沉默，應由小團體建立對話機制，小團體如何學習去推動對話的機制，營造對話的品質，以挑戰相互對話的時間和開放對話的廣度，以建立延續對話的機制。教師與學生有寬裕的機會行使一個神志清楚的對話（Haslam, 1988）。改善的學生的認知和反省能力，能幫助教師教學的效能，教師能關注學生的特性了解平時的生活及學習的態度（Seligman,1991）。由心理學的觀點，學習者通常只想要去聽正確的答案，對於不同的觀點並不受到學習者喜好，應在班級上建立對話的機制。

學術論點的對話，起初對學習者問問題可能反應是：「管理是什麼？」跟隨著學習者回答「知道的答案」，接著以一組問題模式「你已經管理了什麼？」、「如何知道你是有效的嗎？」、「你學習到什麼價值？」。接著第三輪的問題和對話如下：「什麼是管理最重要的知識？」、「如何建構此知識？」、「如何被質疑或提出？」，學習者被鼓勵和全力提出問題，班上的對話是不斷在輪轉且活躍，對知識的累積和探索更多的知識，並鼓勵分享他們學習的對話、陳述、理解內容，使他們盡情的表達及發表意見，此不斷反覆陳述的基礎上，以建立對話的機制。

一般對話方式的轉變，是由教學者確定許多的起始點，學習者和教學者不斷圍繞在探討主題或問題形式上，使其發展更深層的交談。

（二）問題模式的步驟

Freire's（1970）比喻傳統教育是填鴨式的教育，教師將資訊和知識以灌輸的方式，對學生直接說明和解釋。學生知識的累積方式，以教學者直接描述的知識，知識的儲存是一種隱藏內化，採用標準化的教學綱要、共同指定的教科書、知識的描述權威化、接受系統的信念等，「其實將知識以物質的、有形的方式，以權力設定為學習標準」（Shor, 1992）。

「問題模式」教師的責任是在傳遞主要的事情和引導學生使用思考和語言，當作發展批判的基礎；個人經驗的認知、不均等的社會條件和現行的知識都是一種問題，「問題模式」不建議學生沒有知識，無謂的創造知識或建構知識，必須由學習的群體共同重建。問題模式的主要背景知識，是在促進教學者和學習者，學習基本問題模式。運用問題模式在教師和學生學習，可質疑一組連續相關的問題：為何員工在公司未能長時間雇

用，但公司卻需要他？什麼是吸引員工的福利？什麼觀點使員工對工作有進取心且充滿活力？員工的訓練和技術水平如何做？這些問題立即描繪了未來員工的目標和技術問題、公司縮減開支、如同公司訓練和發展重建的經驗。在快速變遷的社會中，這問題打開一個向心性的檢視，或外界的工作者對實現組織的目的和剩餘技術的問題。此提議在企業界廣泛已經公開，「比起一位擔任很久的員工或一群員工的雇用適宜」。

　　問題模式從初學習者開始體驗，有以下幾點步驟：1. 陳述。2. 在此區域進行批判的檢視。3. 證實個人的觀點和問題的社會背景。4. 證實正確的行動。問題模式是對一個主題論點，以一組關聯和相似處的對話，呈現以上的步驟，利用相類似實例的能力，熟悉.教學問題深究的架構，完整的進入複雜的處境，不作表面的解釋。此模式對於探索學生的內心動機、態度、人格與複雜的心理因素、教學課堂上問題深究的學習有關，使學習者能確定方向採取正確的行動，並以建構方式反應問題。

四　教學反省與實踐

　　批判意識發展最重要且困難是，學習者的生活和他們積極性受到限制，學習者常忙於快速的學習（Shor & Freire, 1987；Shor, 1992）。美國社會快速的發展，暗示著速度是強烈的和共同存在的衝擊生活型態；人們從二十分鐘的新聞廣播中，他們能聽到所需要的內容，許多的新聞報紙有意地安排，他們所傳輸的內容，因此，人們能在片刻中審視主要新聞的敘述（USA Taday, Los Angeles Times）。當人們被資訊壓抑，他們操控按鈕快速搜尋電視節目的對象，反覆搜尋節目多陷入無意識的想法。由於熟悉空間和人們受科技的制約，學習者已習慣在三十秒聲音刺激的社會和經濟問題交互播放中和被操控在一小時的電視節目，播放人與人之間和社會問題，對於安靜的深層思考一個複雜的論點和問題是困難的。

　　此文件呈現兩個教育學的實踐，以促進此空間和步調的轉移和減速。對話和問題模式，在過程中必須慢慢地由基本開始。在教育行業中學習者被動的學習，已經養成了一段時間；學生最熟悉學習的部分，似乎以接受、順從或處理最少的資訊集合和組織。一些學習者抵抗對於要求保證、傾聽班上同學、發展一個辯解批評的知識和定義有意義的行動。發展批判的意識包括覺醒基本方式，以覺醒和沉靜為象徵，保持沉靜時使人平穩自在，個人的生活和學習應致力於覺醒和行動。我們的學習不是完全接收正向的證據，我們應製造學生在學習中產生困惑，採質疑和堅定的態度審視問題，學習者共同期望去詮釋和證實關聯性的事情，提供學生問題解決和簡單的方向呈現完整觀念。學生受自主的方式和觀念，一位教師清楚鼓吹教與學反省的過程，將學習者的經驗減少抗拒，建立學生具備此能力，使學生能將所意識到的觀點，去推演到另一個特殊情境。

　　表達個人的經驗和反省以連結對意識形態的支配，根據個人可能的驗證和採取行

動,詮釋創造和激勵的反省位置,透過批判連結個人的行動和採取抗拒,以增加在這世界上,一個人權力和佔有的經驗。Schinke 和 Costa(2000)認為教學者影響學生的學習期望,學生需要學習有所領悟和學習者之間的經驗相互交流。

Schon's(1983)認為反省實踐是終身活動、建構個人學習的基礎和建設性的改變,批判教學是一種抗拒的行動,亦即抗拒教化的方向,也正是解放的傾向。教學者的覺醒與批判的意識,促進喚醒學生在不自覺的服從及被社會固定在每個位置上轉動。批判教育者質疑他們的熟悉角色,這般的「質疑」說明以批判著手處理,增強這個傳統制式教育的偏向,對學習結果和學習者能達到內心的滿足。教師幫助學生知覺的能力,使其建立或重建嚮往的意識,許多教師給予學生信心的訊息並提供適應的能力,重建樂觀和有信心心理素質。教師需要意識到身為輔導者,應了解學生個人背景及素質,如同教學者了解學生的身心狀況及社區環境背景。教師獲取學生廣義的背景經驗及發展方向,促進學生改善具體的情況和發展令人嚮往的學生自覺的意識(Peterson, 1980)。

發展批判的意識應建立一群關於教與學的對話和有經驗的教學者。對於傳統管教的方式和教師制式的教材,其實教師在教學場域中是抗拒批判教學型態,但是,為了以學習者為主體,發展學習者自主意識,教師教學更應當以批判教學為根基,才能塑造學生反省能力和問題探究與解決能力。學校教務長與教師在課程規劃,應根據課程修定的資料,明確地制定符合全體學生的興趣,讓學生在學習活動中,培養學生思考能力。教學者應當解放學生意識,使學生生活在覺醒中,反僵固和權威的教學影響,透過批判教學給予學生一個明確的意識。

五　結論

教學者與學生的意識覺醒,將供給解放的知識和資源,使學習者促進深層的學習,增進學習者相互溝通和對話的意識與發揮學生潛在動力,教學意識化是「人們做為知的主體,而非接收者,以達到塑造其生活與轉換其實體能力的社會文化現象和深層知覺的過程」。教學的實踐與反省應有的批判思維,依以下數點陳述:

1. 民主自由:批判主義對於人的意識解放,教學者應針對教材及教學方式加以批判與反省,對於行政管理與組織應以民主自由為前提,建立組織成員互動的機制,並反省現行行政制度單一化,教師權威式的教學,學生缺乏自我覺醒及創新的思維。

2. 對話:教學者與學生之間的專業對話,學生同儕之間的溝通平臺建立,對話的平臺都在塑造人與人之間坦承互動的機制;人們透過對話的機制,瞭解彼此間觀念的差異性,並瞭解每位獨立個體的想法。在民主與尊重的前提,根據談話及陳述雙方意見達到話題的共識,並建立雙方互信與包容的心態,提高對話的品質,而

相互學習增長。

3. 宰制：學習組織中有秩序的規範需要加以反省與批判，人們在組織的範圍內受到文化、傳統及組織規條所宰制，形成人們的意識受到束縛，教學者應當加以批判和省思，使學習者跳脫框架，彰顯個人存在的價值。制度宰制教學者的作為，對教學產生一種控制，更深層宰制了團體中個人的意識，形成個體受到規範的束縛，教學者應當對此宰制的現象加以批判，以求意識的解放。

4. 解放：教學綱要與教師教學策略的普遍化，將學生定義在普遍的原則且有一定的律則，學生在律則與規範的制度下，缺乏主體性的創意；因此，針對制式的規範加以批判，啟發學生的潛在能力，由解放和尊重達到學習者的意識覺醒。

參考文獻

Borrego, S. E. (1995). *Exploring heterocentric oppression*. Unpublished paper. Claremont Graduate School.

Bandura, A. (1986). Social foundations of thought and action: A social cognitive theory. London: Prentice Hall.

Bloom, G. A., Schinke, R. J., &Salmela, J. H. (1998). Assessing the development of perceived communication skills by elite basketball coaches. *Coaching and Sport Science Journal, 2* (3), 3-10.

Darder, A. (1991). *Culture and power in the classroom.*Westport, CT: Bergin & Garvey.

Freire, P. (1970). *Pedagogy of the oppressed.* New York : Seabury Press.

Freire, P. (1972). Education : domestication or liberation ? *Prospects, 2*, 173-181.

Freire, P. (1973). *Pedagogy for critical consciousness.* New York: Seabury Press.

Freire, P. (1985). *The politics of education : Culture, power, and liberation.* Trans. By D. Macedo. Westport, CT : Bergin &Garvey Publishers, Inc.

Girous, H. A. (1988). *Schooling and the struggle for public life* : Critical Pedagogy in the modern age . Minneapolis : University of Minneosta Press.

Girous, H. A. (1988). Disturbing pleasure : Learning popular culture. New York : Routledge.

Gramsci. A. (1971). Selections from prison notebooks. (Q. Hoare, Ed. & trans.). New York International Publishers.

Hooks, b. (1994). Teaching to transgress: Education as the practice of freedom. New York: Routledge.

Luke, C. (1992). *Feminist politics in radical pedagogy.* In Luke, C., & Gore, J. (Eds.).Feminisms and critical pedagogy, pp. 25-53. New York: Routledge.

McLaren, P. (1993). Critical pedagogy and predatory culture: Oppositional politics in a postmodern era. London: Routledge.

Parker, I. (1992). Discourse dynamics: Critical analysis for social and individual psychology. London: Routledge.

Peterson, C. (1980). Attribution in the sport pages: An archival investigation of the covariation hypothesis. *Social Psychology Quarterly, 43*, 136-140.

Schinke, R. J., & da Costa, J. L. (2000). How Major-Games competitors develop. *Coaches Report, 7* (2), 25-29.

Schon. D. A. (1983). *The reflective practitioner.* New York: Basic Books.

Schunk, D. (1995). Self-efficacy, motivation, and performance. *Journal of Applied Sport*

Psychology, 7 (2), 112-137.

Seligman, M. E. P. (1991). Learned optimism: How to change your mind and your life. NY: Pocket Books.

Shor, I. & Freire, P. (1987). *A pedagogy for liberation dialogues on transforming education.* Massachusetts: Bergin & Garvey.

Tierney, W. G. (1989). Advancing democracy: A critical interpretation of leadership. *Peabody Journal of Education, 66* (3), 157-175.

Weiler, K. (1994). *Freire and a feminist pedagogy of difference.* In P. McLaren, P. L. & C. Lankshear, (Eds.), Politice of liberation : Paths from Freire, pp.12-40. London : Routledge.

Weiler, K. (1988). *Women teaching for change: Gender, class and power.* Westport, CT: Bergin & Gravy Publishers.

Wishnietsky, D., & Felder, D. (1989). Coaching problems: Are suggested solutions effective? *Journal of Performance Education, 1,* 69-72.

論仲振奎《紅樓夢傳奇》

林均珈

致理科技大學通識教育中心兼任助理教授

摘　要

　　就體製劇種來說，明清時期的戲曲大致可分為短劇、南雜劇、傳奇三種。其中，「傳奇」二字，原指「傳述奇聞」、「事奇可傳」或「傳播奇事」之義。「傳奇」本來是唐代文言小說的概稱，後人則借用它當作戲曲的名稱。自宋元以來，傳奇具有戲曲、與雜劇相區別的長篇戲曲、與宋元戲文相區別的明清長篇戲曲、明中葉以後崑腔系統的劇本四種不同的含義。一般說來，傳奇從明代初年興起，到清代中葉衰落，共計三百餘年。

　　凡敷演《紅樓夢》小說故事的戲曲，稱之為「紅樓夢戲曲」。清代「紅樓夢戲曲」大致可分為詩讚系板腔體（如皮簧、京劇、地方戲曲）以及詞曲系曲牌體（如短劇、南雜劇、傳奇）兩種。以詞曲系曲牌體來說，清代「紅樓夢戲曲」的數量有十一種，除少數有登臺演出外，大多屬於案頭之曲，劇作家往往藉由戲曲的創作來自抒情懷。清代「紅樓夢戲曲」之一的《紅樓夢傳奇》，作者為仲振奎（1749-1811），字春龍，號雲潤，別號紅豆山樵、花史氏，監生。生於乾隆十四年，卒於嘉慶十六年，泰州人。仲振奎認為《紅樓夢》主要是描寫寶玉、黛玉、晴雯三人的愛戀之情，由於他「哀寶玉之癡心，傷黛玉、晴雯之薄命，惡寶釵、襲人之陰險」，因此有感而發創作《紅樓夢傳奇》。《紅樓夢傳奇》分上下兩卷，上卷三十二折，作於嘉慶三年（1798）；下卷二十四折，作於嘉慶四年（1799），合計五十六折。仲振奎《紅樓夢傳奇》將原書《紅樓夢》小說的「前夢」和續書《後紅樓夢》小說的「後夢」合而為一，問世最早，江南一帶是演出過全本的。

關鍵詞：紅樓夢、傳奇、戲曲、仲振奎、仲雲潤、紅豆山樵

一 前言

從古代文學作品中，不乏發現有許多作家總是特別喜歡仿效名作，例如東陽無疑
《齊諧記》之後有吳均（469-520）仿作的《續齊諧記》。自從乾隆五十六年（1791）一
百二十回本的《紅樓夢》面世以來，它的情節內容被許多讀者、小說家和劇作家吸收與
模仿，進而改變文學形式或故事結局而再重新創作。考察歷史的軌跡，透過《紅樓夢》
抄本與印本之流傳、續書[6]、戲曲與說唱藝術之改編歷程，尤其是各時代的紅迷作家不
拘一格的整理編寫，使得《紅樓夢》小說廣為流傳，最後達到竹枝詞中所謂「閒談不說
《紅樓夢》，讀盡詩書是枉然」的情況。「紅樓夢戲曲」即是根據《紅樓夢》小說所進行
的戲曲改編。清代以《紅樓夢》為底本，將小說的故事情節改編成戲曲並命名為「紅樓
夢傳奇」[7]的劇作有兩種：一是由仲振奎所改編的《紅樓夢傳奇》，分上下兩卷，共五十
六折；一是由陳鍾麟（1763-1840）所改編的《紅樓夢傳奇》，分八卷，每卷十折，共八
十折。本論文主要是探討仲振奎《紅樓夢傳奇》之劇作思想、情節結構、人物塑造及其
與程高本《紅樓夢》小說故事內容之差異。

二 作者

仲振奎（1749-1811）《紅樓夢傳奇》即是清代「紅樓夢戲曲」之一種。仲振奎《紅
樓夢傳奇》分上下兩卷，上卷作於嘉慶三年（1798），下卷作於嘉慶四年（1799）。從仲
振奎《紅樓夢傳奇》中，可以看出它與《紅樓夢》小說、續書之間關係密切。

（一）仲振奎與仲雲澗

從李春舟《紅樓夢傳奇》〈序〉：「今世豔稱《紅樓夢》，小說家之別子也。其書有正
有續，積卷凡百五六十。前夢未圓，後夢復入，雖有佳夢，何其多也？吾友仲子雲澗，
似玉茗才華，遊戲筆墨，取是書前後夢，削繁就簡，譜以宮商，合成新樂府五十六劇」

---

6 乾隆五十六年（1791）程偉元、高鶚推出一百二十回本《紅樓夢》（即「程甲本」），大抵補足了八
   十回本《石頭記》的未完遺憾。雖然該書有了結局，但結局卻又不盡讀者之意，因此開始出現許多
   續書，從「續」字即可看出續書作者有意的仿效。清代嘉慶年間，有關《紅樓夢》的續書有八種，
   包括：《後紅樓夢》（三十回）、《秦續紅樓夢》（三十回）、《綺樓重夢》（四十八回）、《紅樓復夢》
   （一百回）、《海續紅樓夢》（四十回）、《紅樓圓夢》（三十回）、《紅樓夢補》（四十八回）以及《補
   紅樓夢》（四十八回）。

7 清代「紅樓夢戲曲」中，劇作名稱有「紅樓夢」三字的，除了陳鍾麟《紅樓夢傳奇》（分十卷，共
   八十折）與仲振奎《紅樓夢傳奇》（分上下兩卷，共五十六折）皆屬於傳奇外，尚有石韞玉《紅樓
   夢》（共十折）。由於石韞玉《紅樓夢》折數在十一折以內，因此就體製劇種來說，它屬於南雜劇。

這段文字，可以知道李春舟為好友所編的《紅樓夢傳奇》寫〈序〉，而這位好友即是仲雲澗。

而阿英所編《紅樓夢戲曲集》僅收錄《紅樓夢傳奇》上卷三十二折，且該劇扉頁清楚標註「吳州紅豆村樵（仲振奎）填詞」，足見該劇作者為仲振奎，吳州人。究竟仲振奎與仲雲澗是否為同一人？根據光緒三十四年重刊道光七年編纂的《泰州志》，其卷二十四文苑有仲氏傳略：「仲振奎字春龍，號雲澗，別號紅豆村樵、花史氏，監生[8]。生於乾隆十四年（1749），卒於嘉慶十六年（1811），泰州人。」由此可知，仲振奎與仲雲澗確實是同一人，而且吳州和泰州亦指同一地方，即吳州是泰州的別稱。

又《泰州志》提到仲振奎「工詩，法少陵。為文精深浩瀚，出入三蘇。平生著作無體不有，而稿多散佚」，可知他的詩作是學杜甫，文章是學蘇洵、蘇軾、蘇轍三人。雖出身書香門第，但仕途道路相當坎坷，屢赴鄉試[9]不中，只能先後跟隨其父仲鶴慶及其弟仲振履赴任並從旁協助處理政務。著有《綠雲紅雨山房詩鈔》、《綠雲紅雨山房文鈔外集》、《脈約》、《楚南日記》、《辟光軒文鈔外集》、《春柳詠》以及《紅豆村樵詞》，多以抄本存世。又仲振奎雖善詩文，工詞曲，然而，他最擅長的卻是譜寫戲曲。著有《紅樓夢傳奇》、《詩囊夢》、《憐春閣》、《環》、《紅襦溫酒》、《看花緣》、《雪香樓》、《卍字欄》、《霏香夢》、《香囊恨》、《畫三青》、《風月斷腸吟》、《後桃花扇》、《懊情濃》、《牟尼恨》以及《水底鴛鴦》十六種傳奇，多以手稿或抄本存世。仲振奎的主要成就是傳奇，應當是晚年時生活窘困，以編戲糊口，最後貧病交迫，抱恨以終。

乾隆五十六年（1791），程偉元（約1747前後-1818）、高鶚（1738-約1815前後）推出一百二十回本《紅樓夢》，到了乾隆五十七年（1792），仲振奎就將《紅樓夢》小說故事譜寫成短劇《葬花》一折。後來，他在嘉慶三年（1798）、嘉慶四年（1799）又分別完成《紅樓夢傳奇》上卷三十二折、下卷二十四折。在清代劇作家所改編的「紅樓夢戲曲」中，時間較早的兩個短劇[10]：孔昭虔《葬花》一折是在嘉慶元年（1796）所作，而

8　明清時，正式由國家舉行的科考分為三級：鄉試、會試、殿試。由於明清的科舉與學校結合，因此在參加正式科考以前，考生先要取得「入學」的資格，即成為生員。入學資格的取得有兩個途徑：其一，是通過縣、府、院三級考試（即童試），這是大部分士子所採用的方法，而這個方法被認為是入士的正當途徑；其二，是進入國子監，成為監生。而監生又可分為三種：第一，皇帝恩准的「恩監」；第二，因長輩曾為國建功而特准的「蔭監」；第三，透過捐獻金錢財物而成的「捐監」。監生雖然也可應鄉試、會試、殿試，但監生普遍被認為是「雜流」，就算能考上科考，地位也較低。

9　鄉試是正式科考的第一關，每三年一科。清朝時是在子、卯、午、酉年舉行，若遇上皇帝喜慶也會下詔加開，稱為「恩科」。鄉試於八月在兩京及各省省城的貢院內舉行，也稱為「秋闈」。鄉試每次連考三場，每場三天。鄉試考中的稱為「舉人」，頭名舉人稱「解元」，第二名至第十名則稱為「亞元」，考中舉人即具備做官的資格。

10　短劇，有廣狹二義：廣義的短劇則是專指折數在三折以下的雜劇；狹義的短劇是以一折譜寫一個故事。又對於短劇，當取其狹義。見曾永義《戲曲源流新論》臺北縣：立緒文化事業公司，2000年4月），頁98。

仲振奎《葬花》一折是在乾隆五十七年（1792）所作。由此可知，乾隆五十六年《紅樓夢》問世後，隔年，就將小說故事譜寫成戲曲的劇作家，仲振奎算是第一人。

（二）家學淵源

仲振奎出身書香門第，家族中男女老幼大都擅長寫詩或寫文章，例如曾祖父仲邦文，「能文」；又如祖父仲素，人稱芍坡先生，詩歌詞律無所不通，著有《茗叟詩草》，附刊於《迨暇集》之前；又如父仲鶴慶，字品崇，號松嵐。喜山水、花鳥，擅長繪畫竹、蘭、菊，詩文與書法俱佳。乾隆十七年舉人，乾隆十九年進士，官四川大邑知縣。曾主講鎮江寶晉、南康白鹿等書院，文章詩賦冠絕一時，詩作被譽為有李白、杜甫之神韻。著有《迨暇集》十四卷、《墨香居畫識》、《墨林今話》、《清畫家詩史》、《蜀江日記》一卷、《迨遐集古文》二卷以及《迨遐詩抄》。

仲振奎兄弟三人，仲振奎排行第一，仲振履排行第二，仲振猷排行第三。仲振猷為泰州貢生，生平事蹟不詳。弟仲振履（1759-1822）和仲振猷「皆能敷華藻，紹其家聲」。值得一提的是，仲振履，字臨候，號雲江，又號柘庵，別號群玉山木石老人。生於乾隆二十四年，卒於道光二年。嘉慶十三年進士，歷任廣東恩平、興寧、東莞等地知縣，並升任南澳同知。其詩「如秋水芙蓉，不假雕飾」，著有《作吏九規》、《秀才秘侖》、《虎門攬勝》、《咬得菜根堂詩文稿》、《家塾邇言》五卷、詩集《棄餘稿》六卷以及《羊城候補曲》一卷。另著戲曲《雙鴛祠傳奇》（今存）以及《冰綃帕傳奇》（已佚）。此外，仲振履還為仲振奎《紅樓夢傳奇》題詞：「十二金釵半折磨，生生死死奈情何？卻憐情海波千尺，不抵顰卿淚點多。絳珠宮裏春空老，青埂峰前月易斜。只有芙蓉情種子，年年開作斷腸花。公子佳人總太痴，痴情何必伎仙慈？一聲玉笛高吹起，卻是紅樓夢醒時。」[11]難能可貴的是，仲振履在仲振奎中年喪女、老年喪妻窮愁潦倒時，將仲振奎接到府中並照顧仲振奎的生活起居。[12]

仲氏家族女性文人頗多，在文學創作方面，巾幗不讓鬚眉。仲振奎所輯之《泰州仲氏閨秀集合刻》，收錄仲氏家族中女性文人的詩作，包括：第一，姑母仲蓮慶（仲鶴慶之妹，洪仁遠之妻，仲振奎之姑母），字碧香，著有《碧香女史遺草》一卷、詩作四十一首；第二，大妹仲振宜（仲鶴慶之長女，蘇州崔爾封之妻），字綺泉，號霱雲，著有《綺泉女史遺草》一卷、詩作一百三十七首；第三，二妹仲振宣（仲鶴慶之次女，張祥風之妻），字瑤泉，號芝雲，著有《瑤泉女史遺草》一卷、詩作三十四首；第四，妻趙

---

11 阿英編：《紅樓夢戲曲集》（臺北市：九思出版公司，1979年2月），頁118。

12 仲振奎《綠雲紅雨山房詩鈔》扉頁署有：「嘉慶辛未四月，興寧官署藏本」等字，其中，「興寧」即仲振履的為官之地。由此可知，《綠雲紅雨山房詩鈔》刊刻於此，仲振奎確實是獲得其弟仲振履之幫助。

箋霞（趙廷煦之女，仲振奎之妻），字書雲，著有《辟塵軒詩鈔》一卷、詩作一百零六首；第五，弟仲振猷之妻洪湘蘭（洪錫章之女），字畹雲，著有《綺雲閣遺草》一卷、詩作十六首；第六，女仲貽鑾（仲振奎與趙箋霞之女，宮懷浦之妻），字年華，號金城，卒年二十七，著有《遺詩》一卷、詩作二十三首；第七，侄女仲貽僑（張祥風與仲振宣之女），著有遺詩八首。

又仲振履膝下，包括：子仲貽勤，字蓉賓；女仲貽簪，字紫華；仲貽笄，字玉華；仲孺人（佚名），皆能詩。尤其是子仲貽勤，少有神童之稱。神清性敏，髫齡即脫口成詩，隨父於粵東時染疾，垂危之際猶不絕於吟哦，卒年十七。著有詩集《蓉賓遺草》，現存嘉慶十三年（1807）刻本。如上所述，仲氏家族五代十七人，有著作傳世者高達十二人[13]。又閨閣之中，竟有如此眾多女性寫詩，最後還結集成《仲氏女史遺草》一書傳於後世，這在當時的社會實在是相當罕見。

三　劇作思想

曾師永義對於戲曲已有深入的研究，中國古典戲曲大致區分為北曲雜劇以及南曲戲文兩大類，隨著時代的遞嬗，前者衍變成南雜劇[14]，後者則衍變成傳奇[15]。以體製劇種來說，短劇、南雜劇、傳奇在分類上，僅是折數多寡之不同。傳奇、南雜劇與短劇，其實皆是南戲、北劇的混血兒。小說與戲曲的文學形式迥然不同，在清代《紅樓夢》小說深受文人的喜愛，隨著劇作家個人切入的角度不同，即使是同樣的故事題材，不同的劇作也會有不同的詮釋，因此整理改編也可以說是一種再創作[16]。雖然讀者對於《紅樓

13　仲氏家族五代十七人，包括：曾祖父仲邦文；祖父仲素；父仲鶴慶、姑母仲蓮慶；仲振奎、仲振履、仲振猷、仲振宜、仲振宣、趙箋霞、洪湘蘭；仲貽鑾、仲貽僑、仲貽勤、仲貽簪、仲貽笄、仲孺人（佚名）。其中，有著作傳世者十二人，計有：祖父仲素、父仲鶴慶、姑母仲蓮慶、仲振奎、仲振履、仲振宜、仲振宣、趙箋霞、洪湘蘭、仲貽鑾、仲貽僑、仲貽勤。

14　南雜劇，有廣狹二義：廣義的南雜劇指凡用南曲填詞，或以南詞為主而偶雜北曲或合套，折數在祁彪佳（1602-1645）《遠山堂劇品》所限的十一折之內任取長短的劇體；狹義的南雜劇則指每本四折，全用南曲，即王驥德（1540-1623）所謂「自我作祖」的劇體，其體製格律正與元人北劇北曲相反。又對於南雜劇，當取其廣義。見曾永義《戲曲源流新論》（臺北縣：立緒文化事業公司，2000年4月），頁97。

15　傳奇，有廣狹二義：廣義的傳奇包括呂天成（1580-1618）之「舊傳奇」（指南戲過渡到新傳奇的產物，體製規律未臻完整且作品數量極有限）與「新傳奇」（指用崑山水磨調來演唱的傳奇，在體製規律已真正由南戲蛻變完成為一新劇種）及其後晚明和清代的傳奇作品；狹義的傳奇則只限於呂氏的「新傳奇」及其後晚明和清代的傳奇作品。又戲曲體製劇種之所謂「傳奇」或戲曲史上和學術上所謂「傳奇」應取其狹義。見曾永義《戲曲源流新論》（臺北縣：立緒文化事業公司，2000年4月），頁93。

16　周傳家等編著：《戲曲編劇概論》（杭州市：浙江美術學院出版社，1991年8月），頁17。

夢》小說的故事情節已經耳熟能詳了，但由於每個劇作家編劇時所切入的角度不同、探討的主題不同，因此清代各種「紅樓夢戲曲」仍受到廣大群眾的喜愛。

（一）奇情豔事

「傳奇」二字，原指「傳述奇聞」、「事奇可傳」或「傳播奇事」的意思，後來是指唐代流行的文言短篇小說，是由魏晉南北朝的筆記小說發展而來。它的名稱源於晚唐裴鉶（約860年前後在世）的小說集《傳奇》，該書內容包括〈聶隱娘〉、〈崑崙奴〉等名篇。傳奇大多是文人企圖表現文學才能的創作，因而情節複雜，結構完整，描寫曲折，題材有愛情、神怪、俠義、歷史等。其中，又以愛情小說成就最高，是中國小說邁入成熟階段的作品，對後世文學和戲曲皆有重大的影響。

宋人稱唐代文言小說為「傳奇」，在唐人傳奇中，屬於才子佳人的作品不少，如蔣防（792~835）〈霍小玉傳〉、白行簡（776~826）〈李娃傳〉以及元稹（779~831）〈鶯鶯傳〉等。這些敘述才子佳人、詩人名妓愛戀離合的故事，是唐傳奇中最有成就的一類。唐人傳奇名篇的產生，說明了唐代社會風氣的開放，作家開始懷著創作藝術品的心情來寫小說，因此愛情文學在唐代開始大放異彩。唐人傳奇被後人改編為戲曲的作品頗多，例如元稹〈鶯鶯傳〉被王實甫（1260~1336）改編成元雜劇《西廂記》。從晚唐到北宋，「傳奇」這一名稱，是專指短篇文言小說這種文學體裁的。到後來有了變化，南宋和金以諸宮調為傳奇，元人把雜劇稱為傳奇，明清時代則稱南戲為傳奇。

「傳奇」本來是唐代文言小說的概稱，後人則借用它當作戲曲的名稱。自宋元以來，傳奇具有戲曲、與雜劇相區別的長篇戲曲、與宋元戲文相區別的明清長篇戲曲、明中葉以後崑腔系統的劇本四種不同的含義。[17]唐、宋、元、明四朝，傳奇已成為小說、諸宮調、雜劇、南戲之通稱。這四種時代不同而體製互異的作品，都各有其專名，它之所以又通稱為「傳奇」，最主要的原因，就在於其內容有一共同點，即描寫男女之間的奇情豔事。[18]

仲振奎在閱讀程高本《紅樓夢》小說以及逍遙子《後紅樓夢》小說後，由於他「哀寶玉之痴心，傷黛玉、晴雯之薄命，惡寶釵、襲人之陰險」，因此有感而發創作了《紅樓夢傳奇》。《紅樓夢傳奇》共五十六折，劇作家將《紅樓夢》小說中寶黛兩人的愛情悲劇改編成有情人終成眷屬的歡喜結局，從這個角度來看，《紅樓夢傳奇》自然是符合「傳奇」主要是描寫男女之間奇情豔事的共同點。

---

17 郭英德：《明清文人傳奇研究》（臺北市：文津出版社，1991年1月），頁1-3。
18 朱自力、呂凱、李崇遠選注：《歷代曲選注》（臺北市：里仁書局，1994年11月），頁25。

（二）作者個人遭遇

　　《紅樓夢》是一部言情小說，寶、黛、釵三人的愛情糾葛，扣人心弦。而戲曲在文學上是以詩為本質，而這種略帶詩文之美的戲曲和音樂、舞蹈緊密結合後，就形成一種綜合文學與藝術的有機體了。《紅樓夢》小說裡的人物有四百四十八位，故事情節錯綜複雜，劇作家要將眾多人物的故事情節濃縮，就不得不花費心思加以篩選。同樣身為讀者的劇作家仲振奎將《紅樓夢》小說改編成戲曲《紅樓夢傳奇》，從《紅樓夢傳奇》中即可看出他對小說文本意義的接受與解讀。

　　仲振奎在《紅樓夢傳奇》〈凡例〉寫道：「《前紅樓夢》讀竟，令人悒怏於心，十日不快。僅以前書度曲，則歌筵將闌，四座無色，非酒以合歡之義，故合後書為之，庶幾拍案叫快、引觴必滿也。」又仲振奎在《紅樓夢傳奇》〈自序〉也寫道：「丙辰客揚州司馬李春舟先生幕中，更得《後紅樓夢》而讀之，大可為黛玉、晴雯吐氣，因有合兩書度曲之意」。從上述兩段文字中，可以得知仲振奎創作《紅樓夢傳奇》的動機，以及《紅樓夢傳奇》是兼採《紅樓夢》以及《後紅樓夢》兩本小說。

　　仲振奎是一位偃蹇不得志的老監生，雖說工詩善文，但他最擅長的卻是譜寫戲曲，他將《紅樓夢》原著的「前夢」和續書的「後夢」合而為一，改編為《紅樓夢傳奇》並搬上舞臺搬演，使南北觀眾一新耳目。仲振奎《紅樓夢傳奇》在江南一帶是演出過全本的，因此清末崑旦小桂林、徐小金寶在上海丹桂茶園演出時得以順當地改編排演，至今仍較完整地保留了演出本的曲譜。平心而論，在眾多清代「紅樓夢戲曲」中，仲振奎《紅樓夢傳奇》可說是庸中佼佼，它以排場性勝出，該劇在中國戲曲史上占有一定的地位。[19]

　　又從劇作家《紅樓夢傳奇》〈自序〉：「丁巳秋病，百餘日始能扶杖而起，珠編玉籍，概封塵網，而又孤悶無聊，遂以歌曲自娛，凡四十日而成此。成之日，挑燈漉酒，呼短童吹玉笛調之，幽怨嗚咽，座客有潸然沾襟者」這段文字中，可看出仲振奎在欣賞自己戲曲作品時，因引發內心共鳴而淚流不止。他為何會傷心流淚呢？這除了《紅樓夢》小說作者所說「滿紙荒唐言，一把辛酸淚」的悲劇魅力外，可能與他窮愁潦倒、坎坷一生的遭遇有關。年少時，他參加鄉試連連失利，僅以監生終老。生活艱難，只能跟隨其父仲鶴慶及其弟仲振履赴任並從旁協助處理政務。一生無子，僅有一女仲貽鑾，豈料，其女二十七歲即早逝。仲振奎中年喪女、老年喪妻，晚景淒涼，這與小說中賈寶玉家道中落、命運多舛的境遇頗為類似。

---

19 陸萼庭：《清代戲曲家叢考》（上海市：學林出版社，1995年11月），頁191-192。

四 情節結構

仲振奎《紅樓夢傳奇》的戲曲音樂是屬於詞曲系曲牌體[20]，兩卷合計五十六折，一折為一單元，每一折所採用的宮調不同，而每一宮調所採用的曲牌名稱與數目也不盡相同，每一折的內容主要是敷演一個完整的故事情節。仲振奎《紅樓夢傳奇》是以曲牌、套數來講求人工制約的藝術，每一折的單元故事中，各腳色所詮釋的劇中人物，大都是透過介（動作）、白（賓白或說白）、曲（曲牌）來敷演故事情節。例如《紅樓夢傳奇》上卷第十六折〈試情〉，有移宮換調，採用的宮調有〔南呂宮〕、〔雙調〕，「齊微」韻，此折的套式屬於南曲套數，僅有過曲，共使用八支曲子，依序為【南呂過曲・嬾畫眉】、【前腔】、【前腔】、【前腔】、【仙呂入雙調過曲・朝元令】、【前腔】、【前腔】、【前腔】。腳色有雜旦、生、副淨、貼、旦五種，所扮飾的劇中人物依序是紫鵑、賈寶玉、雪雁、晴雯、林黛玉，內容主要是敷演紫鵑私自謊稱林黛玉將返回老家去，致使賈寶玉瘋癲的故事。劇作家在該折一開始，安排雜旦上場並唱首曲【南呂過曲・嬾畫眉】：「軟風庭院寶簾垂，開到桃花春又歸，慕瓊嬌恙未全回。纖影添憔悴，心病難將心藥醫。」緊接著，雜旦說道：「我紫鵑，因姑娘和寶玉那番口角之後，情意加倍綢繆，未知寶玉之心是真是假，幾番要試他一試，未有空閒。今日姑娘病體稍痊，午窗小臥，奴家做些針黹，且看寶玉來否？（針黹介。生上）」如上所述，每一折皆以介白曲聯織成劇，透過演員的唱念做打，讓觀眾欣賞《紅樓夢》中動人的寶黛愛情故事。

在情節結構方面，仲振奎《紅樓夢傳奇》合併前夢與後夢，前夢指的是上卷，改編自程高本《紅樓夢》；後夢指的是下卷，改編自逍遙子《後紅樓夢》。

（一）程高本《紅樓夢》

仲振奎《紅樓夢傳奇》上卷，以賈寶玉和林黛玉兩人愛情悲劇故事為主線，只要是《紅樓夢》小說中涉及這兩人的重要情節，劇作家都會盡量採用並加以整理改編。上卷三十二折，關目依序為〈原情〉、〈前夢〉、〈別兄〉、〈聚美〉、〈合鎖〉、〈私計〉、〈葬花〉、〈海陣〉、〈禪戲〉、〈釋怨〉、〈扇笑〉、〈索優〉、〈讒搆〉、〈聽雨〉、〈補裘〉、〈試情〉、〈花壽〉、〈搜園〉、〈誄花〉、〈失玉〉、〈設謀〉、〈焚帕〉、〈鵑啼〉、〈遠嫁〉、〈哭園〉、〈通仙〉、〈歸葬〉、〈後夢〉、〈護玉〉、〈禮佛〉、〈逃禪〉、〈遣襲〉。

---

20 一般而言，戲曲音樂大致可區分為詩讚系板腔體以及詞曲系曲牌體兩種：前者的唱詞部分是由七言詩或「讚（亦作「攢」）十字」所構成的，如唐變文、宋陶真、元明詞話、清彈詞、鼓詞、皮簧、京劇、地方戲曲等；後者是由詞牌或曲牌的長短句所構成的，如宋鼓子詞、覆賺、金元諸宮調、清牌子曲、群曲、短劇、南雜劇、傳奇等。

　　《紅樓夢傳奇》上卷各折敷演的內容依序為：〈原情〉描述警幻真人焦仲卿與警幻仙姑蘭芝夫人擬召神瑛，指點迷津的故事；〈前夢〉描繪賈寶玉夢遊太虛幻境以及預示十二金釵悲劇命運的故事；〈別兒〉描寫林黛玉因雙親亡故，與嗣兄林良玉相別，前往榮國府的故事；〈聚美〉描述林黛玉與薛寶釵同日來到榮國府的故事；〈合鎖〉描繪薛寶釵生病，賈寶玉前往探病，後來林黛玉也來探病，最後賈寶玉和林黛玉一同離去的故事；〈私計〉描寫襲人與賈寶玉約法三章的故事；〈葬花〉描述賈寶玉帶《會真記》在大觀園看書，與林黛玉不期而遇，隨後兩人共看《會真記》的故事；〈禪戲〉描繪賈寶玉學禪，但遭史湘雲、林黛玉嘲笑的故事；〈釋怨〉描寫賈寶玉與林黛玉吵架，兩人證心、和好，直到王熙鳳來勸架的故事；〈扇笑〉描述晴雯撕扇的故事；〈索優〉描繪忠順王府派人前來榮國府找蔣玉菡，後來賈寶玉遭父親賈政鞭笞的故事；〈讒搆〉描寫襲人向王夫人進讒言，要賈寶玉搬離大觀園的故事；〈聽雨〉描述林黛玉生病，正值秋夜下雨，賈寶玉前來探病的故事；〈補裘〉描繪晴雯生病，挑燈補裘的故事；〈試情〉描寫紫鵑私自謊稱林黛玉將回老家去，致使賈寶玉瘋癲的故事；〈花壽〉描述賈寶玉生日，眾人為他祝壽熱鬧飲酒的故事；〈搜園〉描繪王熙鳳夜裡抄檢大觀園，晴雯被王夫人趕出賈府的故事；〈誄花〉描寫晴雯過世，林黛玉聽見賈寶玉讀〈芙蓉誄〉的故事；〈失玉〉描述賈寶玉遺失玉佩的故事；〈設謀〉描繪王熙鳳謊騙賈寶玉將迎娶林黛玉的故事；〈焚帕〉描寫傻大姐洩露賈寶玉將娶薛寶釵之秘密，林黛玉傷心焚稿，香消玉殞的故事。〈鵑啼〉描述林黛玉氣絕身亡，紫鵑悲泣的故事；〈遠嫁〉描繪賈探春遠嫁的故事；〈哭園〉描寫林黛玉逝世，賈寶玉前往瀟湘館哭林黛玉的故事；〈通仙〉描述史湘雲嫁人，丈夫病死之後，史湘雲通仙的故事；〈歸葬〉描繪賈母死後，靈柩往南歸葬的故事；〈後夢〉描寫賈寶玉與柳五兒交談，以及賈寶玉在睡夢中證緣的故事；〈護玉〉描述和尚前到榮國府送來玉佩，賈寶玉病癒後，和尚又來索銀，賈寶玉想還玉抵銀而眾人護玉的故事；〈禮佛〉描繪紫鵑自願出家陪侍惜春帶髮修行，以及賈寶玉前來櫳翠庵探望兩人的故事；〈逃禪〉描寫賈寶玉鄉試完結後，便與和尚遠走的故事；〈遣襲〉描述王夫人自賈寶玉不見後，即遣送襲人與柳五兒的故事。

　　例如《紅樓夢傳奇》上卷第十四折〈聽雨〉，宮調是【南呂宮】，採用「蕭豪」韻，該折的套式[21]屬於南曲套數[22]，無引子，有過曲、尾聲，共使用九支曲子，曲牌依序為【南呂過曲‧梁州新郎】、【前腔】、【漁燈兒】、【錦漁燈】、【錦上花】、【錦中拍】、【錦後拍】、【北罵玉郎帶上小樓】、【尾聲】。腳色有旦、生、雜旦三種，所扮飾的劇中人物依

---

21 套式：指在戲曲的單折中，整套所有曲牌組合的結構方式。

22 套數：有南曲套數（簡稱南套）、北曲套數（簡稱北套），即同宮調或管色相同之曲牌，按照音樂曲式板眼銜接的原則，聯綴成一套緊結合的大型樂曲。套數，又稱「套曲」或「聯套」。就南曲套數而言，前有引子，中有過曲，末有尾聲。南曲套數，又可分為四種形式：其一，引子、過曲、尾聲；其二，引子、過曲，無尾聲；其三，過曲、尾聲，無引子；其四，過曲，無引子無尾聲。

序是林黛玉、賈寶玉、紫鵑,內容主要是敷演林黛玉生病,正值秋夜下雨,賈寶玉前來瀟湘館探病的故事。

(二)逍遙子《後紅樓夢》

嘉慶年間,由於商業繁榮以及出版業發達,許多文人在閱讀《紅樓夢》小說後,可能是為了逞才或是自抒情懷而從事再創作,因此改編自《紅樓夢》小說的各種續書、戲曲以及說唱藝術便如雨後春筍般出現了。在閱讀的過程中,人們對於《紅樓夢》小說中寶黛的愛情悲劇,往往投以無限的同情。再加上,或許是基於娛樂性,或許是強調男女愛情的永恆,許多文人會將原本的悲劇結局改編成大團圓的歡喜結局。像這樣,劇作家將原故事的悲劇結局改編成大團圓的歡喜結局的例子,屢見不鮮,例如王實甫《西廂記》即是改編自元稹〈鶯鶯傳〉。元稹《鶯鶯傳》主要是描寫張君瑞與崔鶯鶯因相愛而幽會,最後張君瑞變心並拋棄崔鶯鶯的故事;而王實甫《西廂記》則改變張君瑞與崔鶯鶯兩人的悲劇結局,劇作家採用翻案補恨手法,把張崔兩人塑造成在愛情上堅貞不渝,敢於衝破封建禮教的束縛,兩人經過不斷的努力,最後有情人終成眷屬。

同樣的,仲振奎為了讓痛苦找到宣洩的出口,也為了獲得情感慰藉與補償心理,因此他改編戲曲時,以逍遙子《後紅樓夢》小說為底本,刻意安排了寶黛有情人終成眷屬的歡喜結局。《紅樓夢傳奇》下卷二十四折,關目依序為〈補恨〉、〈拯玉〉、〈返魂〉、〈談恨〉、〈單思〉、〈煮雪〉、〈贈金〉、〈寄淚〉、〈坐月〉、〈海戰〉、〈見兄〉、〈哭夢〉、〈花悔〉、〈示因〉、〈償恨〉、〈說夢〉、〈勸婚〉、〈禮迎〉、〈凱寧〉、〈剖情〉、〈解饟〉、〈仙合〉、〈玉圓〉、〈勘夢〉。

下卷各折敷演的內容依序為:〈補恨〉描寫警幻真人焦仲卿將補恨緣,護送林黛玉魂魄回生的故事;〈拯玉〉描述二揭諦神奉菩薩法旨來到毘陵,暗助賈政擒妖,拯救賈寶玉的故事;〈返魂〉描繪晴雯借柳五兒尸身還魂的故事;〈談恨〉描寫紫鵑向林黛玉、晴雯訴說襲人曾進讒言的故事;〈單思〉描述賈寶玉得知林黛玉命眾人不許提「寶玉」二字,為此賈寶玉對林黛玉表達無限思念的故事;〈煮雪〉描繪林黛玉與惜春、紫鵑一同賞雪,又到薛寶釵處一起烹茶煮雪的故事;〈贈金〉描述賈府積欠大筆債款,林黛玉見賈府艱難而贈金的故事;〈寄淚〉描寫晴雯死後復生,王夫人要她去找賈寶玉,兩人見面痛哭的故事;〈坐月〉描述上元節林黛玉趁著月色,獨坐高樓的故事;〈海戰〉描繪賈探春協助公公、丈夫與海盜會戰大獲全勝的故事;〈見兄〉描寫林黛玉與嗣兄林良玉見面,林良玉打算將林黛玉許配給好友姜景星的故事;〈哭夢〉描述賈寶玉做惡夢,夢到林黛玉正要嫁到姜家去,路途中賈寶玉跪抱林黛玉而林黛玉卻鐵石心腸不理賈寶玉的故事;〈花悔〉描繪襲人獲知林黛玉、晴雯死而復生,賈寶玉又已返回賈府,無限悔恨自己已嫁作人婦的故事;〈示因〉描寫史湘雲運用仙機,從中作合,想要讓剪髮辭婚的

林黛玉回心轉意並與賈寶玉了結姻緣的故事;〈償恨〉描述賈寶玉因林黛玉鐵石心腸對
他不理睬,以致賈寶玉口吐鮮血病勢瀕危的故事;〈說夢〉描繪林黛玉做夢,夢見元妃
宮中侍女奉史太君之命,教諭林黛玉與賈寶玉的姻緣是早已命中註定的故事;〈勸婚〉
描寫林黛玉嗣兄林良玉和喜鸞姑娘從中協助,達成林黛玉所開立的三個條件,以及規勸
林黛玉嫁給賈寶玉的故事;〈禮迎〉描述賈寶玉迎娶林黛玉的故事;〈凱寧〉描繪賈探春
因協助公公、丈夫掃蕩海盜而陪他們回京時,賈探春凱奏歸寧的故事;〈剖情〉描寫賈
寶玉向林黛玉剖析他當初並無負心的故事。

　　例如《紅樓夢傳奇》下卷第五十二折〈剖情〉,宮調是【雙調】,採用「皆來」韻,
該折的套式屬南北合套[23],有十支曲子,依序為【北雙調‧新水令】、【南步步嬌】、【北
折桂令】、【南江兒水】、【北雁兒落帶得勝令】、【南僥僥令】、【北收江南】、【南園林
好】、【北沽美酒帶太平令】、【南尾聲】。腳色有生、貼、雜旦、正旦、旦五種,扮飾的
劇中人物依序是賈寶玉、晴雯、紫鵑、香雪、林黛玉,內容主要是敷演林黛玉死而復
生,賈寶玉向林黛玉剖析他當初並無負心的故事。

　　從《紅樓夢傳奇》上卷的故事情節,劇作家大體上是依照程高本《紅樓夢》故事情
節的發展,敷演寶黛的愛情悲劇。而下卷的故事情節如晴雯與林黛玉死而復生等在程高
本《紅樓夢》裡是沒有出現過的,這些補恨內容是改編自逍遙子《後紅樓夢》小說中的
大團圓結局。

五　人物塑造

　　前文已提及,仲振奎《紅樓夢傳奇》以寶黛愛情為主線,劇情從上卷描寫林黛玉香
消玉隕以及賈寶玉隨道士遁逃出家的悲劇,到下卷描述林黛玉死而復生以及寶黛成親的
大團圓。仲振奎《紅樓夢傳奇》在人物塑造的特色,可分為人物形象的變異與新增人物
兩方面。

(一)人物形象的變異

　　雖然《紅樓夢傳奇》是以程高本《紅樓夢》為底本所改編的戲曲,兩者的人物以及
故事情節基本上大致雷同,然而,《紅樓夢傳奇》中的人物形象和程高本《紅樓夢》中
的人物形象卻不盡相同。例如《紅樓夢傳奇》上卷第十一折〈扇笑〉,宮調是〔仙呂
宮〕,採用「皆來」韻,此折的套式屬於南曲套數,有引子、過曲,共六支曲子,依序
為【仙呂引子‧鵲橋仙】、【過曲‧皂羅袍】、【前腔】、【前腔】、【前腔】、【玉交枝】。腳

---

23 南北合套:即南套與北套合用,但僅限於「一北一南」或「一南一北」交替出現。

色有貼、生、小旦三種，所扮飾的劇中人物依序是晴雯、賈寶玉、麝月，內容主要是敷演晴雯撕扇的故事。此折一開始，貼上場，唱首曲【仙呂引子·鵲橋仙】：「花柔無奈，又經風擺，為是平時澀耐。紅蓮搖夢夜蟾來，自歎我泥中情態。」接著貼說道：「奴家跌了寶玉一把扇兒，受了他些言語也還罷了。叵耐襲人也軟攔硬抵，幫著數說奴家。被奴奚落了一回，寶玉竟要回了太太，攆我出去。（冷笑介）我就死也是不出這門的。恰好林姑娘走來，大家罷了。奴家轉想轉恨，那寶玉平日最是溫存，從無一言半語，忽然這樣作踐奴家，其中必有緣故。」又貼唱第二支曲子【過曲·皂羅袍】後，睡介，生上，生唱第三支曲子【前腔】：「扶醉遶沁芳橋外，向怡紅歸去，秋水樓臺。蓮花鎖夢月波筵，珠蘭香裏藤牀矮。（見貼笑介）晚雲深院，吟蛩徧階。羅襟煙細，涼風水來。擁桃笙畫出無聊賴。」在第五支曲子【前腔】唱完後，賓白寫道：「（小旦持扇上，指貼笑介）你少作些孽罷。（生奪小旦扇與貼撕介。小旦）好吓！怎麼拏我的東西開心呢！（生）打開扇匣，揀幾把去就是了。（小旦）既這樣，搬出來，儘他撕豈不好？（生）你就搬去。（小旦）我不造孽，他會撕，他就會搬。（下。貼倚生懷笑介）我也乏了，明日再撕罷。（生大喜介）古人千金買笑，這扇兒能值幾何？」生唱末曲【玉交枝】：「只見嬌花憫，眼迷廓多少情懷，偎人軟玉觀音賽，嫣然笑口還哈，憐卿愛卿呆打孩。（摟貼悄介）香心能許狂蝶採？（貼推生介）二爺，喫果子去罷。（生笑介）縱紅冰難消渴抱來，為伊家情深似海。（抱貼介，貼避下。生笑介）」該折結尾，四句下場詩寫道：

> 銷魂一笑值千金　　半似無心半有心
> 可奈孅郎懷抱處　　晚涼庭院月初沉（下）

在《紅樓夢傳奇》上卷第十一折〈扇笑〉中，劇作家藉由【玉交枝】：「只見嬌花憫，眼迷廓多少情懷，偎人軟玉觀音賽，嫣然笑口還哈，憐卿愛卿呆打孩。（摟貼悄介）香心能許狂蝶採？（貼推生介）二爺，喫果子去罷。（生笑介）縱紅冰難消渴抱來，為伊家情深似海。（抱貼介，貼避下。生笑介）」的描述，可以看出賈寶玉的形象改變了，賈寶玉和晴雯兩人的互動是摟摟抱抱的，賈寶玉就像是一般世俗男子那樣好色，他完全不像《紅樓夢》小說裡所描寫賈寶玉對晴雯所展現的那種純粹呵護女人且不帶任何情慾的感情。

（二）新增人物

仲振奎《紅樓夢傳奇》的故事內容是結合上卷即前夢中寶黛的愛情悲劇，以及下卷即後夢中寶黛的大團圓結局，因此劇作家必須新增人物來渲染並串聯上卷與下卷的故

事情節。劇作家新增人物有三：如警幻真人焦仲卿、警幻仙姑蘭芝夫人[24]、嗣兄林良玉三位。

　　首先，警幻真人焦仲卿與警幻仙姑劉蘭芝，例如上卷第一折〈原情〉，腳色有末、貼兩種，扮飾的劇中人物依序是警幻真人焦仲卿、警幻仙姑蘭芝夫人，內容主要是描寫警幻真人與警幻仙姑擬召神瑛指點迷津的故事；又如下卷第三十三折〈補恨〉，腳色僅有末一種，扮飾的劇中人物是警幻真人焦仲卿，內容主要是描寫警幻真人將補恨緣以及護送林黛玉魂魄回生的故事。

　　其次，林良玉，在程高本《紅樓夢》的故事中，不論就家族背景或經濟條件方面，較諸父亡母存且有兄長薛蟠的薛寶釵來說，父母雙亡且形單影隻的林黛玉是略遜一籌的。然而，在《紅樓夢傳奇》中，為了讓林黛玉能夠在榮國府揚眉吐氣，劇作家刻意安排這位人物林良玉。例如《紅樓夢傳奇》上卷第三折〈別兄〉，腳色有旦、副淨、小生、末四種，扮飾的劇中人物依序是林黛玉、侍兒、林良玉、王元。劇中林黛玉自報家門：「奴家林黛玉，金陵人也。父親如海公，官拜兩淮鹽政。母親賈氏，誥封夫人。單生奴家一人。嗣兄良玉，係我母乳哺長成，與奴友愛，無異同胞。（淚介）爭奈父母相繼歸西，依傍嗣兄，便在揚州居住。」該折內容主要是描寫林黛玉因雙親亡故，與嗣兄林良玉相別，前往榮國府。臨行前，林良玉還贈送林黛玉一枚練容金魚，劇作家透過林良玉之口說道：「今日在姜兄處遇一道長，他有一枚練容金魚，說是安期島玉液泉所出，能起死回生，使身形不壞，這話卻也無憑。但是此魚長祇四分，渾身金色，投之水中，自然活動。那鱗甲上，且有篆書八字，道是：亦靈亦長，仙壽偕臧。實實是一件異物。我想妹妹必然愛他，特地買來奉送。」這枚練容金魚正是劇作家安排林黛玉死而復生的伏筆；又如下卷第四十三折〈見兄〉，腳色眾多含生、小旦、旦、小生，扮飾的劇中人物依序是賈寶玉、麝月、林黛玉、林良玉，內容主要是敷演林黛玉在榮國府死而復生後，賈寶玉與麝月前來瀟湘館找林黛玉，因看見一群人走進去而不得不離開。後來林黛玉與嗣兄林良玉見面，林良玉擬將林黛玉許配給好友姜景星的故事。

　　順便一提，喜鸞，這位人物究竟是誰呢？在《紅樓夢》小說第七十一回〈嫌隙人有心生嫌隙　鴛鴦女無意遇鴛鴦〉曾出現過，她是賈寶玉的遠房親戚，是個不甚重要的人物[25]。然而，在《紅樓夢傳奇》中，劇作家描寫她是榮國府的人，後來嫁給林良玉，她

---

24 敘事詩〈孔雀東南飛〉又名〈焦仲卿妻〉，內容描寫東漢末年建安年間焦仲卿、劉蘭芝夫婦，劉蘭芝為焦母所不容而分離，兩人終至殉情的故事。此詩批判了古代封建禮教的無情與殘酷，也讚揚焦劉兩人真摯的感情與反抗的精神。仲振奎在改編《紅樓夢傳奇》時，將警幻真人稱之為焦仲卿，而將警幻仙姑稱之為蘭芝夫人。

25 《紅樓夢》第七十一回〈嫌隙人有心生嫌隙　鴛鴦女無意遇鴛鴦〉，作者描寫賈母八十大壽時，眾人前來道喜情況：「因賈瑞之母也帶了女兒喜鸞，賈瓊之母也帶了女兒四姐兒，還有幾房的孫女兒，大小共有二十來個。賈母獨見喜鸞和四姐兒生得又好，說話行事與眾不同，心中喜歡，便命他兩個也過來榻前同坐。」又該回當賈寶玉說出「倘或我在今日明日，今年明年死了，也算是遂心一

對於寶黛兩人終至團圓具有關鍵作用。例如《紅樓夢傳奇》上卷第二十四折〈遠嫁〉，腳色有小旦、貼兩種，扮飾的劇中人物依序是喜鸞與賈探春，內容主要是敷演賈探春即將遠嫁，喜鸞前來送行的故事。該折一開始，小旦上場自報家門：「奴家喜鸞，系出賈氏，只因父母雙亡，老太太憐愛，太太認為己女。常時得與姊妹相聚，尤加親愛者，黛玉、探春兩人，怎奈林妹妹竟爾殀亡，使我寸腸欲斷，又值探妹妹行將遠嫁，更覺執手難分，不免去送他一送。」；又如《紅樓夢傳奇》下卷第四十九折〈勸婚〉，腳色眾多如貼、小旦、旦，扮飾的劇中人物依序是晴雯、喜鸞、林黛玉，內容主要是敷演林良玉及其配偶喜鸞從中協助達成林黛玉所開立的三個條件[26]，以及喜鸞規勸林黛玉嫁給賈寶玉的故事。

六　程高本《紅樓夢》與仲振奎《紅樓夢傳奇》

沈惠如教授對於戲曲中翻案補恨[27]的思想已有深入研究，戲曲作品中不乏發現劇作家將已有固定結尾的故事加以改變，使得整個事件的結局改觀的例子。仲振奎在《紅樓夢傳奇》中安排翻案補恨情節，不僅讓晴雯借柳五兒屍身還魂，而且讓林黛玉借練容金魚身形不壞、死而復生，最後還讓寶黛兩人成親，一改《紅樓夢》小說中的悲慘結局為圓滿結局，這是屬於改頭換面式的表現手法。仲振奎對於《紅樓夢》小說中晴雯和林黛玉的不幸遭遇深表同情，因此在《紅樓夢傳奇》中安排翻案補恨情節，讓晴雯和林黛玉死而復生，一改悲劇結局為圓滿結局以彌補原故事的憾事。比較程高本《紅樓夢》與仲振奎《紅樓夢傳奇》兩者，故事情節差異最大的人物是晴雯與林黛玉。

第一，晴雯，在程高本《紅樓夢》中，小說作者描寫晴雯被攆出榮國府，返回兄嫂家時一病不起終至死亡。仲振奎《紅樓夢傳奇》上卷第十九折〈誄花〉，腳色有生、旦，扮飾的劇中人物依序是賈寶玉、林黛玉，內容主要是敷演晴雯過世，賈寶玉誄祭晴雯，無意間被林黛玉瞧見的故事；又《紅樓夢傳奇》下卷第三十五折〈返魂〉，腳色眾

輩子了」時，作者描寫：「喜鸞因笑道：『二哥哥，你別這樣說，等這裏姐姐們果然都出了閣，橫豎老太太、太太也寂寞，我來和你作伴兒。』」足見喜鸞和賈寶玉是同輩。

26　賈政做主替賈寶玉求親，但林黛玉故意刁難開出三件事來拒婚：第一件要在瀟湘館住，舊時姊妹仍居園中；第二件要襲人夫婦進府伏侍；第三件梨香院女樂仍進園來。

27　翻案補恨的表現方式可分為四類：其一，畫蛇添足式，例如白蛇故事，陳嘉言父女的改本增加「產子」、「祭塔」情節，讓許仙之子許士林日後中狀元並請求皇帝下詔救母親白蛇出雷峰塔；其二，空中樓閣式，例如清薛旦的《昭君夢》，敘述睡魔神入昭君夢中引她回漢宮與漢王相見，這是從夢中稍事彌補；其三，改頭換面式，例如明王玉峰《焚香記》將王魁負桂英歸諸誤會，使桂英復活、二人重圓；其四，寓言象徵式，例如《祝英台》劇，祝英台跳入裂開的梁山伯墳塚後，化為一雙蝴蝶飛舞，彌補了二人活著不能成雙的憾事。見沈惠如〈中國古典戲曲中的「翻案補恨」思想〉，《小說戲曲研究》第二集（臺北市：聯經出版社，1989年8月），頁298-301。

多如雜旦、貼、旦、正旦、老旦，扮飾的劇中人物依序是紫鵑、晴雯、林黛玉、惜春、王夫人，內容主要是敷演柳五兒病重，紫鵑前去探望，後來晴雯借柳五兒尸身還魂的故事。

第二，林黛玉，在程高本《紅樓夢》中，小說作者描寫林黛玉在得知賈寶玉即將迎娶薛寶釵時，絕食焚稿終至香消玉殞。仲振奎《紅樓夢傳奇》上卷第二十三折〈鵑啼〉，腳色有正旦、雜旦、淨，扮飾的劇中人物依序是李紈、紫鵑、林奶奶，內容主要是敷演林黛玉氣絕身亡，紫鵑找李紈協助，正當紫鵑悲泣時，王熙鳳偏偏又派林奶奶來找紫鵑前去攙扶新人的故事；又《紅樓夢傳奇》下卷第三十六折〈談恨〉，腳色眾多如旦、貼、雜旦、外、老旦，扮飾的劇中人物依序是林黛玉、晴雯、紫鵑、賈政、王夫人，內容主要是敷演林黛玉借練容金魚身形不壞、死而復生，眾人見面時，紫鵑向林黛玉、晴雯訴說襲人曾向王夫人進讒言的故事。

七 結語

《紅樓夢》小說的內容是作者回憶生命中所經歷過的閨閣女子的故事，而仲振奎《紅樓夢傳奇》即是以程高本《紅樓夢》與逍遙子《後紅樓夢》兩本小說為底本所改編而成的戲曲。《紅樓夢傳奇》是屬於詞曲系曲牌體，而詞曲系曲牌體這一類的戲曲，依故事長短又分為若干折，每折描寫一個故事情節，有關目、腳色、宮調、曲牌、協韻、賓白、動作以及下場詩，結構相當完整。《紅樓夢傳奇》兩卷，上卷主要是敷演程高本《紅樓夢》的故事，而下卷主要是敷演逍遙子《後紅樓夢》的故事。就文學體裁而言，程高本《紅樓夢》與仲振奎《紅樓夢傳奇》，兩者的差異在於：前者是是長篇散文小說，後者則是五十六折戲曲。又仲振奎仕途道路不順遂，屢赴鄉試不中，正因為自身遭遇的緣故，深與小說中的人物賈寶玉和林黛玉同病相憐，因此劇作家藉由改變寶黛兩人的悲劇命運來聊以自慰。清代乾隆、嘉慶年間，以《紅樓夢》小說為底本，將故事改編成戲曲並搬上舞臺的劇作家，仲振奎是第一人。

平心而論，仲振奎《紅樓夢傳奇》的文學價值自然是比不上程高本《紅樓夢》，但若以娛樂的角度來欣賞劇作，在清代，仲振奎《紅樓夢傳奇》是頗能引起廣大群眾的興趣。從觀眾的角度來說，他們既喜歡《紅樓夢》小說的人物與故事，又在意臺上演員的唱念做打，尤其是透過劇作家翻案補恨的安排，親眼目睹寶、黛有情人終成眷屬，個人情感因此獲得宣洩，這也算是彌補心中的遺憾了。

參考文獻

〔清〕得碩亭　《京都竹枝詞》　《時尚門》　收錄於路工編選《清代北京竹枝詞（十
　　　　三種）》　北京市　北京古籍出版社　1982年1月

阿英編　《紅樓夢戲曲集》　臺北市　九思出版有限公司　1979年2月

清華大學中國語文學系　《小說戲曲研究》第二集　臺北市　聯經出版社，
1989年8月

郭英德　《明清文人傳奇研究》　臺北市　文津出版社　1991年1月

周傳家等編著　《戲曲編劇概論》　杭州市　浙江美術學院出版社　1991年8月

朱自力、呂凱、李崇遠選注　《歷代曲選注》　臺北市　里仁書局　1994年11月

陸萼庭　《清代戲曲家叢考》　上海市　學林出版社　1995年11月

林依璇　《無才可補天：紅樓夢續書研究》　臺北市　文津出版社　1999年 5月。

曹雪芹、高鶚原著　馮其庸等校注　《紅樓夢校注》　臺北市　里仁書局　2000年1月

曾永義　《戲曲源流新論》　臺北縣　立緒文化事業公司　2000年4月

朱一玄編　《紅樓夢資料匯編》　天津市　南開大學出版社　2001年10月

李根亮　〈清代紅樓戲曲文本意義的接受與誤讀〉　《武漢大學學報（人文科學版）》
　　　　2005年01期

沈惠如　《從原創到改編──戲曲編劇的多重對話》　臺北市　國家出版社　2006年5
　　　　月

胡衍南　〈論《紅樓夢》早期續書的承衍與改造〉　臺灣師範大學國文學系　《國文學
　　　　報》　2012年6月　第51期

林均珈　《紅樓夢本事衍生之清代戲曲、俗曲研究》　臺北市　臺北市立教育大學中國
　　　　語文學系博士論文　2013年7月

臺灣華語歌詞中「流行語」的保存與變遷

——以二〇〇〇至二〇一五年為例

林宏達、何淑蘋

實踐大學應用中文學系助理教授、臺北市立大學中國語文學系博士生

摘　要

　　華語歌曲從民國以來開始發展，歷經百年變革，其間走過輝煌、平淡、衰微等過程，均有其脈絡軌跡可循。這個娛樂藝術產業裡，存在許多值得被討論的議題，而箇中與文學、文化最相關者，就是樂曲歌詞所承載的次文化，尤其以紀錄當下「流行語」的變遷，最為顯著。流行語是最能反映庶民文化的一個指標，在純文學裡的散文、詩、小說中比較少被記載，而標榜著流行文化、文學的載體——歌詞，卻俯拾即是。流行語有其時效性，不同時期所流行的語彙也不盡相同，歌詞裡的流行語，間接呈現出當時的時代潮流，可作為觀察曾引起的話題，瞭解當時的與時尚風尚。二〇〇〇年是臺灣華語樂壇一個重要的分水嶺，從此以降十五年間，臺灣的華語樂壇受到「韓流」強勢來襲、中國市場崛起的影響甚大，再加上新聞媒體、網路資訊的推波助瀾，造成流行語有了更劇烈的變化。本文蒐集二〇〇〇至二〇一五年間臺灣的華語歌曲，觀察這十五年來歌詞中加入流行語的元素、來源與頻率，探討流行語如何被保存，及其時效性、變化性，期以窺見次文化保留於歌詞裡的諸多面向。

關鍵詞：流行歌詞、流行語、流行歌曲、次文化

一 前言

　　傳統古典文學創作，大部分是由知識分子所書寫，而以文人雅士的生活、感受為中心；至於庶民日常、市井流行，則主要記錄在筆記、小說當中。時至今日，社會各階層流行的事物或是非主流的文化，已經可以透過多種方式被保留下來。因為教育普及，言論自由，紀錄生活的工具也不再只有書寫一途，人們可以透過圖片、影像來保存，再加上網路科技發達與數位時代來臨，攝取資訊與儲存資料的極度便利性，於是生活圈不再狹隘、單一，接觸的資訊量爆增，崇尚的潮流也變得多元。

　　如果仍是以文字來保留當代文化現象，現代詩、散文與小說等文體，的確能融入部分元素，但這些體製在用字遣詞必須精緻化，不免受到局限，反觀以流行為訴求的歌詞，就更能夠掌握時代的脈動，即時將流行性的相關人事物保留下來。

　　每個世代都有所謂流行性的語詞，也反應了當時曾經歷過的文化變遷，這些語詞的保留，不僅可以讓我們瞭解到人民生活的變化，也可以感受到某種社會風尚的凸顯。這些次級文化既不會保存在正規的史傳當中，也較難以入詩歌散文等作品裡，百年後的人倘若想瞭解上個世代的庶民文化，也許歌詞的內容是其中一種管道。

（一）從 B.B.CALL、手機到智慧型手機

　　在古典詩詞中所看到的魚雁往返、青鳥傳信，也代表著當時人們通訊不外乎就是寫信相互聯絡，在早期的歌謠或者是流行歌詞中，仍可以看到信件傳遞的痕跡。例如一九九四年張信哲〈別怕我傷心〉：「好久沒有妳的信／好久沒有人陪我談心／懷念妳柔情似水的眼睛／是我天空最美麗的星星」[28]，一九九七年張惠妹〈聽海〉：「寫信告訴我今天／海是什麼顏色／夜夜陪著你的海／心情又如何」[29]。在通訊方式產生變遷後，也同時反映在歌詞中，當時手機仍是天價，而 B.B.CALL 正流行的一九九二至二〇〇〇年間，范曉萱唱起〈數字戀愛〉一詞：

> 3155530 都是都是我想你
> 520 是我愛你 000 是要 kissing
> 3155530 都是都是我想你
> 520 是我愛你 000 是要 kissing[30]

---

28 張信哲：《等待》（臺北市：滾石唱片，1994）。
29 張惠妹：《BAD BOY》（臺北市：豐華唱片，1997）。
30 范曉萱：《Darling》（臺北市：福茂唱片，1998）。

歌詞中說明人們流行談起「數字戀愛」，忙碌的生活要向對方表達愛意，只要「拿起電話心意就傳到我這兒來」，當時 B.B.CALL 已經可以簡單傳訊號，使用者可以透過數字簡短傳達心意在對方的螢幕上。像這樣的歌詞，就紀錄了一種流行文化現象。而其中的520、530就是當時火紅的流行用語。這也是流行用語的類型之一，劉名晏在《LINE 貼圖之創作──以網路次文化流行語為例》中，將流行用語分為八類，分別為：諧音類、縮寫類、錯別字類、表情符號類、拆字類、新造詞類、流行語類、外來引用語類等[31]，而520此等流行語，是屬於諧音類下的數字諧音。這種類型每個階段都出現，例如3比8（表瘦）、886（表再見）、168（表一路發），到近來的87分（表白癡）、94狂（表就是狂）、8+9（表八家將或引申為小屁孩）與666（表厲害）等。而藍心湄與拖拉庫樂團透過〈你的電話〉揭示了手機取代 call 機信件，變成新一代的傳情工具，不到幾年的光景，歌詞裡出現了大量「滑手機」的詞彙，也正式宣告智慧型手機的年代開始。正如小人的〈變了好多〉一詞，「從說話到電話／從踹共到哀鳳／從寫信到簡訊到現在有LINE 用」[32]，明顯道出時代變化的心聲。

（二）從方言到國際語言

過去在古典詩詞裡，為了要讓字裡行間出現新意，作家們也會「語不驚人死不休」地設計一些特殊句子，例如杜甫〈滕王亭子〉：「清江錦石傷心麗，嫩蕊濃花滿目班」，李白〈菩薩蠻〉：「平林漠漠煙如織，寒山一帶傷心碧」，詩詞裡「傷心麗」與「傷心碧」中的「傷心」，都是用到當時流行的方言寫成，讓人讀來感覺特異。然而這樣現象也在流行歌詞中出現，有些特殊的方言，因為口語傳播流行之故，也被寫進歌詞裡。如曾寶儀〈少了你該怎麼辦〉一詞：「誰規定我一定要勇敢／ㄍ一ㄥ著說不怕沒有愛／但是現在你突然離開／我的生活誰來管」[33]，其中使用當時常見的台語單字流行用語「ㄍ一ㄥ」（表矜持），讓歌詞出現一種反差性。而這個「ㄍ一ㄥ」字，至今仍歷久彌新，如八三夭的〈東區東區〉一詞，也使用該詞：「乖乖牌／不要矜／壞壞的／和叛逆聯名」[34]，其他還有信樂團（2004）〈挑釁〉、徐佳瑩（2009）〈明知故犯〉、畢書盡（2014）〈你在ㄍ一ㄥ什麼？〉等，都在歌詞裡使用該詞，可以理解這個詞彙在日常用語的普遍性。然而流行語入歌詞在比例上，多半出現在舞曲、快歌中，只有兩至三成左右出現在抒情歌裡。因為抒情歌詞字裡行間仍需要美感修飾，不像快歌舞曲能夠更為直白地表現。

---

31 劉名晏：《LINE 貼圖之創作──以網路次文化流行語為例》（雲林縣：虎尾科技大學多媒體設計系數位內容創意產業碩士論文，2017），頁12-15。

32 小人：《小人國》（臺北市：亞神音樂，2013）。

33 曾寶儀：《想愛》（臺北市：豐華唱片，2000）。

34 八三夭：《最後的8/31》（臺北市：環球音樂，2012）。

綜觀現在的流行歌曲，更能感受流行語無所不再，甚至有些專輯整張唱片中大量使用流行語彙，例如大嘴巴（2015）《有事嗎？》、J. Sheon（2017）《街巷》、施文彬（2017）《文跡奇武情歌選》等，舉施文彬這張國台語專輯，收錄十首歌，歌名與歌詞大量使用流行語，例如〈愛的開箱文〉、〈你知道你爸又在哪裏發廢文嗎〉、〈失戀懶人包〉，歌名便用上流行語來吸睛；〈親愛的姑娘〉、〈可愛的馬仔〉、〈勿埋〉、〈情歌選〉等，則在歌詞裡加了流行語，比例上相當高，可以想見這是製作唱片專輯的趨勢。

（三）流行語入歌詞的原因

在馬中紅《新媒介・新青年・新文化：中國青少年網路流行文化現象研究》一書中歸結了七項青少年使用流行語的原因，包括：

1. 大家都在說，所以也跟著說了；
2. 是追隨一種流行時尚；
3. 通俗易懂，方便溝通交流；
4. 生動好玩，增添了對話的樂趣；
5. 新奇獨特，可以彰顯自我個性；
6. 拉近了人與人之間的距離；
7. 含蓄地表達某種不方便直接說的意思。[35]

雖然調查的對象是大陸青少年，但實際上與臺灣使用的原因應相去不遠。進一步思考歌詞創作使用流行語，總結來說，大致有這幾項因素：一、貼近時代，迎合潮流。當一個地區的人民常使用某些詞彙時，即代表該語詞是受歡迎、接受度大的，而歌詞採用這些語彙，便能吸引多數人的共鳴。二、吸引目光，製造話題。當一張唱片的歌詞或歌名使用流行語，在宣傳上相對得到一個話題，讓人有記憶點。三、市場導向，迎合聽眾。臺灣唱片市場萎縮後，以聽眾導向來製作專輯者，越來越顯著，而現在多半走向音樂數位消費的年代，在二十至三十四歲之間的客群[36]，他們大量使用網路平臺，對於流行語彙也相對敏感，製作迎合客群口味的專輯，讓消費者認為歌手與他們是同一陣線者，產生認同感，進而接受專輯與歌手本身，這是一種市場的考量。四、強化流行，採用新知。流行音樂最重要的特質，就是要別出心裁，將流行的元素加入專輯當中，除了在音樂編

---

35 馬中紅：《新媒介・新青年・新文化：中國青少年網路流行文化現象研究》（北京市：清華大學出版社，2016），頁216-217。

36 此統計參考文化部影視及流行音樂產業局編：《100年流行音樂產業調查》（臺北市：文化部影視及流行音樂產業局，2012），頁257。

曲上新穎，在文字上也要加入流行性，而把當年度的流行語彙融入歌詞，就是一種最便捷的方式。五、討論時事，藉詞諷今。流行語常出現在一種歌曲類型中，也就是 RAP 饒舌歌詞中。饒舌文化本來就是大量使用俚俗口語，進行說唱來表達歌者的思維，通常有諷刺時事的效果。臺灣的 RAP 便常出現流行語，如饒舌歌手大支經常藉歌詞表達對時事的看法，如〈非死不可〉寫大眾使用臉書成癮的狀況：

> 昨天　去看電影都沒在看都在 發動態　結果
> 坐旁邊的朋友還來留言說「廁所，借過」
> 連阿公過世已經在火化了都還可以 PO
> 說阿公確認 GG 無誤 怒燒一波[37]

歌詞透過流行語來對社會現象進行反諷，諷刺人們重度依賴網路，頻繁使用社交平臺。

　　而歌詞所採用的流行語從何而來呢？筆者認為主要來源是來自於網路與媒體傳播。網路部分，可細分為 PTT 裡的鄉民語言、論壇中的文字、名人在網路社交平臺上的文字等，而這些文字在無意間被廣泛使用或者是無意間熱門爆紅，進而產生為流行用語；媒體傳播部分，包括電視劇、電影、綜藝節目的經典臺詞或對話，歐美、日、韓，以及大陸等地的流行文化、語言，透過新聞或節目傳播後，被廣泛運用在平實的對話中。可以說，網路與媒體是流行語彙推波助瀾的工具與媒介。本文針對二〇〇〇至二〇一五年間臺灣華語歌曲的蒐集，觀察十五年間歌詞中加入流行語的來源、元素、變化與存汰。以下從「網路語言」、「媒體風尚」、「中日韓語彙」等角度來理解流行語與歌詞間的融合。

二　網路語言融入歌詞

　　臺灣在網路開始發展的時期，BBS（電子佈告欄系統）便伴隨著網路世界一同成長。即使有了圖像影音介面為主的論壇出現，青年使用 BBS 的人口仍不在少數。其中更以 PTT（批踢踢實業坊）使用人數最多，影響層面最大。而 PPT 所引發的鄉民文化，無形中也牽動著現實社會的脈動。青年將在論壇上的語言用在日常生活中，因為新奇有趣，漸漸使用普及，積少成多，當多數人都使用相關語彙時，便形成一種流行。例如「Orz」本是源於日本的圖像符號，在二〇〇四年前後突然在臺灣網路論壇上風靡起來，五月天（2005）在創作〈戀愛 ING〉一詞時，便將「Orz」運用在歌詞裡：「陪你熬夜／聊天到爆肝也沒關係／陪你逛街／逛成扁平足也沒關係／超感謝你／讓我重生／整個

37　大支：《不聽》（臺北市：亞神音樂，2013）。

Orz／讓我重新認識／Ｌ－Ｏ－Ｖ－Ｅ」。[38]當時大眾對 Orz 仍一知半解，但這首歌曲一出，讓該符號變得更廣為人知。Orz 陸續還在二〇〇九年徐佳瑩的〈沒鎖門〉、二〇一六年陳大天的〈c8c8〉出現，雖然這個流行語彙不常呈現在歌詞中，但並未消失於原生的平臺，日本近期的少數流行歌曲裡，尚可看見這個詞彙被運用。

值得一提的是，徐佳瑩為 MSN 創作十週年的形象歌曲〈沒鎖門〉，歌詞提及：「我們約好狀態常更新／保持 kuso 也要變美麗／有個 model 穿得好有型／我 mail 給妳／喜歡他有千百種表情／不必下跪也能 orz／星座運勢耍點小心機／偵測愛情」。[39]因為是替網路聊天軟體所寫，歌詞出現較多的流行用語。然而這首歌正巧涉及到 MSN Messenger 在2013年終止服務，當年度以後，歌詞便不再出現「MSN」這個流行語，並被「臉書」、「LINE」所取代。而見證 MSN 消失的最後一首華語歌曲，是 Mc HotDog 的〈好無聊〉，歌詞記載：「沒事就在家／這感覺像是個老人／我不想打字／我不想上 MSN／被無聊綑綁著／像是被 SM／……我無聊／我又開始在讀書／我最愛死的一本書／叫做臉書」。[40]這首歌恰好紀錄臉書的快速興起與 MSN 的衰微沒落，也說明了流行語會隨著相關載體的消失，亦隨之汰換。

以 MSN 和臉書兩者比較，MSN 在臺灣流行大約十四年（1999-2013）的時間，而臉書自二〇〇八年才開始在臺正式啟用。近十年間，大約有七十多首歌提及「臉書」，如果再加上「按讚」一詞，合計數量就超過百首；此前，對於發展了十四年的 MSN，華語歌曲使用入詞的數量僅五十餘首，這或許也可說明流行語入詞的現象，有益趨頻繁的態勢。

網路語言融入生活，影響巨大，被歌詞吸收、引用的例子不少，觀察臺灣自產的網路語言，來源主要還是出自 PTT。PTT 共舉辦三屆的票選流行語活動——批踢踢流行語大賞，本文探討的時間範圍設定在十五年間，可利用一、二屆流行語大賞結果檢驗。以第一屆來說，第二名的「原 PO 是正妹」[41]，「正妹」一詞頗常在歌詞裡出現。以讚美女性的角度來觀察歌詞的寫作，也可以瞭解到歌詞從含蓄走向開放的路徑。早期的歌詞詞風比較保守含蓄，稱讚女性也不會過度，從「姑娘的酒窩笑笑」（1978）間接稱讚女性的面容可愛姣好，到「對面的女孩看過來」（1998），一樣較為內斂。接著讚美女性的詞彙相繼有「美女」、「美眉」（臺灣）、「辣妹」（日本）、「正妹」（臺灣），到現在常用的「女神」（日本），都頻繁出現在歌詞中。此消彼長，「正妹」一詞於二〇〇二年前後開始大

---

38 五月天：《知足 just my pride 最真傑作選》（臺北市：滾石唱片，2005）。

39 徐佳瑩：《首張創作專輯》（臺北市：亞神音樂，2009）。

40 Mc HotDog：《貧民百萬歌星》（臺北市：滾石唱片，2012）。

41 見 http://zh.pttpedia.wikia.com/wiki/%E7%AC%AC%E4%B8%80%E5%B1%86%E6%89%B9%E8%B8%A2%E8%B8%A2%E6%B5%81%E8%A1%8C%E8%AA%9E%E5%A4%A7%E8%B3%9E （ 檢 索 日期：2018年1月25日）。

量流行，迄今不管在媒體或網路平臺仍可見其蹤跡。歌詞裡用到正妹，如大囍門（2004）的〈181〉：

站在181 放眼望去　一望無際
正妹如海　美女如雲不管老的少的大的小的高的矮的胖的瘦的
那裡應有盡有181了不起
男孩女孩被他吸引[42]

形容臺北市東區夜裡的酒吧，常有漂亮女生流連，成為一道特殊的風景。而第一屆流行語裡的第六名「鄉民」，也是較常出現在歌詞裡的詞彙，但使用上以表達負面意涵居多，而使用鄉民一詞的歌詞，亦多出現在嘻哈 RAP 專輯中，如三角 COOL（2007）〈不娘少年〉：「網路上／大大安安是種靈異現象／好多鄉民在抱怨」[43]、Mc HotDog（2012）〈離開〉：「不需要言語／只需要 app／無聊的鄉民／擠爆了 PTT」[44]、N2O（2012）〈Top Model〉：「愛美的花瓶永不放棄／整了還不承認／oh no 鄉民會抗議」[45]、頑童 MJ116（2015）〈二手車〉：「那些 COPY CAT／愛裝成鄉民比酸度」[46]、大嘴巴（2015）〈Funky那個女孩〉：「生命太短／時間太晚／鄉民太酸」[47]等。然而嘻哈歌手點出鄉民文化的負面價值，卻也讓這樣的流行文化保留在歌詞中，兩者間似乎產生另一種融合的現象。

　　最後，再舉臺灣獨有的網路用語，也就是加入方言的模式，例如，第二屆批踢踢流行語大賞的第二名「踹共」。踹共是流行語屬諧音字，也屬合音字的一種型態，它是台語「出來講」的合音字，也用「踹共」來諧音。最有名的，就是叮噹（2011）的〈踹來共〉，歌詞副歌提及：

ONE TWO 踹來共 THREE FOUR 麥呼攏
小火大火熱火　一起麻辣火鍋
ONE TWO　一起瘋 THREE FOUR 人來瘋
Q我 Q我 Q我　趕快 Q我 密我[48]

---

42 大囍門：《大囍門》（臺北市：豐華唱片，2004）。

43 三角 COOL：《酷酷掃》（臺北市：華納音樂，2007）。

44 見 Mc HotDog：《貧民百萬歌星》。

45 N2O：《僅供參考》（臺北市：華納音樂，2012）。

46 此曲未收入專輯，詳參 MV：https://www.youtube.com/watch?v=lLIQczb7V30（檢索日期：2018年1月25日）。

47 大嘴巴：《有事嗎？》（臺北市：環球唱片，2015）。

48 叮噹：《未來的情人 SOUL MATE》（臺北市：相信音樂，2011）。

這首歌主要表達女生大膽追求男生的過程，要求男生直接出來面對的一首快歌。歌詞亦大量出現流行語，如臉書、上線、夜衝、衝衝衝等。特別的事，叮噹是一名大陸來臺灣發展的歌手，而歌詞尚未迎合大陸市場，可以從作詞者使用的流行語可以看出端倪。而因為「踹共」本為台語，所以台語專輯當時也跟風創作，如董事長樂團（2013）的〈踹共〉、強辯樂團（2014）的〈美頌〉、張涵雅（2014）的〈BJ4不解釋〉等以台語為主的歌詞創作。很多諧音字或合音字，大概都只流行兩、三年而已，例如二○○○年前後的流行語「ㄅㄧㄤ丶」，其實就是「不一樣」的合音字，曾出現在阿雅（1999）的〈銼冰進行曲〉、趙薇（1999）的〈Saturday Night〉，之後在火星人（2006）的〈不同凡響〉一詞裡也用上，但現在已鮮少聽見大眾使用。

針對網路流行語的相關紀錄，甚至也出現專門的線上辭典來保存，臺灣地區有「萌典」、「PTT 鄉民百科」、「網語字典」，大陸地區有「潮語字典」（香港）、「網絡用語辭典」、「說文解字」；也有出版成書如張康樂《現代日本流行語辭典》、王曉寒《大陸流行語》、王若愚《當代中國流行語辭典》、管梅芬《分類中國俏皮話流行語辭典》等。凡此，可看出流行語受到的重視，值得蒐集整理，觀察探索。

三　媒體風尚融入歌詞

有時網路流行語經過媒體經常使用後，慢慢形成一種風尚，使得一般大眾也開始使用這些流行語彙。媒體帶動風潮主要分為兩類，第一類是新聞或節目用的流行語，另一類則是戲劇、電影出現的用詞。在網路資訊或網路普及度不如現在的年代，對於電視的依賴相對比較高，當時的流行語彙也多半從電視媒體而來。例如 LA 四賤客二○○○年的專輯《我很賤但是我要你幸福》[49]中，大量保留了二○○○年前後的流行語，從中也可以看見多半是源自於電視媒體，例如：七仔、幹譙、CALL IN、狐狸精、花瓶、泡妞、把馬子、凸鎚、恐怖到了極點、SPP、機車、粉ㄚ劣、照過來等，有些詞彙現在很少使用，如 SPP（表俗氣）、粉ㄚ劣、恐怖到了極點等；或者已有新的語詞取代，如狐狸精已從第三者汰換成「小三」，泡妞也幾經改易，變成「把妹」、「撩妹」。但網路普及、電子科技進步，二○○七年開始出現智慧型手機，人們的生活形態改變，依賴網路的程度遠勝於電視媒體，於是媒體開始大量從網路資源尋找新鮮事，也借用網路的流行語。

在新聞頻道上，有些詞彙在近來常出現，例如：GG、霸氣回應、神回覆、囧、打臉、腫麼了、網友表示、暴動、狗仔、搞 KUSO 等。因為新聞需要報導新鮮事，所以大玩創意或標新立異的事，變成報導的重點，於是 KUSO 就常出現在新聞用詞上。而在歌詞中也將該詞彙填進來，最有名的便是王力宏（2007）〈改變自己〉：「今早起床了

---

49 LA 四賤客：《我很賤但是我要你幸福》（臺北市：大信唱片，2000）。

／看鏡子裡的我／忽然發現我髮型睡的有點 KUSO」[50]，陸續幾年間，仍有歌曲將這個詞彙繼續傳唱，包括黑 girl（2008）〈果醬麵包〉、徐佳瑩（2009）〈沒鎖門〉、Mc HotDog（2013）〈King Boomba's Crew〉、林采緹（2014）〈Mr. Smile〉與朱頭皮（2015）〈總是會出頭〉等作品。

　　另外，不管是電子報或電視新聞，均時常引用網友的言論，來增加話題的可看性，而在 PTT 或論壇上的人並不會自稱網友，於是「網友」這個詞彙，可說是媒體經常使用的語詞。這個現象也出現在歌詞創作上。有直接討論當時聊天室為主題的歌曲，如六甲樂團（2004）〈聊天室〉描寫見網友的過程：

隔壁好友約了一個 網友 見面　　他說要帶我來去見見世面

滿懷期待的心跟在他的後面　　他說那個妹妹電話聲音非常甜美

找到相約地點便坐下來啦咧　　接著不久身旁走近了一位小姐

我低頭一語不發　　在等他倆相見　　好友搭著我的肩膀直說不要亂抬頭

因為這年頭要認清是不是阿恐小姐

好奇心一作祟問他阿恐小姐是哪位

他說有種女人身材胖到七十八　　心想胖就算騙了人家是麻豆身材

腿粗的跟大象一樣還穿短裙配絲襪　　擦了整罐香水在身上也不嫌多

好死不死巨大影子走過來　　看到那位小姐的臉　　直覺告訴我 OH～NO[51]

歌詞記載當時的現象，在二○○二年以前，尚未出現奇摩交友的年代，網路世界並不流行照片交友，自然也就不會有所謂「騙照」，即使○二年奇摩交友正式上路，仍是有許多人沒有放數位相片在自己的名片檔上，所以彼此認識是必須透過打字聊天，或者是講電話來進行第一階段的互動。歌詞正是形容當時的狀況，這裡的「網友」，是指網路認識的朋友。到了近期因為受到新聞媒體「網友評論」的影響，網友所伴隨的意涵，多半是負面的。羅志祥（2013）〈獅子吼〉：「你躲在暗處／只會假裝／網友說／我即使聽見／只會當／耳邊風／快面對陽光／放下刀／便成佛／現在我要給你我的正能量的手」[52]，歌詞主要是想表達歌手做了很多努力，而網友只要隨便打上幾個字，就全盤否定檯面下的辛苦。同一個語彙在不同時期使用，所承載的意義也不盡相同了。

　　以媒體其他類型觀察，尚有出現在綜藝節目上的流行語，例如「型男」。型男主要陳述男生不一定要長得帥，而要懂打扮和擁有品味，即使沒有出色的外貌，也可以討女

50　王力宏：《改變自己》（臺北市：新力音樂，2007）。

51　六甲樂團：《六甲樂團》（臺北市：豐華唱片，2004）。

52　羅志祥：《獅子吼》（臺北市：新力音樂，2013）。

性喜歡。該詞漸漸衍生出「造作」、「虛假」的背後意義存在，尤其以男性的角度來看待更是如此。所以歌詞裡使用「型男」一詞，多半都用來反襯，例如羅志祥（2006）〈完美型男〉，歌詞云：

> 為了陪你　我愛上溜狗週末不加班
> 不靠鬍渣　肌肉配件項鍊討你心歡
> 你真的快樂　是我唯一在乎的裝扮
> 有你的愛　我就是完美的型男[53]

歌詞中表達出真心勝過外在的一切裝扮，反用型男一詞。而型男常與宅男是對比詞，所以描述宅男的歌詞，通常也會把型男拿來反用，例如玖壹壹（2014）〈宅男俱樂部〉，歌詞云：

> 有人說我很宅　有人說我很台
> 吃斯斯保肝說話的我說的話好實在
> 他們笑我超激男孩我超奇怪
> 火影忍者海賊王兩個我　超級愛
> 說道穿著我當然最愛家樂福
> 我覺得 GQ 酷報拍的型男都不酷[54]

內容表述宅男的一貫風格，也瞧不起時尚雜誌上穿著體面的男性，因為那樣的裝扮恰好與宅男形象相反，歌詞亦反用此詞。其他如 JPM（2011）〈舞可取代〉：「現在流行的型男／同個模子印出來／銅牆鐵壁的山寨／稱兄道弟突然爆胎」[55]、MOMO DANZ（2012）〈愛我嗎〉：「假惺惺的型男打叉／Mommy Boy　請回家」[56]，均是反用詞意。

　　綜藝節目與歌手藝人的關係密不可分，節目有些慣用詞，在演藝圈裡經常使用，例如像梗（正確用字應為哏）字。例如老梗、新梗、破梗、爛梗、誰的梗等，而歌詞也融入這些語詞，最常見的就是老梗，如翼勢力（2006）〈Free Style〉：「STYLE 翻開新的時代 STYLE 老梗已被淘汰」[57]、楊丞琳（2010）：「絕對達令甩開曖昧的疑問／跳脫猜謎的

53　羅志祥：《SPESHOW》（臺北市：愛貝克思公司，2006）。

54　玖壹壹：《打鐵（精選集）》（新北市：禾廣娛樂公司，2014）。

55　JPM：《月球漫步》（臺北市：新力音樂，2011）。

56　MOMO DANZ：《首張同名 EP》（臺北市：飛蝶音樂，2012）。

57　翼勢力：《同名專輯》（臺北市：種子音樂，2006）。

老梗」[58]范逸臣（2013）〈什麼風把你吹來的〉：「你打破所有的老梗／我變成煥然一新的人」[59]、吳思賢（2014）〈像你的人〉：「致青春／轉貼中連青春也變老梗」[60]等。老梗一詞，至今仍未消失在流行語的潮流裡，在二○一七年的專輯中，仍有歌詞出現此詞彙。

　　還有部分流行語，是在戲劇常出現的臺詞，或者是搬演的橋段。例如像「天菜」一詞，本源於英語「You are not my dish（有時會使用 type）」，你不是我的菜，或者網路常使用的「這個我可以」，漸漸與其他詞彙一樣，將它神格化，就演變出「天菜」一詞。有些戲劇會出現完美的對象，而上演發現「天菜」的劇碼。這樣的劇情，也會被書寫進歌詞中。把「我的菜」和「天菜」合觀時，會發現兩者的發展確有其先後次序。「我的菜」約在二○一○年入詞，「天菜」稍晚，在吳克群（2012）〈第一秒鐘〉出現：「Lady Lady　你是我的天菜」[61]。這兩個詞都各自被使用在歌名上，而且至今仍是熱門的流行語。「天菜」一詞，甚至在二○一六年多張專輯的歌詞中出現。其實在「天菜」之前是流行「真命天子（女）」，這個詞至今仍有人使用，也被運用在歌詞中，但仍敵不過日新月異的流行變化，變為較過時的語言，但也有戲劇名稱把兩者結合，變成「真命天菜」[62]，也許會在未來流行起來。

　　另一個戲劇效果是「壁咚」。這個詞源自於日本語的「壁ドン」。咚是狀聲詞，表示手靠在牆上發出的聲響，因為這個動作在戲劇裡的呈現，通常會伴隨著戀愛氛圍，因此「壁咚」變成女性心中期待被心儀男性示愛的一種行為。肇因媒體大量報導，偶像劇也不斷運用，所以這個詞成為二○一五年流行語的第四名。因為太常見，所以歌手們不約而同在一五年發表了專輯名稱或歌曲名稱叫「壁咚」的專輯／歌曲，如 O2O Goddess 在當年便發表了單曲〈壁咚〉，副歌：「壁咚／壁咚／壁咚你的愛」[63]，蔡黃汝亦發表〈壁咚〉，歌詞提到：「讓你的心／撲通撲通／撲通撲通／撲進我的愛／壁咚」[64]，孫子涵《壁咚》專輯的第一首歌也叫〈壁咚（未完成）〉，歌詞寫道：「我在對誰壁咚／誰在被我壁咚／其實不用壁咚／也可以讓你心動」[65]，而彭佳慧的〈女人多可愛〉副歌：「我不期待／差一點的浪漫／如果壁咚也要配天菜」[66]，均表現出壁咚背後，期待浪漫相戀的情懷。

---

58 楊丞琳：《Rainie & Love....?》（臺北市：新力音樂，2010）。

59 范逸臣：《搖滾吧，情歌！》（臺北市：豐華唱片，2013）。

60 吳思賢：《最好的……？》（臺北市：美妙音樂，2014）。

61 吳克群：《寂寞來了怎麼辦？》（臺北市：種子音樂，2012）。

62 2017年日本戲劇《ボク、運命の人です》在臺灣翻譯的劇名。

63 此為單曲發行，歌詞可參考魔鏡歌詞網：http://mojim.com/twy154827x1x1.htm（檢索日期：2018年1月25日）。

64 蔡黃汝：《壁咚》（臺北市：環球唱片，2015）。

65 孫子涵：《壁咚》（臺北市：福茂唱片，2015）。

66 彭佳慧：《大齡女子》（臺北市：金牌大風，2015）。

四　中日韓語彙融入歌詞

臺灣的流行音樂一直受到西洋的影響頗大，不管在音樂的類型風格上，去模仿、翻唱，早期的華語歌詞，除了全中文外，還會開始加入英文單字或句子，增加新奇性，甚至有時會音譯以中文表示，舉例如「Coool（酷）」、「I Love You（愛老虎油）」、「Style（史黛兒）」、「Fashion（飛炫）」、「Happy（黑皮）」等，這其實也是將外來語視作一種流行語來呈現。除此之外，當臺灣正在發展華語音樂的時期，亞洲音樂發展更早的國家就是日本，所以臺灣早期的確常常向日本與西洋取經。等到臺灣逐漸成為華語歌壇的主流時，歌曲背後所承載的流行文化，也相對可以輸出至其他地區，例如東南亞，去影響他們。然而二〇〇〇年開始，臺灣的唱片業進入空前的蕭條，除了當時盜版猖獗、MP3興起外，還有其他的原因，就是「韓流」崛起，以及中國開始發展藝文娛樂。

RIT 財團法人台灣唱片出版事業基金會在〈台灣唱片業發展現況〉一文中，以圖表統計顯示[67]，一九九八年實體唱片開始進入負成長，此後幾乎一蹶不振。

	Taiwan Music Market	
		Trade Value (all figures in thousands)
	Total (Physical +Digital)	
Item Year	NT$	Growth
1997	11,152,282	11%
1998	10,316,601	-7%
1999	9,655,540	-6%
2000	7,950,690	-18%
2001	5,683,851	-29%
2002	5,087,336	-10%
2003	4,382,700	-14%
2004	4,334,620	-1%
2005	3,210,456	-26%
2006	2,269,455	-29%
2007	2,208,338	-3%
2008	1,842,400	-17%
2009	1,878,073	2%
2010	1,859,191	-1%
2011	1,834,289	-1%
2012	1,655,484	-10%
2013	1,697,138	3%
2014	1,688,776	-1%

二〇〇二年四月，眾家歌手團結一致，舉行「IFPI404反盜版大遊行」[68]，揭示臺灣唱片業正式走下坡。二〇〇二年也是韓國開始輸出韓劇與音樂的時期，韓國積極且有計畫地將流行文化輸出亞洲各地，引爆所謂「韓流」熱潮。臺灣唱片市場萎縮、韓國加入

---

67 RIT 財團法人台灣唱片出版事業基金會：〈台灣唱片業發展現況〉，詳見網址：http://www.ifpi.org.tw/record/activity/Taiwan_music_market2015.pdf（檢索日期：2018年1月25日）。

68 見電子新聞〈張學友張惠妹李玟共聚「反盜版大游行」〉，《大紀元》2002年4月4日，網址：http://www.epochtimes.com/b5/2/4/4/n181235.htm（檢索日期：2018年1月25日）。

競爭，及原本就存在的歐美、日本等國外競爭對手，讓臺灣歌手選擇出走大陸，開發新市場。再加上大陸經濟起飛，各省電視臺開始建立起當地的娛樂事業，原本流行音樂在大陸還未正式開發，有了臺灣歌手、企業帶入經驗，讓大陸的流行音樂發展逐漸步上軌道。二〇〇四年湖南電視臺的「超級女聲」，為流行音樂建立起第一次的新潮流，此後屬於音樂競賽或流行音樂平臺的管道雨後春筍地開始多元興起。而在市場需求的商業考量下，臺灣製作唱片的導向，從深受亞洲國家的日本影響，到近年來不得不吸收韓國文化，出現逐漸向大陸市場靠攏的現象。

　　首先，是持續影響臺灣的日本文化。日本的流行文化影響臺灣最深遠的，要屬漫畫、動漫，很多流行語即源自漫畫。甚至出現「哈日族」這樣的語彙，來統稱喜歡日本文化的人。二〇〇〇年以後，接觸日本的媒介變得更多，但有時卻是一知半解，以訛傳訛。例如像「宅男」一詞，本是從「御宅族」衍生而來，再經過二〇〇五年上映日本電影《電車男》，男主角的形象樸素不打扮，沈迷於電腦世界，少跟外界接觸，而所居處的環境相當紊亂，因此便有人開始把宅男一詞與這些特色劃上等號，但原本的御宅族是指對某件事物相當精通的人，兩者之間已產生極大的歧異。但是宅男一詞經過網路的傳播、媒體的渲染，現在已經約定俗成，指宅在家不出門、缺乏社交能力的男性，而臺灣所謂的「宅女」也已脫離日本原意。歌詞在使用宅、宅男、宅女等詞語相當廣泛，光是歌名有宅男二字的，就有十首之多，最富盛名的，便是周杰倫（2007）的〈陽光宅男〉，歌詞寫道：

> 鑰匙掛腰帶　皮夾插　後面口袋　黑框的眼鏡有　幾千度
> 來海邊穿　西裝褲　他不在乎　我卻想哭
> 有點無助他的樣子　像剛出土的文物
> 他烤肉　竟然會　自帶水壺　寫信時　用漿糊
> 走起路　一不注意　就撞樹
> 我不想輸　就算辛苦　我也要等　我也不能　讓你再走尋常路[69]

歌詞一開始變把宅男的形象刻劃出來，而陽光在當時剛好是宅男的相對詞，陽光男孩是指受女生歡迎、總是洋溢滿分笑容的男子，所以陽光宅男正好是兩種對比，在這邊方文山刻意用來反襯宅男。而「宅男」出現在男性歌手的專輯裡較多，有時歌手也會用宅男二字自況。

　　另外「辣妹」一詞也是源自日本，而且日本在一九七〇年已使用這個詞彙。臺灣大量湧現辣妹一詞，大約在日本開始流行一種特殊的妝容，而這些女子通常出沒於澀谷

69　周杰倫：《我很忙 ON THE RUN》（臺北市：杰威爾音樂，2007）。

109百貨，於是外界給了這樣打扮的女生「109辣妹」的稱呼，雖說這樣的流行大約只維持了五年（1995-2000）左右，但辣妹一詞卻不斷被使用來稱呼穿著清涼、打扮性感的女性。「辣妹」大約是一九九七年開始出現在歌詞中，陶喆第一張專輯中的〈心亂飛〉：「我想過的快樂／夜裡好睡／一切你說 OK／我也 OK／假如酷哥就該愛上辣妹／也許就是你和我最相配」[70]，便出現辣妹一詞。當時與辣妹配對的，不是型男、天菜，便是酷哥。期間吳宗憲二〇〇〇年的專輯《脫離軌道》，其中包括〈耍花樣〉、〈小姐這是我的名片〉都將辣妹入詞；孫燕姿（2002）〈直來直往〉、潑猴（2006）〈搖吧辣妹〉、KingStar（2010）〈辣妹入場券〉、蔡黃汝（2011）〈遜掉〉，均使用該詞入歌；到了二〇一七年，陶喆在〈關於陶喆〉一詞中：「不要羨慕我跟那麼多的辣妹拍拖／其實我是真的那麼傻傻被人家設計／記得下次你喝瞎了回不了家／可以打給我／我會到警察局去救你」[71]，以自嘲的方式寫歌詞，辣妹二字歷經二十年，仍然存在。

韓國方面，韓國偶像團體帶來的效應，大大衝擊華語音樂市場，使得華語音樂萎縮得更劇烈。臺灣歌手也從仿日走向了仿韓，在偶像歌手的塑造、團體唱跳歌手的包裝、歌曲曲風的走向，都漸漸出現韓味。韓星如著名團體 SuperJunior、EXO、少女時代、Sistar 等，到一枝獨秀的江南大叔 PSY，都曾在這十五年間風靡臺灣，而韓劇的熱播，也相對帶動熱潮。這讓臺灣的「愛」，從愛老虎油、愛している走向사랑해ㅛ；歐巴、大叔、都敏俊，還有整形風氣，都進入了歌詞裡面。歌詞走諷刺路線的玖壹壹（2014）在〈歪國人〉一詞中，對韓國現象進行評論：

> 我在韓國賣人蔘　偶爾也種種高麗菜 YO
> 跆拳道比賽的時候我幫台灣加油
> 現在我開整形診所　不管要改什麼都有
> 來自星星的我　會送泡菜給你吃油[72]

黃志明（2015）〈全民偶像〉也是以諷刺的角度評論韓國偶像，歌詞云：

> Soli Soli 不要說偶巴整形
> 因為歐巴最討厭 Plastic 的東西
> 精炸！從頭到腳都是真的
> 韓國的 Doctor 都帥帥的

---

70 陶喆：《陶喆》（臺北市：俠客唱片，1997）。

71 陶喆：《Live Again 陶喆小人物狂想曲現場專輯》（數位專輯，2017年）。可參見：https://www.kkbox.com/hk/tc/album/uunj-Q9mr1jl50F1-c6t009H-index.html（檢索日期：2018年1月25日）。

72 收錄於玖壹壹：《打鐵（精選集）》。

　　我們以前都只會大大力

　　現在紅了每天 RUNNING 去報古禮

　　有太多 FAN 吸每天要吃 KIMCHI

　　要吃 LOLLIPOP 唷？來偶巴餵妳！[73]

兩首歌將韓團偶像、整形、韓國食物和韓劇都融入歌詞裡面，從中也可看出韓國流行文化在臺灣的大量滲透。而包偉銘被媒體拿來與韓劇主角相比較，二〇一四年趁勝追擊出了一張專輯，其中有一首歌〈大叔時代〉，歌詞云：「歐巴大叔 style／聚光燈／shiny shinyshiny」，二〇一六年再出專輯，一樣有一首歌〈歐巴〉，寫下：「감사합니다／喊我一聲歐巴」[74]，都配合媒體炒作，為包偉銘量身打造。

　　韓國的流行文化雖然影響臺灣樂壇頗巨，但在歌詞創作方面，不像其他國家的流行語，直接出現在歌詞中，這點的確比不過後來居上的大陸風潮。因為中國成為亞洲最大經濟體後，也帶出文化強勢的風向，加上海峽兩岸的語言隔閡不大，當大陸地區的娛樂文化開始興起時，也將觸角伸向臺灣，於是我們開始大量接觸彼岸的戲劇、節目，甚至音樂。而網路無國界，大陸的流行語彙，相對臺灣人的接受與吸收反而變得最快速。臺灣唱片市場，為了迎合大陸的無限商機，在歌曲的創作上也有所調整，第一，華語唱片發行地區以亞洲為主，而大陸市場又最廣大，所以歌詞的口味上不免趨向迎合；第二，在2000年出走的唱片業者前往大陸發展，帶動了大陸的唱片市場，也挖掘了許多創作詞曲的新秀，現今很多歌曲，都是由大陸作詞作曲家完成的，自然在用字遣詞上，會偏向大陸聽眾。於是大陸所流行的語彙，近五年大量被運用在歌詞中，可以從暢銷歌手的專輯來查探，例如周杰倫（2012）《十二新作》與張學友（2014）《醒著作夢》專輯便出現「給力」一詞；光良（2013）《回憶裡的瘋狂》有以〈給力〉為名的歌曲。「立馬」一詞，臺灣歌手也有 MC HotDog、頑童 MJ116、蔡秋鳳等人使用；而「靠譜」一詞，也相當熱門，包括周杰倫、SHE、陳曉東、劉力揚、大嘴巴、大支等歌手演唱的歌詞也都運用過。其他包括像「暖男」、「土豪」、「高富帥」、「白富美」、「逆天」、「網紅」等，在這近幾年間，也陸續被使用在歌詞裡，並且持續增加中。

五　結語：流行語入詞的反思

　　臺灣唱片的主流歌曲，還是以愛情為主題的抒情歌，較受廣大聽眾的青睞。當然在多元市場裡，必然會出現其他的音樂類型，例如搖滾、嘻哈、電音、鄉村、民謠等不同

---

73 黃志明：《亞洲通殺》（臺北市：新力音樂，2015）。

74 包偉銘：《La La La》（臺北市：東聲唱片，2014）、《Fun Fun Fun》（臺北市：東聲唱片，2016）。

風格。這些不同風格的歌曲，在歌詞創作上，也必然會有某種程度的落差。例如古風歌曲中，作詞人不會特地填上極度白話的文字，有時甚至引經據典，讓詞情更形古雅；在嘻哈 RAP，作詞人不會特地咬文嚼字，讓歌者無法順暢自在地唸唱。很多歌曲受限於先天條件，運用文字上也有些許限制。而歌詞比起散文、新詩、小說，相對來說更容易保留當下的流行語彙。因為歌詞存在的一個重要特色，就是要有足夠的流行性。於是梳理歌詞，可用以探究某個時間區段所呈現的流行文化。

因為抒情歌通常旋律較慢，文字較內斂保守，甚至有些情歌傳達的情緒偏向悲傷，使用流行語的頻率就不如快歌、舞曲來得多。舞曲因為從俗入眾，結合當下年輕族群的感受，所填的詞會比起情歌來得白話許多。而 RAP 的詞因為唸唱快速，更有空間去討論一些時下的議題，所以流行語經常會被保留在這類的歌詞中。

綜觀歌詞使用流行語的類型與內容，與網路時代的興起，媒體反覆地傳播，有很大的關聯性，再加上臺灣音樂前期受到歐美、日本的大幅影響，二〇〇〇年後，又因「韓流」與大陸市場的崛起，帶動了幾次的轉折期，流行語入詞，也產生了一些變化。臺灣流行文化受日本影響甚巨，尤其是青少年對動漫與動畫的喜愛，間接讓他們進一步接觸日本的次文化，再經由網路的傳播，有些語彙就輾轉在臺灣創造潮流。然而不管是 PPT 上的網路流行語，或是媒體引領的風氣，鄰近臺灣的日、韓與大陸，都互相牽扯與影響彼此。

而流行語固然可看出庶民文化的變遷，也可保留這些曾經歷的潮流，但是歌手兼創作的陳珊妮，也曾經對這些流行語表達軟性的批評，她曾創作〈I Love You, John〉這首歌曲，歌詞云：

　　幹嘛 John　John 很奇怪
　　到底是不是 John
　　就 John　還是不要 John　Oh 大概就 John
　　幹嘛 John　John 很奇怪
　　到底是不是 John
　　就 John　還是不要 John　就 John
　　I Love You John
　　I Love You John
　　潮流不懂 Nancy　潮男討厭 Mary
　　現在的女孩都喜歡 John　很有型
　　John 就好了 Jessie　John 就對了 Debby
　　現在的女孩都喜歡 John

但　真愛　真的是 John 嗎[75]

內容主要說明一種流行語被當時的年輕女性濫用的過程，陳珊妮巧妙地用「JOHN」來代替「醬」，而這個「醬」其實是從「這樣子」演變成「醬子」[76]，再縮減成「醬」，當時的女生常會說「幹嘛醬」、「醬很好」。於是陳珊妮寫歌諷刺這個現象，卻又運用非常內斂的手法來呈現，讓人覺得謔而不俗。巧妙的是，陳珊妮本人也常接觸網路語言，在她的專輯不乏見到使用流行語的狀況。

　　而流行語的使用是否有拿捏的必要？舉例來說，潘瑋柏二〇一七年發行的《異類 illi》專輯，其中〈稀罕沒理由〉大量使用了流行語：

> 每天見不到你有點 香菇藍瘦 　喜歡你的傻裡傻氣在那 賣萌
> 不懂浪漫段子　我有點 太囧 　獨立獨行　沒錯哥 94 傳說
> 不管 87 態度還是 八十七分分數高了一點
> 揣測你的習慣你的笑容讓我給你安全
> 稀罕上了你　沒理由　愛上一個人　需要什麼理由
> 愛的很有 4 　重要的話說三次
> 我的心　 不意外 　 BJ4 　 沒科學　沒根據　XX 系 　yea
> 只想 在 17 　 不會只想到自己
> 想和你　朝太空　飛著去　我會用盡那 洪荒之力
> 愛 94 沒理由　 哈你　我無話可說
> 多一點真誠　單純少一點套路用
> oh　拒做 單身狗 　oh no　拒絕 let you go 　no nononono wo wowo
> 喜歡你 萌萌噠 　牽著你　 也是醉啦
> 那畫面太美 陶醉中不敢直視它
> oh 有愛就是任性 　oh　完美故事結局
> 戀愛 GG 　穩贏的一局　 敗給你 　喜歡你[77]

引文方框裡的詞彙均是流行語，有從 PPT 的鄉民語言（太囧、87、很有4）、網路影片暴紅的語言（香菇藍瘦）、新聞傳播（如沒科學、洪荒之力）、歌詞延伸成流行語（如那畫面太美、Let you go），再加上迎合中國市場，所以許多流行語都和中國有關。然而這

---

75 陳珊妮：《I Love You, John》（臺北市：亞神音樂，2011）。

76 根據李碧慧指出，「醬子」一詞在民國八〇年代已開始被使用。見李碧慧：〈台灣地區青少年流行語「釀子、醬子」合音變化研究〉，《建國科大學報》第27卷第4期（2008年7月），頁96。

77 潘瑋柏：《異類（illi）》（臺北市：華納音樂，2017年）。

樣一首歌，將各類流行語拼湊在一起，就藝術或文學層面而言似乎等而下之，歌詞也缺乏內涵、意義。歌詞可作為保存流行的一種文體，若頻繁出現類似上述作品，那也會使得歌詞作為現代韻文，變得乏善可陳了。因此，歌詞運用流行語，仍應適度為宜。

參考文獻

唱片專輯

張信哲　《等待》　臺北市　滾石唱片　1994年

陶喆　《陶喆》　臺北市　俠客唱片　1997年

張惠妹　《BAD BOY》　臺北市　豐華唱片　1997年

范曉萱　《Darling》　臺北市　福茂唱片　1998年

LA四賤客　《我很賤但是我要你幸福》　臺北市　大信唱片　2000年

曾寶儀　《想愛》　臺北市　豐華唱片　2000年

大囍門　《大囍門》　臺北市　豐華唱片　2004年

六甲樂團　《六甲樂團》　臺北市　豐華唱片　2004年

五月天　《知足 just my pride 最真傑作選》　臺北市　滾石唱片　2005年

羅志祥　《SPESHOW》　臺北市　愛貝克思公司　2006年

翼勢力　《同名專輯》　臺北市　種子音樂　2006年

三角COOL　《酷酷掃》　臺北市　華納音樂　2007年

王力宏　《改變自己》　臺北市　新力音樂　2007年

周杰倫　《我很忙 ON THE RUN》　臺北市　杰威爾音樂　2007年

徐佳瑩　《首張創作專輯》　臺北市　亞神音樂　2009年

楊丞琳　《Rainie & Love....?》　臺北市　新力音樂　2010年

JPM　《月球漫步》　臺北市　新力音樂　2011年

叮噹　《未來的情人 SOUL MATE》　臺北市　相信音樂　2011年

陳珊妮　《I Love You, John》　臺北市　亞神音樂　2011年

Mc HotDog　《貧民百萬歌星》　臺北市　滾石唱片　2012年

MOMO DANZ　《首張同名EP》　臺北市　飛蝶音樂　2012年

N2O　《僅供參考》　臺北市　華納音樂　2012年

八三夭　《最後的8/31》　臺北市　環球音樂　2012年

吳克群　《寂寞來了怎麼辦？》　臺北市　種子音樂　2012年

小人　《小人國》　臺北市　亞神音樂　2013年

大支　《不聽》　臺北市　亞神音樂　2013年

范逸臣　《搖滾吧，情歌！》　臺北市　豐華唱片　2013年

羅志祥　《獅子吼》　臺北市　新力音樂　2013年

包偉銘　《La LaLa》　臺北市　東聲唱片　2014年

吳思賢　《最好的……？》　臺北市　美妙音樂　2014年

玖壹壹　《打鐵（精選集）》　新北市　禾廣娛樂公司　2014年

大嘴巴　《有事嗎？》　臺北市　環球唱片　2015年

黃志明　《亞洲通殺》　臺北市　新力音樂　2015年

孫子涵　《壁咚》　臺北市　福茂唱片　2015年

彭佳慧　《大齡女子》　臺北市　金牌大風　2015年

蔡黃汝　《壁咚》　臺北市　環球唱片　2015年

包偉銘　《Fun FunFun》　臺北市　東聲唱片　2016年

圖書、期刊

李碧慧　〈台灣地區青少年流行語「釀子、醬子」合音變化研究〉　《建國科大學報》　第27卷第4期　2008年7月

文化部影視及流行音樂產業局編　《100年流行音樂產業調查》　臺北市　文化部影視及流行音樂產業局　2012年

馬中紅　《新媒介・新青年・新文化　中國青少年網路流行文化現象研究》　北京市　清華大學出版社　2016年

劉名晏　《LINE 貼圖之創作──以網路次文化流行語為例》　雲林縣　虎尾科技大學多媒體設計系數位內容創意產業碩士論文　2017年

網頁資料

批踢踢流行語大賞

　　　　http://zh.pttpedia.wikia.com/wiki/%E7%AC%AC%E4%B8%80%E5%B1%86%E6
　　　　%89%B9%E8%B8%A2%E8%B8%A2%E6%B5%81%E8%A1%8C%E8%AA%9E
　　　　%E5%A4%A7%E8%B3%9E

頑童 MJ116　〈二手車〉MV　https://www.youtube.com/watch?v=lLIQczb7V30

RIT 財團法人台灣唱片出版事業基金會　〈台灣唱片業發展現況〉

　　　　http://www.ifpi.org.tw/ record/activity/Taiwan_music_market2015.pdf

新聞〈張學友張惠妹李玟共聚「反盜版大游行」〉　《大紀元》　2002年4月4日

　　　　http://www.epochtimes.com/b5/2/4/4/n181235.htm

陶　喆　《Live Again 陶喆小人物狂想曲現場專輯》　（數位專輯，2017年）

　　　　https://www.kkbox.com/hk/tc/album/uunj-Q9mr1jl50F1-c6t009H-index.html

徐志摩〈我所知道的康橋〉之
修辭藝術探析

邱顯坤

臺北市立大學中國語文系博士班

摘　要

　　現代文學大家徐志摩，詩文雙絕，獨步文壇，享譽盛名。散文風格感情真摯濃烈，詞藻華麗鋪張，文風輕盈婉約，表現手法講究而多變。〈我所知道的康橋〉是其散文代表作，更為現代文學散文名篇。文章筆調鮮活靈巧，展現對自然景物的愛與感動，深具感染力。文本中運用大量的修辭技巧，將景、情、意三者融為一體，呈現情景交融，情真意切的景象，使文章意境高遠，形象躍然，意象鮮活，辭采華美，節奏跳動，充滿動態與美感效果。

　　本文將以徐志摩〈我所知道的康橋〉文本為材料，採取文本分析法及統計法，就辭格運用，句式選擇，篇章結構三方面，從文本中探究文章修辭手法運用及兼格現象，並從其修辭運用所呈現的美學效果，分別以豐贍繁富的內容美、情趣含蓄的意蘊美、形象躍動的動態美、音抑揚頓挫的音樂美、豐富多采的語言美、整齊均衡的形式美六方面，探討其修辭藝術美感，以了解文本中的文學美感。

關鍵詞：徐志摩、修辭格、兼格修辭、修辭藝術美感

一　前言

　　徐志摩是中國新文學的大家，是「新月派」的主將，更是中國二〇年代文壇活躍的詩人。他的思想龐雜且又才華洋溢，奔放熱情，不僅是格律派詩人，也是傑出的散文大家，藝術成就表現在新詩與散文兩方面。其詩文風格穠豔華麗，開創新文學的新局，影響現代文學的發展甚鉅。就新詩成就，以「再別康橋」和「偶然」二首詩名聞於世，早已成為家喻戶曉，朗誦傳唱的詩歌。此外，他雖以詩著稱於世，但散文創作成績也頗有可觀之處。散文表現，展現獨特奇采，別開散文新面貌，創作形式與語言風格，獨樹一幟。林語堂曾說道：「志摩情才，亦一奇才也。以詩著，更以散文著。」沈從文評論徐志摩散文說：「以『我』為主，就官能感覺和印象溫習來寫隨筆。或向內寫心，或向外寫物，或內外兼寫，由心及物，由物及心，混成一片。在方法上，多變化，包含多，體裁上更不拘文格文式。」此評價，實為徐志摩散文成就的最佳註解。

　　〈我所知道的康橋〉一文，是徐志摩的散文創作代表作，亦是新文學的散文佳構。本篇對於康橋描寫，文筆靈活纖巧，情感流露愛慕，文字穿透深具感染，展現作者對自然景物的嚮往與感動。因此，本文著重於探討〈我所知道的康橋〉的修辭技巧及兼格修辭運用，並且分析其修辭手法所呈現的藝術美感。文中所採用之修辭格定義與分類，主要以陳望道《修辭學發凡》、譚永祥《漢語修辭美學》、黃慶萱《修辭學》為主，並旁及參考蔡宗陽《應用修辭學》、陳正治《修辭學》、黃麗貞《實用修辭學》。〈我所知道的康橋〉文本，則選自《徐志摩全集》1992年鐘文出版社。

二　徐志摩簡述

　　徐志摩（1897-1933），原名章垿，浙江省海寧縣硤石鎮人。曾就讀北京大學，並留學美國、英國。回國後於清華大學、北京大學等校任教，講授西洋文學。與胡適、梁實秋等人在上海創辦新月雜誌，倡導自由主義的文藝。在思想上，受到英國羅素及印度泰戈爾的影響甚深。他歌頌讚美人生愛與自然愛，終其一生都在追求「愛」、「自由」、「美」。

　　新詩創作融合歐、美詩律與中國古典詩歌的風格，自成一種新抒情詩體。主張新詩應有格律，形式整齊，注重節奏、押韻。在奔放曲折中，充分運用俗語、民歌的複疊調，是現代詩中「格律派」的倡導者。其散文晶瑩蘊藉，辭采華麗絢爛，音律優美，遣詞造句，灑脫不羈，恣意隨興，富於情趣。形文字裡行間充溢同情心和幽默感，無教條與匠氣之味，開新一代文人風範。

　　徐志摩才情浪漫，天才橫溢，多才多藝，舉凡詩、散文、小說、戲劇及日記等無一

不通曉，可謂全能之士。著作有詩集：《志摩的詩》、《翡冷翠的一夜》、《猛虎集》、《雲遊》等；散文集：《巴黎的鱗爪》、《自剖》、《落葉》等；詩文集：《徐志摩全集》；小說集：《春痕》、《兩姊妹》、《輪盤》等；日記集：小曼日記，愛眉小札；戲劇集：《卡崑岡》等。

三 〈我所知道的康橋〉的修辭手法

徐志摩散文詞藻燦然，情感濃稠，色彩鮮豔，展現其空靈飄逸的特殊風格。以〈我所知道的康橋〉為例，由於運用大量的修辭手法，文章呈現文學美感的藝術風格，讀之使人心馳神往，迴盪不止。以下從辭格運用、句式選擇、篇章結構三方面來分析。

（一）辭格運用方面

1 譬喻

譬喻的定義，依陳望道《修辭學發凡》說：「思想的對象同另外的事物有了類似點，文章上就用那另外的事物來比擬這個思想的對象的，名叫譬喻。」[1]譚永祥在《漢語修辭美學》說：「不同事物之間具有某種相似點，便用彼事物去描寫所要表現的此事物，這種修辭手法叫比喻，俗稱「打比方」。」[2]沈謙《修辭學》也說：「譬喻，又稱比喻，也就是俗謂的「打比方」。簡言之，就是「借彼喻此」，以易知說明難知，以具體形容抽象，以警策彰顯平淡。」[3]蔡宗陽就譬喻的各種名稱認為，譬喻就是比喻、取譬、取喻，也叫辟、比、打比方。[4]

黃慶萱《修辭學》進一步說明：「凡兩件或兩件以上的事物中有類似之點，說話、作文時運用「那」有類似點的事物來比方說明「這」件事物的，就叫譬喻。它的理論架構是建立在心理學「類化作用」的基礎上，利用舊經驗引起新經驗。通常以易知說明難知，以具體形容抽象，使人在恍然大悟中警佩作者設喻之巧妙，從而產生滿足與信服的快感。」[5]

就上述諸家所言，譬喻修辭應具備兩條件：一是兩事物之間必須具有相似性，二是具有說明與解釋功能。因此，譬喻具有三大功用：一是幫助解說，二是形容美化，三是暗示作用。

---

1 陳望道：《修辭學發凡》（臺北市：文史哲出版社，1979年1月），頁77。

2 譚永祥：《漢語修辭美學》（北京市：北京語言學院出版社，1992年12月），頁277。

3 沈謙：《修辭學》（臺北縣：空中大學，1995年1月），頁3。

4 蔡宗陽：《應用修辭學》（臺北市：萬見樓圖書公司，2006年3月），頁22。

5 黃慶萱：《修辭學》（臺北市：三民書局，2011年7月），頁321。

在「我所知道的康橋」一文中，使用譬喻修辭的，有如下句子：

1. 它那橋上櫛比的小穿欄與欄節頂上雙雙的白石球，也只是村姑子頭上不誇張的香草與野花一類的裝飾。
2. 這一帶是此邦中部的平原，地形像是海裏的輕波，默沈沈的起伏。
3. 你只能循著那錦帶似的林木想象那一流清淺
4. 村舍與樹林是這地盤上的棋子。
5. 彷彿是朝來人們的祈禱，參差的翳入了天聽。
6. 那是臨著一大片望不到頭的草原，滿開著艷紅的罌粟，在青草裡亭亭像是萬盞的金燈。
7. 一層輕紗似的金粉糝上了這草、這樹、這通道、這莊舍。
8. 怯怜怜的小雪球是探春信的小使，鈴蘭與香草是歡喜的初聲。

譬喻運用生動活潑熱鬧，讓康橋的美景如畫布開展在讀者面前，如此美景，動人畫面，激發讀者心馳神往，躍躍然想一窺康橋的景觀情狀。

2 轉化

譚永祥《漢語修辭美學》說：「把人當作物或把物當作人，和把此物當作彼物來描寫、形容的，這種修辭手法叫比擬。」[6]依孫全洲、劉蘭英《語法與修辭》言：「比擬是運用聯想，把甲事物當作乙事物來描寫的一種辭格。」[7]

陳正治《修辭學》進一步解釋說：「轉化，又叫比擬、擬化、假擬等詞容易與譬喻混淆因此于在春、黃慶萱都主張採用「轉化」一詞。什麼是轉化修辭呢？黃慶萱認為描述一件事物時，轉變其原來性質，化成另一種本質截然不同的事物，而加以形容敘述的，叫作「轉化」。並指出轉化的性質，其認為轉化是描述一件事物，事物的原來性質是物，就把它轉化為人；原來是人，轉化為物；原來是抽象的，轉化為具體的，然後加以描述、敘述。」[8]

轉化的分類，依據黃慶萱《修辭學》分類為三種：人性化、物性化、形象化。

轉化的作用，袁志宏認為有六種：一是可以托物言志。二是可以寓情於物，表達作者強烈的愛憎感情。三是可以增強諷刺幽默，加強文章的感染力。四是可以將無形的抽象事物描述得有聲有色，可見可聞。五是可以使敘述生動形象，加強文章的藝術感染

6　譚永祥：《漢語修辭美學》（北京市：北京語言學院出版社，1992年12月），頁295。

7　孫全洲、劉蘭英：《語法與修辭》（臺北市：新學識出版中心，1998年10月），頁417。

8　陳正治：《修辭學》（臺北市：五南圖書出版公司，2001年9月），頁321。

力。六是可以製造氣氛，藉以傳情達意。[9]

　　轉化乃是透過事物本質的轉變，以增加語文的表現效果，事物的描寫將更具有強烈的文字感染力，事物表現生動而形象化，活潑而有生命力。

　　在「我所知道的康橋」一文中，使用轉化修辭的，有如下句子：

1. 怯怜怜的小雪球是探春信的小使，鈴蘭與香草是歡喜的初聲。
2. 窈窕的蓮馨、玲瓏的石水仙、愛熱鬧的克羅克斯、耐辛苦的蒲公與雛菊。「怯怜怜」，擬物為人，是「小雪球」的人性化。「歡喜的初聲」、「窈窕」、「愛熱鬧」、「耐辛苦」，也是擬物為人，使「鈴蘭與香草」、「連馨」、「克羅斯」、「蒲公英」、「雛菊」人性化。
3. 康橋只是一帶茂林，擁戴幾處娉婷的尖閣。嫵媚的康河也望不見蹤跡。
4. 「春！」這勝利的晴空彷彿在你的耳邊私語。「春！」你那快活的靈魂也彷彿在那裡回響
5. 我哪裡肯聽話，長篙子一點就把船撐了開去，結果還是把河身一段段的腰斬了去！
6. 啊，那是新來的畫眉在那邊凋不盡的青枝上試它的新聲！啊，這是第一朵小雪球花掙出了半凍的地面！啊，這不是新來的潮潤沾上了寂寞的柳條？

康橋的風光美景不止是靜止的景物，在徐志摩的感情世界裡，康橋的一切都充滿了靈性，我們彷彿感覺到徐志摩是在將康橋轉化為具有人性特質，讓人覺得康橋周遭的花草鳥鳴和河流都充滿性靈，讀者不由自主地陶醉在靈動、瑰麗、有情的世界中。

3 排比

　　排比的定義，陳望道《修辭學發凡》說：「同範圍同性質的事象，用了結構相似的句法，逐一表出的，名叫排比。」[10]黃慶萱《修辭學》具體明確的指出說：「用三個或三個以上，結構相似，語氣一致，字數大致相等的語句，表達出同範圍同性質的意象，叫排比。」[11]張春榮《修辭行旅》從排比的功能說：「排比是以最少三組相似句法（如短語、子句、簡句、繁句、複句）接連開展，淋漓盡致地表達物象多樣化的性質，並藉此規律形式反覆陳述，造成強勁的論辯氣勢。」[12]

　　排比的作用，張先亮認為有三：一是排比句結構整齊勻稱，音律鏗鏘，使語言具有

9　轉引自蔡宗陽：《應用修辭學》（臺北市：萬見樓圖書公司，2006年3月），頁46。
10　陳望道：《修辭學發凡》（臺北市：文史哲出版社，1979年1月），頁201。
11　黃慶萱：《修辭學》（臺北市：三民書局，2011年7月），頁651。
12　張春榮：《修辭行旅》（臺北市：東大圖書公司，1996年1月），223。

節奏感和音樂美。二是在議論、說明文中，排比可使論點闡發得更嚴密透澈，使條理更清楚。三是排比可抒發強烈的感情，增強文章的氣勢或感染力。[13]

　　排比修辭可讓讀者產生共鳴，引發感情的認同，在文學作品中使用廣泛。

　　在「我所知道的康橋」一文中，使用排比修辭的，有如下句子：

1. 關心石上的苔痕，關心敗草裏的花鮮，關心這水流的緩急，關心水草的滋長，關心天上的雲霞，關心新來的鳥語。
2. 窈窕的蓮馨、玲瓏的石水仙、愛熱鬧的克羅克斯、耐辛苦的蒲公英與雛菊。
3. 帶一卷書，走十里路，選一塊清靜地。
4. 看天，聽鳥，讀書。
5. 你如愛花，這裡多的是錦繡似的草原。你如愛鳥，這裡多的是巧囀的鳴禽。你如愛兒童，這鄉間到處是可親的稚子。你如愛人情，這裡多的是不嫌遠客的鄉人。你如愛酒，這鄉間每「望」都為你儲有上好的新釀。
6. 你怕，你怕描壞了它，你怕說過分了惱了它，你怕說太謹慎了辜負了它。
7. 脫下棉袍，換上夾袍，脫下夾袍，穿上單袍，不過如此罷了。
8. 在星光下，聽水聲，聽近村晚鐘聲，聽河畔倦牛芻草色，是我康橋經驗中最神秘的一種。
9. 為聽鳥語，為盼朝陽，為尋泥土裡漸次甦醒的花草，為體會最微細最神妙的春信。
10. 天上星斗的消息，地下泥土裡的消息，空中風吹的消息。
11. 你要發見你的朋友的「真」，你得有與他單獨的機會。你要發見你自己的真，你得給你自己一個單獨的機會。你要發見一個地方（地方一樣有靈性），他也得有單獨玩的機會。
12. 我常去這天然的織錦上坐地，有時讀書，有時看水，有時仰臥著看天空的行雲，有時反仆著摟抱大地的溫軟。

　　排比修辭，語調規律反覆，可形成鏗鏘有力的文字風格。在描寫事物，傳達情感上，具有強烈的感染力與節奏感，因而，康橋的美景透過排比修辭技巧的運用，更讓讀者嚮往之。

4 類疊

　　類疊的定義，陳望道《修辭學發凡》說道：「複疊是把同一的字，接二連三地用在

一起的辭格。共有兩種：一是隔離的，或緊相連接而意義不相等的，名叫複辭，一是緊相連接而意義也相等的，名叫疊字。」[14] <u>譚永祥</u>《漢語修辭美學》說：「把意思相同的詞語或句子多次地重複使用，以達到強調、突出的表達效果，這種修辭手法叫反復。反復分連續反復和間隔反復。」[15]

類疊修辭法的名稱是<u>黃慶萱</u>提出的。由於「複疊」的定義不同，而且「類疊」可以包含疊字、複辭、反復等修辭法，以及目前多數人已經習用「類疊」名稱，因此，採用「類疊」為修辭格名稱。什麼是類疊呢？<u>黃慶萱</u>《修辭學》說：「同一個字、詞、語、句，或接連，或間隔，重覆地使用著，以加強語氣，使講話行文具有節奏感的修辭法叫做類疊。其中同一個字詞語句，接連或間隔使用著，是指相同的字詞語句，可以重疊使用，也可以隔離使用。」[16]

<u>蔡宗陽</u>認為類疊的作用有七：一是增強語勢，渲染氣氛；二是通過雙聲疊韻，表達感情；三是形象如畫，具體生動；四是同聲同韻，具有音樂美；五是可以突出重點，強調重點；六是可以增強敘述的條理性與生動性；七是可以增添旋律美，加強節奏感。[17]

類疊具音韻、節奏特性，使用常能產生活潑、靈活、跳動的韻律感，因為規律節奏的音樂效果，使文章更能產生愉快的心情，審美的經驗，提高美感效果。

在「我所知道的康橋」一文中，使用類疊修辭的，有如下句子：

（1）間隔

（1）頃刻間這田野添深了顏色，一層輕紗似的金粉糝上了這草、這樹、這通道、這莊舍。頃刻間這周遭瀰漫了清晨富麗的溫柔，頃刻間你的心懷也分潤了白天誕生的光榮。

（2）遠近的炊煙，成絲的、成縷的、成捲的，輕快的、遲重的，濃灰的、淡青的、慘白的

（3）「春！」這勝利的晴空彷彿在你的耳邊私語。「春！」你那快活的靈魂也彷彿在那裡回響。

（4）她們那敏捷，那閒暇，那輕盈，真是值得歌詠的。

（5）我那時有的是閒暇，有的是自由，有的是絕對單獨的機會。

（2）重疊

水溶溶（形容潮溼滑潤）、草綿綿（形容草長茂密）、霧茫茫（形容霧氣廣闊遼

---

14 陳望道：《修辭學發凡》（臺北市：文史哲出版社，1979年1月），頁171。
15 譚永祥：《漢語修辭美學》（北京市：北京語言學院出版社，1992年12月），頁337。
16 黃慶萱：《修辭學》（臺北市：三民書局，2011年7月），頁531。
17 蔡宗陽：《應用修辭學》（臺北市：萬見樓圖書公司，2006年3月），頁158。

遠）漠楞楞（形容模糊不清）、默沉沉（形容無聲無息）、灰蒼蒼（形容天色灰濛）
怯怜怜（形容嬌羞膽怯）、坦蕩蕩（形容平坦寬廣）、烏青青（形容天地灰暗）

善用類疊修辭，可以強調語意，貫穿文意，以及使語言富有節奏美感效果。徐志摩生動
的運用類疊技巧描寫康橋，讓文章增添表達及呼應的效果，也使得康橋的美麗與動態感
能具體的呈現。

5 設問

設問的定義，陳望道《修辭學發凡》說：「胸中早有定見，話中故意設問的，叫設
問。」[18]

吳正吉《活用修辭》就設問的功能詳言之說：「一篇文章中，作者為了使自己所要
表達的情意能引起讀者的注意，所以寫作時故佈疑陣，巧妙設計疑問，將平舖直敘的語
句轉變為詢問的語句，目的在激發讀者的好奇心，吸引讀者的閱讀興致，以加深讀者的
印象，使文章激起波瀾，增強引人的效果，這種修辭方法稱為設問。設問的修辭法，有
時是心中有疑惑不解的地方而自然發問。」[19]

蔡宗陽認為設問的作用有八：一是懸宕引人，二是提醒注意，三是醞釀餘韻，四是
強調本意，五是提引下文，六是增強語勢，七是增加情趣，八是避免呆滯[20]

沈謙《修辭學》從設問的位置所產生的功能說：「設問可用在篇首以提示全篇主
旨，用於結尾以增進文章餘韵，也可連續設問以製造文章氣勢。」[21]

設問修辭使平淡無奇的說話行文，喚起注意，提供思考，製造懸疑。我們於日常生
活使用而不至知，可見設問使用的普遍與效用。

在「我所知道的康橋」一文中，使用設問修辭的，有如下句子：

1. 我們這一輩子，認真說，能認識幾個人？能認識幾個地方？
2. 那不可信的玲瓏的方庭，誰說這不是聖克萊亞的化身，那一塊石上不閃耀著她
   當年聖潔的精神？
3. 你見過西湖白堤上的西泠斷橋不是？你忘不了那橋上斑駁的蒼苔，木柵的古
   色，與那橋拱下洩露的湖光與山色不是？
4. 忙著哪，這樣那樣事情多著，誰耐煩管星星的移轉，花草的消長，風雲的變
   幻？同時我們抱怨我們的生活，苦痛，煩悶，拘束，枯燥，誰肯承認做人是快

---

18 陳望道：《修辭學發凡》（臺北市：文史哲出版社，1979年1月），頁143。

19 吳正吉：《活用修辭》（高雄市：高雄復文圖書出版社，2000年10月），頁47。

20 蔡宗陽：《應用修辭學》（臺北市：萬見樓圖書公司，2006年3月），頁90-91。

21 沈謙：《修辭學》（臺北縣：空中大學，1995年1月），頁258。

樂？誰不多少咒詛人生？

5. 離開了泥土的花草，離開了水的魚，能快活嗎？能生存嗎？

6. 說也奇怪，竟像是第一次，我辨認了星月的光明，草的青，花的香，流水的殷勤。我能忘記那初春的睥睨嗎？

7. 這不是新來的潮潤沾上了寂寞的柳條？

8. 這裡哪一處不是坦蕩蕩的大道？

9. 你能想像更適情、更適性的消遣嗎？

10. 一別二年多了，康橋，誰知我這思鄉的隱憂？

將陳述句變為設問句，能增強語勢，強化語言的感染作用，徐志摩描寫康橋是激動的，因他熱情奔放的詩人性情和氣質特點，不斷的反問讀者康橋的美景，不停的提醒讀者注意康橋的美好，強勢的反問語氣，引領讀者進入康橋的情境中，進而愛上康橋的一切。

6. 感歎

感歎的定義，陳望道《修辭學發凡》說：「深沈的思考或猛烈的感情，用一種呼聲或類乎呼聲的詞句表出的，便是感歎辭。」[22]黃麗貞《實用修辭學》進而言之：「感歎是用來抒發強烈感情的修辭手法，無論是憤怒、驚訝、贊嘆、痛苦、無奈、悲傷、懷念等情緒，特意借助某些感嘆方式，形成呼聲或類于呼聲的效果，以加強所要表達的感情或思想，以觸引讀者或聽者的共鳴，增強語言的感染力，使人如聞其聲，如見其人。」[23]

此外，黃慶萱《修辭學》以人類的情緒表達說明：「當一個人遇到可喜、可怒、可怒、可樂之事物，常會以表露情感之呼聲，來強調內心的驚訝或贊歎、傷感或痛惜、歡笑或譏嘲、憤怒或鄙斥、希冀或需要。這種以呼聲表露情感的修辭法，就叫感歎。」[24]

俗話說：「人非草木，孰能無情？」人類是情感的萬物之靈。寫作時，運用人類這種「有感而嘆」的自然心理，將這種表露內心情感的呼聲照實抒寫，是一種本能，也是情感發洩，最容易打動讀者的心，引起同理心，產生感通心理。

在「我所知道的康橋」一文中，使用感歎修辭的，有如下句子：

1. 只要你審美的本能不曾泯滅時，這是你的機會，實現純粹美感的神奇！

2. 啊！我那時蜜甜的單獨，那時蜜甜的閒暇。

3. 英國人是不輕易開口笑人的，但是小心他們不出聲的皺眉！

---

22 陳望道：《修辭學發凡》（臺北市：文史哲出版社，1979年1月），頁145。

23 黃麗貞：《實用修辭學》（臺北市：國家出版社，2000年4月），頁186。

24 黃慶萱：《修辭學》（臺北市：三民書局，2011年7月），頁37。

4. 有一個白鬍子的船家往往帶譏諷的對我說:「先生,這撐船費勁,天熱累人,還是拿個薄皮舟溜溜吧!

5. 你站在橋上去看人家撐,那多不費勁,多美!

6. 誰不愛聽那水底翻的音樂,在靜定的河上,描寫夢境與春光!

7. 就只那一春,我的生活是自然的,是真愉快的!

8. 啊,那是新來的畫眉在那邊凋不盡的青枝上試它的新聲!啊,這是第一朵小雪球花掙出了半凍的地面!

9. 「春」!這勝利的晴空彷彿在你的耳邊私語。「春」!你那快活的靈魂也彷彿在那裏回響。

10. 不說也罷,說來你們也是不信的!

11. 也不想別的,我只要那晚鐘撼動的黃昏,沒遮攔的田野,獨自斜倚在軟草裏,看第一個大星在天邊出現!

12. 啊,那些清晨,那些黃昏,我一個人發痴似的在在康橋!

13. 再沒有比這一群建築更調諧更勻稱的了!

14. 啊!那不可信的玲瓏的方庭,誰說這不是聖克萊亞的化身,那一塊石上不閃耀著她當年聖潔的精神?

　　我們人類對宇宙與人生的現象,因為情感與感受而自然的發出感歎。這也是對自然界的刺激所產生反應作用。徐志摩運用感歎的文句與語氣,來表達他對康橋與自己人生的感歎,使人深受感染與讚歎,讓文章的渲染力更強、效果更佳。

7 量詞

　　「量詞」是文法學上表示事物數量單位的名詞,也叫做「單位詞」。在我們日常生活中,無論說話或寫作,每天都大量地使用到量詞。可見量詞對語言文學有特別的修飾功能,即修辭作用。

　　量詞的作用,由於作者故意的安排,量詞除有單位性質外,還含有其他較深、較廣的意義;這深、廣的涵意,藉著一個量詞,就可以完全表達出來,並且給人新穎奇特的感覺,並對作者所要表達的語意文情,容易引起共鳴,留下深刻印象,也佩服作者之善於駕馭文字。

　　量詞的基本性質既然是事物的單位,所以它的詞性必定是個「名詞」。從詞類來看,具有修辭功能的量詞,可以大分為二類:一類借用一般名詞為量詞:語文中所用的量詞,原本是具體的事物,作者故意借來做量詞,用以表達更寬廣、更深刻的意念。另一類是經由「轉品」而來的量詞:把動詞或形容詞變為名詞,充作量詞,這個量詞,能

使作者的情思得到更深、更廣渲染，文辭氣氛和意韻的營造更見動人。[25]
在「我所知道的康橋」一文中，使用量詞修辭的，有如下句子：

> 嫵媚的康河也望不見蹤跡，你只能循著那錦帶似的林木想像那「一流清淺」。

「一流清淺」乃化抽象形象為具體可見，呈現形象感，進而增添動感以提升作品的藝術美感，引發讀者無盡的聯想與想像。「流」，意指流動，本為動詞，文本將之轉化為計算河流的單位詞，使之呈現出河流的形象動感，使文字更為活潑生動。徐志摩讓在康橋的康河呈現流動的意象美感，形象優美，動態鮮明，創造康河的審美經驗與空間意象。

以下根據〈我所知道的康橋〉文本中各類辭格的使用頻率作統計，以觀察辭格運用狀況。統計如下表：

各類辭格運用統計表

編號	修辭格	使用次數
1	類疊	14
2	感嘆	14
3	排比	12
4	設問	10
5	譬喻	8
6	轉化	6
7	量詞	1
	合計	65

上表為各類修辭使用統計，共使用六十五次。以類疊與感嘆為最，多達十四次；其次為排比十二次與設問十次；再者為排比及譬喻，分別八次和六次；以量詞為最少一次。

類疊修辭具有音韻節奏特性，能產生音樂美感效果；感歎是抒發感情的修辭，能刺激人類對自然現象的反應，引發讚嘆的美感經驗；排比辭格的規律形式及字詞句的反覆陳述，形成語言的氣勢與整齊句型的形式美；設問在激發讀者的好奇心，加深讀者的印象，使文章激起波瀾，增強引人的意趣效果。譬喻修辭乃利用舊經驗引起新經驗，以「類化」為基礎，若運用得宜，則產生具體且形象鮮活之美；轉化是透過對象本質的轉變，以增加語文的表現效果，使語言變化更加豐富多采；量詞的運用能使作者的情感表達與思考更深刻、更寬廣，形象和情境更加動人。

---

25 黃麗貞：《實用修辭學》（臺北市：國家出版社，2000年4月），頁243-247。

（二）句式選擇方面

句式有長短。長句是指那些由較長的修飾語或詞組作句子成分，形成結構比較複雜的句式。短句指的是那些結構比較簡單、字數較少的句式。

長句和短句各有不同的特點和作用，運用時各有所宜。長句結構繁複，內涵豐富，具有集中緊湊的特點，能嚴密地表達思想，有較強的邏輯力量，委婉細膩或氣勢磅礡地抒發情感，繪聲繪色的描述事物，多用於論說和描寫，書面語使用的頻率較高。短句結構單純，具有簡潔明快、乾淨利落的特點，抒發激越的感情表達急促的語氣，描寫緊張的場面，多用於敘事和抒情，口語中尤為常見。不過，從漢語的一般表達來看，則多用短句，即便是長句，句中也往往有較多的停頓，使人讀來語氣舒緩，不覺其長。[26]

在「我所知道的康橋」一文中，使用長句，有如下句子：

1. 曾經有多少個清晨我獨自冒著冷去薄霜鋪地的林子裡閒步——為聽鳥語，為盼朝陽，為尋泥土裡漸次甦醒的花草，為體會最微細最神妙的春信。
2. 遠近的炊煙，成絲的，成縷的，成捲的，輕快的，遲重的，濃灰的，淡青的，慘白的，在靜定的朝氣裡漸漸地上騰，漸漸地不見，彷彿是朝來的人們的祈禱，參差的翳入了天聽。
3. 愛熱鬧的少年們攜著他們的女友，在船沿上支著雙雙的東洋彩紙燈，帶著話匣子，船心裏用軟墊鋪著，也開向無人跡處去享他們的野福——誰不愛聽那水底翻的音樂在靜定的河上描寫夢境與春光！
4. 我現在想寫康橋，也正是這樣的心理，我不曾寫，我就知道這回是寫不好的——況且又是臨時逼出來的事情。

長句具有表達豐富的內容及深刻情感的功能。徐志摩在〈我所知道的康橋〉文中，為表達對康橋深深的眷戀及濃厚的情感使用很多的長句，正可以用來抒發其對康橋的深情與愛戀。

（三）篇章結構方面

1 時間安排

分別從清晨的景象，白天的風光景色，至黃昏的自然現象，來描寫康橋不同時段的面貌與特色。

---

26 孫全洲、劉蘭英：《語法與修辭》（臺北市：新學識出版中心，1998年10月），頁367-368。

自清晨的景象，帶領讀者進入幽深的林間小徑。朝霧漸漸地升起，拉開了這灰蒼蒼的天幕，揭開康橋面目。描寫康橋榆蔭、曙色、原野、村舍、麥田、小山、教寺、茂林、尖閣、康河、炊煙、朝陽等景色。

再寫白天的風光景色，對康橋河岸風光，春天信息，苔痕，鮮花，水流，水草，雲霞，鳥語。百花盛開美景，小雪球、鈴蘭、香草、蓮馨、石水仙、克羅克斯、蒲公英與雛等花草，欣欣向榮，熱熱鬧鬧以及騎自行車、草原之美、人情之美春日野遊之樂。

最後描寫黃昏的自然現象，以分享三次自己的經驗，隔著麥浪，看西邊天空變化；羊群背後，有偌大太陽的萬縷金輝；陽光從褐色雲裡斜照所幻成之奇景。以自己的美感經驗，敘述康橋的夕陽之美。

2 描寫方式

在寫景上，有山脈及天空的遠寫、有視野所見及身處所在地的近描、有現像變化的動態、有景物的靜態景觀、有全鏡頭、有聚焦特寫、有從不同上下平視的角度觀看等方面，交錯運用各種不同的描寫方式來觀景寫物，且從寫景中又可看出徐志摩對這景色的感受與熱情。

3 寫作手法

以時間線索為順敘法。作者採用泛敘具描的方式來敘描康橋，寫景內容多元而有層次，不受一時一地的觀察與經驗。寫作手法有眼中的康橋，有情感中的康橋及空靈意象世界的康橋。康橋是用感性抒情的手法來描述康橋的風光及情趣。它結合寫景、抒情及意境為一體，寫作手法獨到。

（四）寫作特點

筆調熱情活潑；色彩濃重多采；修辭使用繁多，形象生動鮮活；多感覺印象描寫，不斷描寫個人想像與印象；並善用詞藻，文采斐然。

語言使用具音律節奏感。描寫景物以長句為主，讓讀者有如在康橋散步；描寫心靈感受多用短句表達，將性靈的感動分享給讀者。長短句交錯使用，使得文章深具韻律美感。

四　〈我所知道的康橋〉兼格修辭

兼用是一段話中，兼有兩種或兩種以上的辭格。兼用格一定是幾種不同類型的辭格有機地結合在一起，渾然一體。在表達效果上，又各有側重，從各個不同的角度來修飾

語言，使之起不同的作用。

　　成偉鈞、唐仲陽、向宏業《修辭通鑑》依修辭法兼用的數量，將它分為兩格兼用、三格兼用、多格兼用等種類。[27]

　　徐志摩在〈我所知道的康橋〉中，運用了大量的修辭技巧，其中包含了不少的兼格修辭，今列表整理如下：

兼格使用統計表

序號	原文	兼格修辭	修辭格數
1	你怕，你怕描壞了它，你怕說過分了惱了它，你怕說太謹慎了辜負了它。	排比、類疊	2
2	脫下棉袍，換上夾袍，脫下夾袍，穿上單袍，不過如此罷了。	排比、類疊	2
3	天上星斗的消息，地下泥土裡的消息，空中風吹的消息。	排比、類疊	2
4	窈窕的蓮馨、玲瓏的石水仙、愛熱鬧的克羅克斯、耐辛苦的蒲公英與雛菊	轉化、排比	2
5	怯怜怜的小雪球是探春信的小使，鈴蘭與香草是歡喜的初聲。	譬喻、轉化類疊	3
6	在星光下，聽水聲，聽近村晚鐘聲，聽河畔倦牛努草色，是我康橋經驗中最神秘的一種。	排比、類疊摹況	3
7	為聽鳥語，為盼朝陽，為尋泥土裡漸次甦醒的花草，為體會最微細最神妙的春信。	排比、類疊轉化	3
8	「春！」這勝利的晴空彷彿在你的耳邊私語。「春！」你那快活的靈魂也彷彿在那裡回響	感歎、類疊譬喻	3
9	一層輕紗似的金粉糝上了這草、這樹、這通道、這莊舍。	譬喻、排比類疊	3
10	關心石上的苔痕，關心敗草裡的鮮花，關心這水流的緩急，關心水草的滋長，關心天上的雲霞，關心新來的鳥語。	排比、類疊映襯	3
11	你如愛花，這裡多的是錦繡似的草原。你如愛鳥，這裡多的是巧囀的鳴禽。你如愛兒童，這鄉間到處是可親的稚子。你如愛人情，這裡多的是不嫌遠客的鄉人。你如愛酒，這鄉間每「望」都為你儲有上好的新釀。	排比、類疊譬喻	3

---

27 成偉鈞、唐仲陽、向宏業合著：《修辭通鑑》（臺北市：建宏出版社，1996年12月），頁367-368。

序號	原文	兼格修辭	修辭格數
12	啊，那是新來的畫眉在那邊凋不盡的青枝上試它的新聲！啊，這是第一朵小雪球花挣出了半凍的地面！啊，這不是新來的潮潤沾上了寂寞的柳條？	感歎、排比類疊、設問	4
13	頃刻間這田野添深了顏色，一層輕紗似的金粉糝上了這草、這樹、這通道、這莊舍。頃刻間這周遭瀰漫了清晨富麗的溫柔。頃刻間你的心懷也分潤了白天誕生的光榮。	譬喻、排比類疊、轉化	4

由上表統計顯示，文本中兼格修辭使用次數多達十三次之多，其中使用兩種兼格修辭的有四次，三種兼格修辭的有七次，四種兼格修辭的有兩次，可見使用兼格的次數，在文本裡極為頻繁。徐志摩善於運用多種修辭技巧來宣洩情感與創造想像空間，營造意境，增強散文的藝術感染與表現力。他純熟的運用修辭手法，在數個句之中，兼用二、三、四個修辭格，可謂錘鍊文字至爐火純青的地步了。由於他追求散文的獨特韻味，注重散文語言的音樂性，而使語言節奏鮮明，旋律優美，詩意盎然，從而形成散文語言的一種奇特的景觀，讀之使人形象鮮明，印象深刻。

五 〈我所知道的康橋〉修辭藝術美感

徐志摩作散文〈我所知道的康橋〉一文，雖然是對康橋美麗景色的描繪，但同時也是作者心情表達，一種情緒的抒發，使你體會到作者心靈受到的衝擊。所以，寫景但不滯留於景，狀物又不拘限於物，以抒發情感為主，記遊描寫為輔，進而達到寓意於物內，寄情於景中。這篇散文中，我們看到他藝術創作的成就與文學創作的風格。

徐志摩善用修辭技巧來描寫康橋景物風光，〈我所知道的康橋〉一文所呈現的修辭藝術美感，筆者將從豐贍繁富的內容美、意趣含蓄的意蘊美、形象躍動的動態美、抑揚頓挫的音樂美、豐富多采的語言美、整齊均衡的形式美六個方面來探討修辭藝術美感：

（一）豐贍繁富的內容美

文章內容取材多元，多方敘寫，描寫詳贍，全面而深入，則能強調作者要旨與凸顯作品亮點；能整體、周密、連貫的論述問題；能細膩地描繪事情發展與景物形象表徵；能表達人物的豐富情感與深層思想；能呈現內外環境優美的意境，從而引起讀者的注意，進而深化讀者的印象，產生文學美感的效應。徐志摩為使讀者能對康橋產生深刻且美麗的想像空間，採豐富的詞彙與題材，描繪康橋美景。如自然景觀方面，有榆蔭、曙色、原野、小山、茂林、朝陽、苔痕、水流、水草、雲霞、鳥語及百花盛開等景色；人

文風景方面，有學院建築、教堂、方庭、拜倫雕像、小橋、村舍、尖閣、麥田、果子園、炊煙等景物；風土民情方面，有送牛奶、划船、騎自行車、野餐、掛單借宿等活動；美感經驗方面，有「隔著一大田的麥浪，看夕陽在西天的變幻之景」、「一大群羊放草歸來，偌大的太陽在他門背後放射萬縷的金輝」、「青草裡陽光從褐色雲裡斜著過來，幻化成一種異樣的紫色，透明似的不可逼視」、「那晚鐘撼動的黃昏，看第一個大星在天邊出現神奇的經驗。」徐志摩從早晨朝陽起說，接敘白日春光，直至黃昏、夕陽與晚霞。從不同時段與季節變換來描寫康橋的真實景色；就現實景象寫景的變化，到超現實的美感經驗；以具體景物描繪，引發抽象神異體驗。內容至為繁多與豐盈，把康橋的景物具體化、立體化、造型化且栩栩如生。多元且豐富的內容，康橋的美景彷彿就在眼前。

（二）情趣含蓄的意蘊美

〈我所知道的康橋〉一文，雖然大量的景物描寫，企圖營造一幅氣勢動人，景色壯觀，富麗堂皇，美侖美奐的康橋畫面。但作者並不是為寫景而寫景，他注重心靈深處的情趣。因此，他創造心靈意境空間，通過感人肺腑，沁人心脾的意象描寫，去表達深沉的意蘊，呈現想像的空靈意境。讓你擁抱大地的溫存，去享受「無俗氣，有靈性」的想像世界。文中表達如「大自然的優美、寧靜，調諧在這星光與波光的默契中不期然的淹入了你的性靈」、「就這，也不能給你依稀的印象，它給你的美感簡直是神靈性的一種」、「只要你審美的本能不曾汨滅時，這是你的機會實現純粹美感的神奇」、「啊！我那時蜜甜的單獨，那時蜜甜的閒暇。一晚又一晚的，只見我出神似的倚在橋闌上向西天凝望」他對大自然的感受和印象，融入想像和熱情，把大自然的景象，透過文字描寫，把康橋的景物美化、轉化、神化成為一種空靈境界，且具有情趣又蘊含美感。

（三）形象躍動的動態美

沈從文說：「徐志摩的作品給我們的感覺是『動』，文字的動、情感的動，活潑而輕盈，如一盤圓臺珠子，在陽光下轉個不停，色彩交錯，變幻眩目。」[28]此外，徐志摩喜愛捕捉動態事物，文字使用風格，呈現流動形象。他說：「我愛動，愛看動的事物，愛活潑的人，愛流動的水，愛空中的飛鳥，愛看窗外馳過的田野。星光的閃動，草葉上露珠的顫動，花蕚在微風中的搖動，雷雨時的變動，大海中波濤的洶湧，都是觸動我感興趣的情景。」[29]眼睛觀察焦點不在固定的景物上，對於靜止的景象，他無所感，也無動

---

28 轉引自方惟保：〈中國現代文學史引沈從文從徐志摩學習抒情〉
29 徐志摩：《徐志摩全集》（臺北市：鍾文出版社，1992年），頁66。

於衷的。其文有如野馬奔騰，恣意馳騁，描寫景物生動鮮活，表達思想空靈跳躍，創造形象鮮明活潑。其思緒是跳動的，感情是流動的，文字描摹呈現動態形象，如「星星的黃花在風中動盪」、「裙裾在風前悠悠的飄著」、「帽影在水草間顫動」、「魚群的唼喋聲在你的耳邊挑逗」、「遠近的炊煙，成絲的、成縷的、成卷的、輕快的、遲重的、濃灰的、淡青的、慘白的，在靜定的朝氣裡漸漸的上騰，漸漸的不見」形象鮮明，熱鬧活潑，具有動態美感。

（四）抑揚頓挫的音樂美

語言的音樂美，是通過詞語的音節、節奏、聲韻組合及安排形成的。徐志摩對詩歌的韻律曾說：「正如一個人身的秘密是他的血管流通，一首詩的秘密也就是它的內含的音節的勻整與流動。」他善用類疊、排比修辭於文本中，形成抑揚頓挫的音節韻律聲情美。在〈我所知道的康橋〉也同樣具有音韻樂律之美。如「頃刻間這田野添深了顏色，一層輕紗似的金粉糁上了這草、這樹、這通道、這莊舍。頃刻間這周遭瀰漫了清晨富麗的溫柔。頃刻間你的心懷也分潤了白天誕生的光榮。」連用三個「頃刻間」，把時間說得極急促，表示初曉景色的刻刻變換。把早晨朝陽的瞬間變化，用節奏性的音節的呈現出來，讓文字具有音樂性及跳躍的音節，使讀者閱讀時產生音韻節奏與旋律之美。又如「關心石上的苔痕，關心敗草裡的鮮花，關心這水流的緩急，關心水草的滋長，關心天上的雲霞，關心新來的鳥語」連用六個「關心」來說明春天來的消息，透過對康橋的自然景物說明春天的信息，運用連續的排比鋪陳及類疊修辭的音律節奏性，來告訴讀者康橋春天的景色與美好。另外，音節重疊所產生的音樂感，更呈現作者深沈濃厚的情感，在文章中也處處呈現，如「水溶溶的大道」、「漠楞楞的曙色」、「天邊是霧茫茫的」、「灰蒼蒼的天幕」、「天上卻是烏青青的」、「怯伶伶的一座三環洞的小橋」……等，這些例子在文章中不勝枚舉，都說明了文中所呈現韻律美感，審美效果。

（五）豐富多采的語言美

從語言的表現形式，可分為口語與書面表達。口語表現以說話傳達，訴諸人類的聽覺，書面表現以文字呈現，訴諸人類的視覺。從聽覺及視覺所獲得的審美經驗，都是語言形式的表現。〈我所知道的康橋〉的語言表現，別具特色。詞藻豐富華美，色彩呈現，鮮豔明亮，呈現音律現象與官能印象，語言表達活潑生動，流麗穠纖，富有形態美和節奏動感。如文中有「遠近的炊煙，成絲的，成縷的，成捲的，輕快的，遲重的，濃灰的，淡青的，慘白的，在靜定的朝氣裡漸漸地上騰，漸漸地不見」以簡練的詞語短句，形成動態畫面及富有節奏美感。炊煙的形象變化，透過豐富多采的描寫，使炊煙呈

現栩栩如生的情狀。此外，從語言色彩表現，文中如「黃牛、白馬、青煙、黑影」，「灰蒼的天幕」、「星星的黃花」、「豔色的薔薇」、「蒼白的石壁」、「斑駁的蒼苔」、「木柵的古色」、「蔥翠的草坪」、「七分鵝黃，三分桔綠」、「穿一身縞素衣服」、「初青的麥田」、「萬縷的金輝」、「豔紅的罌粟」、「一層輕紗似的金粉」、「陽光從褐色雲斜著過來」、「幻成一種異樣紫色」等。這些富有顏色的詞彙與語句，在文章中形成豐富多元的語言色彩，造成語言美感。

（六）整齊均衡的形式美

語言文字表現的形式美，主要呈現在句子表達的結構組織上。句子的形式，字數不一，結構不同，有長有短，有整有散，有緊有鬆等各種形式。句子的形體結構，整齊、對稱、均衡，讓人有均衡的感覺，不但符合物理學中力學的平衡原理，也符合藝術美學中的對稱美，這些句子的呈現與表現，形成語言文字的表達方式。整齊的音節，均勻的結構，這種整齊均勻的表達形式，除可以概括及精簡內容，並更兼顧外在形式的均衡美，給人和諧與平穩之美感。〈我所知道的康橋〉的語言文字表現，作者展現駕馭語言文字的成熟與精練，在文章處處呈現文字整齊均衡的形式美，如「有村舍處有佳蔭，有佳蔭處有村舍」、「春！這勝利的晴空仿佛在你的耳邊私語。春！你那快活的靈魂也仿佛在那裏回響」、「我倚暖了石闌的青苔，青苔涼透了我的心坎」、「關心石上的苔痕，關心敗草裏的花鮮，關心這水流的緩急，關心水草的滋長，關心天上的雲霞，關心新來的鳥語」、「看天，聽鳥，讀書」、「脫下棉袍，換上夾袍，脫下夾袍，穿上單袍」、「天上星斗的消息，地下泥土裡的消息，空中風吹的消息」、「帶一卷書，走十里路，選一塊清靜地」。

這些句子形式整齊均衡、結構緊奏一致、語氣連貫通達、氣勢充足渾厚，讓人在視覺及聽覺上受到衝擊與感染，進而產生美感。

六 結語

〈我所知道的康橋〉融合各類修辭格於一爐的散文佳構。文章中修辭的運用，在辭格方面有譬喻、轉化、排比、類疊、設問、感歎以及量詞等修辭格，讓文章展現活潑輕快的筆調；在句式的選擇，以長句為主，搭配短句使用，讓語言表達更為舒緩，語意深長，蘊含深刻，以抒發作者的心境；在篇章結構上，以時間為主軸，採用順敘法，以泛具寫的方式描寫，景物描寫則有遠近、動靜、全景、特寫及視角等變化。以達抒情敘事，敘事抒情，巧妙的結構安排。

徐志摩的天才表現是多方面的。其多才多藝的藝術特質與氣質，讓他信手拈來，隨意揮灑，皆成佳作。除單一辭格運用外，句子之中又有許多兼格修辭使用，令文章五色

絢爛，豐富文采，增添描寫的生動性與美感效果。正因各類修辭技巧的交錯與純熟的運用，而將濃烈的情感作一次流瀉與盡情抒發，使得〈我所知道的康橋〉色調濃厚豔麗，景物鋪排有致，具有多采、多元、多重的藝術美學風格。在熱情奔放、躍動輕快、隨興自然的巧筆書寫之下，文章不留一絲雕琢的斧鑿。徐志摩的文學藝術天才，使他成為現代文學史上風格迥異，與眾不同的大家。

參考文獻

陳望道　《修辭學發凡》　臺北市　文史哲出版社　1979年

徐志摩　《徐志摩全集》　臺北市　鍾文出版社　1992年

譚永祥　《漢語修辭美學》　北京市　北京語言學院出版社　1992年

沈　謙　《修辭學》　臺北縣　空中大學　1995年

成偉鈞、唐仲陽、向宏業　《修辭通鑑》　臺北市　建宏出版社　1996年

張春榮　《修辭行旅》　臺北市　東大圖書公司　1996年

孫全洲、劉蘭英　《語法與修辭》　臺北市　新學識出版中心　1998年

吳正吉　《活用修辭》　高雄市　高雄復文圖書出版社　2000年

黃麗貞　《實用修辭學》　臺北市　國家出版社　2000年

陳正治　《修辭學》　臺北市　五南圖書出版公司　2001年

蔡宗陽　《應用修辭學》　臺北市　萬見樓圖書公司　2006年

黃慶萱　《修辭學》　臺北市　三民書局　2011年

適性化閱讀評量檢測結果與教學建議

—— 以苗栗縣四所國中施測結果為例

孫劍秋、林孟君、黃一峰

臺北教育大學語文與創作學系孫劍秋教授、苗栗縣烏眉國中林孟君校長

摘　要

　　提升學生閱讀素養為十二年國教重要的方向，有意義的線上閱讀及培養學生高層次思考的能力，為國語文學習的重要目標，也是 PISA 二〇〇九年報告指出臺灣學生提升閱讀素養的關鍵因素之一。

　　數位學習近年在教育應用上有重要的貢獻，本研究建置快速而有效率的評估15歲學生之閱讀素養，建構出一套閱讀素養電腦適性測驗系統。期待提供教學現場更多教師教學評量的使用及學生自學評量的理解及實務分析。

關鍵詞：閱讀評量、電腦適性測驗、試題反應理論、古典答對率、非等價組別定錨題等化設計

一　前言

　　教學評量是診斷教學成果的一項重要檢核機制，然而，如何評量出學生的真實學習成效以及在適性化的教學氛圍中有效的理解學生的學習成果，是目前教學與評量的重要研究方向之一。這其中的難度又屬閱讀理解最困難，除了在課程綱要中並於明訂閱讀理解為單讀科目有其課程綱要之外，閱讀文本的多元樣及內容的多元性都是讓閱讀成為數位評量的絕緣體的因素之一。

　　教育的目的在於引發學生學習過程中的行為改變，然而教師則經常扮演利用測驗的方式評量學生在學習之後的效益，因此，測驗在各學科中均扮演重要的角色（林璟豐，2011）。在數位化的時代中，快速了解評量結果以及資訊工具的輔助也明顯影響教育的評量方向，評量方式的多元化在目前的教育分為主張適性化的教育前提下，近幾年來多元的形態漸漸出現在教學現場或教學之中。目前有許多電腦輔助測驗以利用試題反應理論（IRT），來發展電腦化適性測驗系統。在學術研究方面，從一九七〇年代的初期研究至今，與電腦適性測驗相關的學術論文呈倍數成長。在評量實務方面，許多現存的紙筆測驗都已開發出電腦適性測驗的版本，例如，美國的研究所入學學術性向測驗（Graduate Record Examination, GRE）等（Meijer & Nering, 1999）。

　　有鑑於上述電腦適性測驗所具備的優點，加上目前臺灣尚沒有相關閱讀電腦適性化平臺在教學現場施測，為了讓教學現場有更多的老師及學生可以更加理解閱讀素養能力及分析，本研究建置快速而有效率的評估十五歲學生之閱讀素養，建構出一套閱讀素養電腦適性測驗系統。期待提供教學現場更多教師教學評量的使用及學生自學評量的理解及實務分析。

二　文獻探討

　　本研究的主要目的在於建置以試題反應理論為基礎的適性化診斷測驗，因此本節將探討傳統紙筆測驗、電腦適性測驗相關文獻做一分析，以做為適性評量系統建置之基礎。

（一）傳統紙筆測驗

　　現存的許多心理評估工具（如：問卷、測驗、量表等）多屬於紙筆測驗（paper-and-pencil test）的測驗型態，在傳統紙筆測驗的編制過程中，發展者通常根據古典測驗理論進行試題量化分析，選取能獲得較高內部一致性的數個試題組成測驗，進而宣稱該測驗有良好的信度、不同能力水準考生的評量結果有相同的測量誤差。然而，這樣的測驗編制程序具有以下幾個限制（Weiss, 2004）：第一，傾向選擇試題通過率接近0.5的試

題，這樣的試題對中等程度的學生難易適中，當一份閱讀測驗皆由中等難度試題所構成時，只要閱讀素養優於中等的學生都很可能答對所有試題，因而難以有效區分中上程度學生與優秀學生之差別。第二，中等難度試題對於中等程度學生有較高的評估精準度，隨著學生程度遠離中等水準，精準度將隨之遞減。由於應考同一份紙筆測驗的考生皆需作答相同的試題，可以想見閱讀素養較高或較低的學生，其測驗結果之準確度將低於中等程度學生。鑑於上述紙筆測驗的缺失，適逢電腦科技的進步，一種新型態的評量方式應運而生。

（二）電腦適性測驗

電腦適性測驗（computerized adaptive testing, CAT），有別於傳統紙筆測驗，為利用電腦設備施行心理測驗或教育評估的評量工具（Embretson & Reise, 2000）。從測驗技術的角度來看，現有的電腦適性測驗系統多數都根據試題反應理論（item response theory, IRT）發展而來，透過電腦的快速運算能力，能根據受試者的答題反應即時估算其能力水準，並挑選出最適合該受試者（如，試題難度最接近該受試者能力）的下一道試題，進而達成適性化的評量（Meijer & Nering, 1999）。

顧名思義，電腦適性測驗具有兩大特色：第一，電腦化。除了常見的純文字、圖形與表格之外，電腦適性測驗尚能利用聲音、動畫甚至影像等多媒體格式作為構成試題的素材，進而豐富了試題研發的多樣性，擴展了紙筆測驗無法評量之面向與範圍。此外，得利於電腦資訊設備之運用，電腦適性測驗於考生作答完每一題之後能即時進行計分，並於測驗終止後立即提供施測結果，大大提升了施測的效率（Embretson & Reise, 2000）。

第二，適性化：電腦適性測驗沒有固定的試題呈現順序（Meijer & Nering, 1999），若考生答對目前試題表示該生閱讀素養較可能高於該題難度，因此呈現難度較高的下一題；相反的，答錯該題便施測較簡單的下一題。由此可見，不同考生的施測試題不盡相同，試題呈現順序與考生閱讀素養水準息息相關，而非如同紙筆測驗般一成不變。也由於在電腦適性測驗過程中每一道試題皆依據考生素養水準從題庫中挑選而來，可有效避免試題難度不適合該考生的情況（例如，素養高的考生作答低難度的試題）。從評量技術來看，當試題難度與考生素養水準兩者越接近，作答反應能提供越多有關考生素養水準的訊息量，易言之，對閱讀素養評估的準確度將顯著提升。相關研究指出，電腦適性測驗僅需使用較少題數就可以達到與紙筆測驗相同的準確度（Wainer et al., 2000; 陳柏熹, 2006）。

實務上，研究者常常需要同時評量受試者在多個向度上的表現，因此，結合多向度試題分析模式以及適性測驗的多向度電腦適性測驗應運而生。Segall 首先提出多向度電

腦適性測驗的能力估計算則以及選題策略（Segall, 1996, 2000），並應用在軍人職業性向測驗（Armed Services Vocational Aptitude Battery, ASVAB）。該研究利用「多重單向度」的策略，在無須假設向度之間彼此獨立的特性下，個別分析每個向度的試題。一旦試題參數已知，便能估算出受試者在各向度上的能力，最終達成多向度的評估（Wang & Chen, 2004）。

在學術研究方面，從一九七〇年代的初期研究至今，與電腦適性測驗相關的學術論文呈倍數成長。在評量實務方面，許多現存的紙筆測驗都已開發出電腦適性測驗的版本，例如，美國的研究所入學學術性向測驗（Graduate Record Examination, GRE）等（Meijer & Nering, 1999）。

三　研究方法及評量系統建置流程

（一）研究對象

本研究參與的學校分別為苗栗縣四所國中，學校規模有大型學校、中型學校以及小型學校，這四所學校均有電腦教室提供線上評量的能力以及意願，班級學生均為常態編班。施測學生為符合本計畫的目的，均為九年級學生，預測時四所學校都在不同時間進行線上評量及試題信效度的協同。

（二）評量系統建置流程

有鑑於上述電腦適性測驗所具備的優點，本研究為了能快速而有效率的評估十五歲學生之閱讀素養，建構出一套閱讀素養電腦適性測驗系統。參考相關文獻（Embretson & Reise, 2000; Thompson & Weiss, 2011; Wainer et al., 2000; Weiss & Kingsbury, 1984）後，本研究將電腦適性測驗系統之建置程序分為事前準備階段以及實際執行階段，後者又可歸納成五個步驟，分別說明如下：

1 事前準備階段

選擇分析模式：在電腦適性測驗中，下一道施測試題的選擇取決於考生在前一道試題的作答，因此本研究的電腦適性測驗題庫排除了需要人工閱卷的非選擇題型，僅包含能立即判斷考生答對或答錯的選擇題型（multiple-choice item）。在試題反應理論的眾多數學模型中，Rasch 模式（Rasch, 1960）常被用來分析選擇題型的施測資料並估算出考生能力與試題難度。Rasch 模式可利用公式（1）加以表徵：

$$P_{ni} = \frac{\exp(\theta_n - b_i)}{1 + \exp(\theta_n - b_i)} \qquad (1)$$

其中，P_{ni} 代表第 n 位考生在第 i 題的答對機率；θ_n 代表第 n 位考生的閱讀素養；代表第 i 題的試題難度。根據公式（1），如果考生閱讀素養與試題難度已知，便能夠計算該生在試題之答對機率。圖一呈現不同能力水準考生作答三個試題（難度分別為-1.0、0.0以及1.0）時，答對機率之變化趨勢，圖中的曲線稱為試題特徵曲線（item characteristic curve, ICC）。由試題特徵曲線可知，答對機率隨著考生閱讀素養提升而遞增；再者，不同試題的試題特徵曲線不會交叉，因此對特定閱讀素養的考生來說，作答低難度試題的答對機率會永遠高於作答高難度試題之機率，試題難度之階層順序得以建立（王文中, 2004）。因此，本研究採用 Rasch 模式分析測驗資料，以估算考生閱讀素養水準以及試題難度。

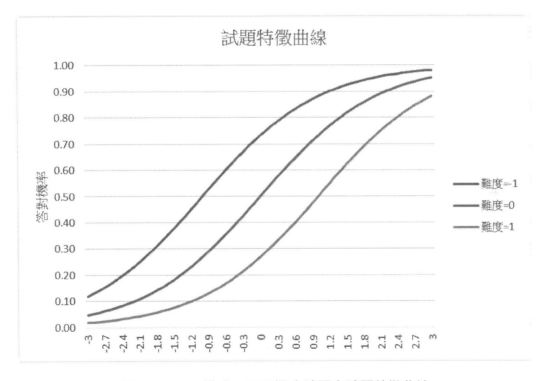

圖一　Rasch 模式下不同難度試題之試題特徵曲線

建置並校準題庫：能否建置一個質與量兼具的試題資料庫（後續簡稱題庫），攸關電腦適性測驗的評量成效優劣（Flaugher, 1990）。當利用 Rasch 模式分析預試資料後，可以估算得到每道試題之難度值與配適度統計量（fit statistics），此參數估算過程稱為經過校準（calibrated），試題難度值越高（低）表示該題越困難（簡單）。本研究從所有試題中篩選具備良好配適度統計量的試題納入題庫，此外，也針對題庫中每道試題計算古典

答對率（percentage of correct）與鑑別度並進行選項分析，以確保題庫中的每道試題都具有一定的量化品質。

由於被納入題庫的試題極可能來自不同預試試卷，作答不同試卷的考生群在人口學變項統計上極可能不相似，不同考生群的平均能力無法視為等價（non-equivalent groups）。為了讓不同次預試下的試題難度能夠進行比較，需要透過等化（equating）設計以建立共同的難度量尺。本研究參考相關文獻（Kolen & Brennan, 2004）之後，採用非等價組別定錨題等化設計（non-equivalent groups with anchor test, NEAT），此等化設計可以利用表一進行表徵。由表一可以發現有部分試題同時被編列在不同試卷中，稱為共同題（common items）或定錨題（anchor items）。以兩個測驗試卷施測於兩群不等價考生為例，所有施測試題可分為 A、B 與 C 三部分，第一個測驗試卷包含試題集合 A 與 B 兩部分，並施測於第一群考生；第二群考生作答的測驗試卷包含試題集合 A 與 C。顯然，試題集合 A 為兩試卷的共同部分，這些定錨題為後續進行等化時的連結依據。本研究利用此等化設計將多個試卷資料合併成單一資料矩陣，使用 ACER Conquest 分析軟體（Wu, Adams, Wilson, & Haldane, 2007）針對合併後資料矩陣進行同時估計（current calibration），如此一來，不同試卷試題的難度值就已經屬於相同量尺（Kolen & Brennan, 2004），後續估算得到的考生能力值同樣也屬於相同量尺，可以互相比較。

表一　NEAT 等化設計

	試題集合		
作答第一個題本之考生群	A	B	
作答第二個題本之考生群	A		C

2 實際執行階段

在電腦適性測驗過程中，當考生登入後系統將立即從題庫中抽取第一題進行施測，考生做出答題反應後（例如：已選擇某選項並按下確定鈕），系統立即記錄其作答反應並計分，同時估算其閱讀素養並選擇下一個適性試題，這些歷程將重複多次直至符合測驗終止條件為止，最終呈現測驗結果報告給考生。本研究將「符合十五歲國際評量規範之閱讀素養學習與評量雲端平臺」電腦適性測驗系統之實際執行流程分為五個步驟，並繪製如圖二所示，分別說明各個步驟如下：

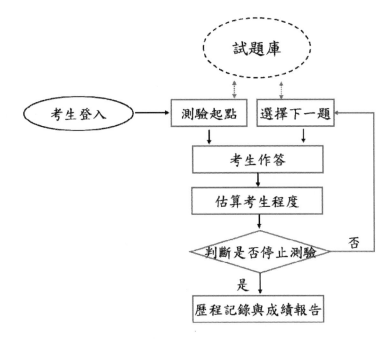

圖二　電腦適性測驗之施測流程圖

（1）決定測驗起始點

　　在適性施測的前提下，每一道試題之難度必須要接近考生的能力水準。然而，除非有考生過去閱讀評量表現結果或其他背景變項資料，否則難以在施測之前就知道考生的閱讀素養高低。為此，幾個實務上可行的測驗起始點設定原則為：從中等難度範圍中隨機抽取一個試題；從整個題庫範圍中隨機抽取一個試題；讓考生自評閱讀素養高低，然後據此決定施測的試題難度高低。

　　本研究採用第一種設定原則，假設考生閱讀素養屬於中等程度，因此從中等難度範圍中隨機抽取一個試題，作為電腦適性測驗的初始試題。

（2）選擇能力估計方法

　　當考生作答某道試題之後，系統將根據其答題反應進行閱讀能力估計（ability estimation），同時將施測時間與能力估計值紀錄在資料庫中。根據公式（1）的 Rasch 模式以及考生答題反應來列出概似函數（likelihood function），為能力估計程序的第一步，不同的能力估計方法皆以概似函數為基礎，進行不同程序之計算。假設考生已經作答了 l 個試題，可以列出作答完 l 題的概似函數如公式（2）所示

$$L(u_{n1}, u_{n2}, ..., u_{nl} \mid \theta_n) = \sum_{i=1}^{l} P_{ni}(\theta)^{u_i} Q_{ni}(\theta)^{1-u_i} \tag{2}$$

其中，*uni* 為第 *n* 位考生在第 *i* 題的得分情形，如果答對該題其值為1；若答錯則其值為 0。*θn* 為第 *n* 位考生之能力值；*Pni*（*θ*）為第 *n* 位考生在第 *i* 題的答對機率；*Qni*（*θ*）為答錯機率，*Qni*（*θ*）=1－*Pni*（*θ*）。

　　常見的能力估計算則有三種：1.最大概似估計法（Maximum Likelihood Estimation, MLE）、2.貝氏期望後驗法（Expected A Posteriori, EAP）、以及3.貝氏最大後驗法（Maximum A Posterior, MAP），其中，貝氏期望後驗法與貝氏最大後驗法屬於貝氏估計法之範疇。貝氏估計法具有三個構成元素：先驗機率分配（prior）、概似函數、以及後驗機率分配（posterior）。先驗機率分配源自統計學之概念，在教育評量領域中，常假設考生能力的先驗機率分配為標準化常態分布（standardized normal distribution），考生平均能力為0、標準差為1。概似函數之意涵與上一段之描述相同，不再贅述。後驗機率分配是先驗機率分配與概似函數的乘積（product）。有鑑於最大概似估計法在考生的答題反應為全對或全錯時，將無法估算考生能力，因此，本研究採用貝氏期望後驗法來估算各向度的閱讀素養，針對此方法進一步說明如下：

　　貝氏期望後驗能力估計值為能力後驗機率分配之期望值（expected value），如公式（3）所示，後驗機率分配根據考生的先驗機率分配以及概似函數計算而得。一般假設能力先驗分配為標準化常態分布，如公式（4）所示。若假設某位考生能力值（*θr*）為0並代入公式（4），可算得對應機率值 *W*（*θr*）為0.399。依此類推，可獲得不同能力值所對應的機率值。

$$\hat{\theta}^{EAP}_{u_{n1},\ldots,u_{nl}} \equiv \int \theta L(\theta \mid u_{n_1},\ldots,u_{n_l}) d\theta \tag{3}$$

$$W(\theta_r) = \frac{1}{\sqrt{2\pi}} \exp\left[-\frac{1}{2}\theta_r^2\right] \tag{4}$$

$$\hat{\theta}_{EAP} = \frac{\sum_{r=1}^{31}\left[\theta_r \times L(\theta_r) \times W(\theta_r)\right]}{\sum_{r=1}^{31} L(\theta_r) \times W(\theta_r)} \tag{5}$$

　　實務上，不會直接對能力後驗分布進行積分（integration）計算，而是利用 Gaussian-Hermit 方法（如公式（5）所示），在維持估計精準度前提下提升估計效率。Gaussian-Hermit 法將能力值變動範圍切割成數個等份，例如，能力變動範圍介於-3~3之間、全距為6、被切割成30等份而產生31個節點（quadrature point，記為 *θr*），相鄰節點之間距為 0.2，第1節點之數值為 -3、第 2 個為 -2.8、其餘依此類推。將各個節點數值代入公式（2）可獲得在該節點下之概似機率值（記為 *L*（*θr*））；將各個節點值代入公式（4）可

獲得該節點在先驗分配中的機率值（記為 $W(\theta r)$）。一旦計算出上述數據，便可建構出考生能力後驗分配，進而根據公式（5）算出貝氏期望後驗能力估計值。

理論上，所切割的節點數量越多、能力估計越精準但所需的估計時間越長，一般認為割成31個節點便能獲得適當的精準度。有別於最大概似估計法需透過多次疊代程序來獲得能力估計值，貝氏期望後驗法不需進行能力疊代，適合用在能力向度數較少的單向度測驗情境。

（3）選擇選題策略

選題算則與能力估計方法彼此有關聯且同時進行。能力估計效率（efficiency）仰賴於選擇最適性化（如，試題難度最接近考生能力）的試題，選擇最適性化的試題也仰賴於精準的能力估計，兩者可謂環環相扣（van der Linden & Pashley, 2000）。本計畫採用最大訊息法（Maximum Fisher Information method），做為電腦適性測驗系統之選題策略。該方法主要原理為：挑選對考生能力提供最大訊息量的試題，試題訊息量可透過公式（6）加以計算。其中，$Ii(\theta)$ 代表第 i 題對能力值為 θ 的考生所提供的訊息量；$P_i^{'}(\theta)$ 代表針對答對機率 $Pi(\theta)$ 進行一次微分後的數值。根據公式（6）可知，同一道試題對不同能力水準考生提供不同的訊息量，最大訊息量發生在：考生能力與試題難度相等時，此時的訊息量為 0.25。

$$I_i(\theta) = \frac{P_i^{'}(\theta)^2}{P_i(\theta)Q_i(\theta)} \tag{6}$$

當測驗題型為單一選擇題時，一旦估計出考生暫時能力值之後，需即時逐一針對題庫中可被施測的試題計算試題訊息量，選定具有最大訊息量之試題進行施測。在本研究中測驗題型包含題組題，每個試題僅評量一個閱讀素養，因此，將選題過程細分成以下步驟：

1. 判斷該題評量之向度，並利用公式（6）計算該題提供之訊息量
2. 若該題組有2個以上試題測量同一向度，則計算該向度之平均訊息量
3. 針對每個向度進行步驟1與2之程序，獲得該題組在每個向度的平均訊息量
4. 針對每個題組計算4個平均訊息量之連乘積（product）
5. 選取具有最大連乘積的題組進行施測

（4）決定測驗終止標準

以題組為單位之選題方式，必須同時選取題組中所有題目進行施測，不能拆開僅施測部分試題，具有可以保留題組的結構完整性之優點。然而，缺點是同一題組中通常只

有部分試題能對受試者提供較高的訊息量，其他試題則只能提供有限的訊息量，最終會拉低整體測驗的訊息量或測量精準度（Chen, Huang, & Wang, 2008）。因此，本研究僅以固定施測題數為測驗終止條件。

（5）輸出結果

一旦符合測驗終止後，為了提升受試者對於評量結果的理解程度，將其在擷取訊息、廣泛理解、發展解釋以及省思文本形式與內容等四個閱讀素養之能力值，轉換成介於0~100的分數，並四捨五入至整數。再者，在網頁上同時呈現根據預試資料所算得各向度之平均分數，以利受試者能夠瞭解十五歲學生在各向度之平均表現，進而知道自己的閱讀素養相對表現優劣。

四　實驗程序與資料處理

本研究的實驗過程如下圖說明所示：

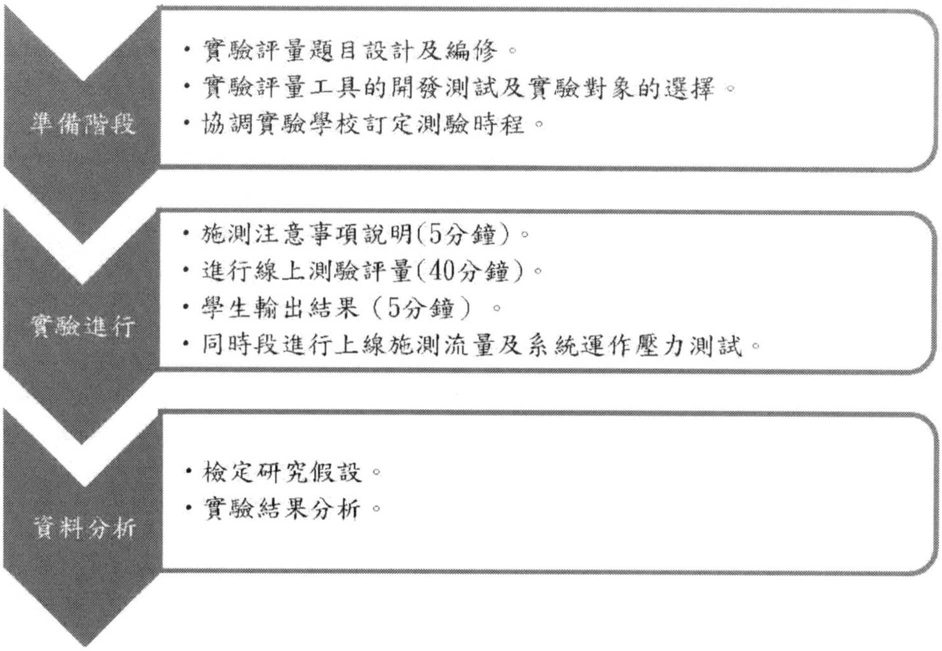

準備階段	• 實驗評量題目設計及編修。 • 實驗評量工具的開發測試及實驗對象的選擇。 • 協調實驗學校訂定測驗時程。
實驗進行	• 施測注意事項說明(5分鐘)。 • 進行線上測驗評量(40分鐘)。 • 學生輸出結果（5分鐘）。 • 同時段進行上線施測流量及系統運作壓力測試。
資料分析	• 檢定研究假設。 • 實驗結果分析。

圖三　實驗過程圖示說明

本研究結果之資料處理及統計分析說明敘述如下：

1. 將施測結果編碼建置成資料檔。
2. 在試題方面以 Rasch 模式分析選擇題型的施測資料並估算出考生能力與試題難度，並採用非等價組別定錨題等化設計，以 ACER Conquest 分析軟體針對合併後

資料矩陣進行同時估計。在學生閱讀素養表現上，採用貝氏期望後驗法來估算各向度的閱讀素養以固定施測題數為測驗終止條件，進行資料分析與處理的方式。

五　系統實驗與分析

（一）系統實作分析

本次系統測試的運作分別位於上述學校，透過學校電腦網路連上伺服器進行系統測試。每位學生測驗題數共二十題，測試時間前後約三十五分鐘。伺服器 CPU 運算效能與負載狀況穩定，網路流量未發生異常情形，頻寬足以承受本次測試的傳輸量。此外，資料庫運作效能正常，系統介面以及系統功能未發生重大錯誤情況，施測過程中相當順利。以下針對幾個比較重要的系統模組介面進說明。

1　使用管理者介面

1. 登入畫面
2. 輸入帳號與密碼並按下登入圖示後，即可登入後臺管理系統主功能畫面。

圖四　後臺管理系統登入畫面

2 學生測試介面-主功能畫面

登入成功後，畫面上方狀態列會顯示一些登入資訊：

1. Version：目前系統版本。
2. Update Date：系統最後修改時間。
3. Role：目前登入角色。
4. Welcome：目前登入者名稱。
5. Logout：登出系統，回登入畫面。

圖五　系統登入後之主功能畫面

在「權限管理」區可新增或設定後臺管理系統所能使用的帳號以及相關權限。

在「系統設定」區，可設定單次測驗參數（各個測驗的開放日期時間、開始條件、結束條件、限制條件等功能設定）、測驗開放時間。

3 測驗輸出介面

圖六　測驗輸出介面

（二）系統測驗結果分析

1 整體作答分析

本研究試題主要選擇選擇題作為題型，選擇試題反應理論（IRT）建立題庫，是諸如 TOEFL、PISA、國際數學與科學教育成就趨勢調查（TIMSS）跟國家教育進展評量（NAEP），甚至是國中基本能學力測驗，都是以試題反應理論作為主要測量模式；而傳統紙筆測驗並不能「因材施測」，加上網路施測的優勢，才會進一步搭配各式能力估算方式，發展出適性測驗系統，提供受試者檢驗能力值的媒介。

根據系統設定，學生測驗結果可得到校級、帳號、姓名、性別、各歷程分數、測驗狀態、測驗開始及結束時間等欄位資訊，各歷程分數依據文獻探討內所述，已將學生原始作答反應透過系統運算，自動量尺化。

表二　閱讀命題難易度分析量表

題號	題序	閱讀歷程	難度	正確答案	學生作答	作答反應（1:正確,0:錯誤）
R0000041	1	發展解釋	0.295	A	D	0
R0000042	2	擷取訊息	-0.079	C	C	1
R0000043	3	省思文本形式與內容	-0.302	C	B	0
R0000044	4	擷取訊息	-1.403	B	B	1
R0000151	5	廣泛理解	-0.464	A	B	0
R0000152	6	廣泛理解	-0.231	D	B	0
R0000153	7	擷取訊息	1.431	C	B	0
R0000154	8	發展解釋	-0.494	C	C	1
R0000021	9	擷取訊息	-1.365	C	B	0
R0000022	10	擷取訊息	0.806	A	B	0
R0000023	11	廣泛理解	1.762	B	B	1
R0000024	12	發展解釋	0.665	A	C	0
R0000025	13	省思文本形式與內容	-1.082	B	B	1
R0000061	14	廣泛理解	-0.86	C	D	0
R0000062	15	擷取訊息	0.684	B	B	1
R0000063	16	省思文本形式與內容	0.68	D	A	0
R0000071	17	擷取訊息	-0.569	D	B	0
R0000072	18	廣泛理解	-1.845	B	B	1
R0000073	19	發展解釋	-0.081	C	B	0
R0000031	20	廣泛理解	-0.812	B	B	1

此次測試，起始題目設定自難度適中的試題集合中隨機抽取一個試題，並篩選各歷程題目數量以符合雙向細目表要求，在每次題組切換之前，系統依據學生作答反應正確與否的數量，選擇下一階段期望學生能力符合之測驗試題進行測驗。測驗題數設定為二十題，二十題作答完畢，系統即以學生作答反應計算學生能力值，並換算為量尺分數，給予即時分數回饋。

　　傳統紙本測驗編制傾向選擇試題通過率接近0.5的試題，這樣的試題對中等程度的學生難易適中，當一份閱讀測驗皆由中等難度試題所構成時，只要閱讀素養優於中等的學生都很可能答對所有試題，因而難以有效區分中上程度學生與優秀學生之差別。其

次，中等難度試題對於中等程度學生有較高的評估精準度，隨著學生程度遠離中等水準，精準度將隨之遞減。由於應考同一份紙筆測驗的考生皆需作答相同的試題，可以想見閱讀素養較高或較低的學生，其測驗結果之準確度將低於中等程度學生。從上述施測結果顯示，本研究之施測評量系統以題序做為試性化施測的邏輯，學生在難易度高及低之間都有很好的表現，提供不同型態學生適性化的評量方式。

2 閱讀素養作答分析

本次閱讀素養學生作答部分，最終獲得學生在各閱讀素養的能力值，換算 TESTER 量尺分數為擷取訊息43；廣泛理解44；發展解釋42；省思本文形式與內容38。

表三 閱讀理解能力分析量表

題號	題序	閱讀歷程	擷取訊息 I	廣泛理解 I	發展解釋 I	省思文本形式與內容 I
R0000041	1	發展解釋	0	0	0	0
R0000042	2	擷取訊息	0	0	0	0
R0000043	3	省思文本形式與內容	0	0	0	0
R0000044	4	擷取訊息	0.338939734524821	0	0.224742168860764	0.24834321961 6557
R0000151	5	廣泛理解	0	0	0	0
R0000152	6	廣泛理解	0	0	0	0
R0000153	7	擷取訊息	0	0	0	0
R0000154	8	發展解釋	0.555224333620291	0.473400769156332	0.480517682163243	0.24834321961 6557
R0000021	9	擷取訊息	0	0	0	0
R0000022	10	擷取訊息	0	0	0	0
R0000023	11	廣泛理解	0	0	0	0
R0000024	12	發展解釋	0	0	0	0
R0000025	13	省思文本形式與內容	0.938713307908144	0.603321836026775	0.683236078959017	0.45671645891 56967
R0000061	14	廣泛理解	0	0	0	0
R0000062	15	擷取訊息	0	0	0	0
R0000063	16	省思文本形式與內容	1.16286803918887	0.817566638220599	0.683236078959017	0.66163731413 3113

題號	題序	閱讀歷程	擷取訊息 I	廣泛理解 I	發展解釋 I	省思文本 形式與內容 I
R0000071	17	擷取訊息	0	0	0	0
R0000072	18	廣泛理解	0	0	0	0
R0000073	19	發展解釋	1.386293552 20903	0.98467144 4882305	0.88520553 392732	0.6616373141 33113
R0000031	20	廣泛理解	1.386293552 20903	1.20074160 698074	0.88520553 392732	0.6616373141 33113

六 結論

選擇試題反應理論（IRT）建立題庫，是諸如 TOEFL、PISA、國際數學與科學教育成就趨勢調查（TIMSS）跟國家教育進展評量（NAEP），甚至是國中基本能學力測驗，都是以試題反應理論作為主要測量模式；而傳統紙筆測驗並不能「因材施測」，加上網路施測的優勢，才會進一步搭配各式能力估算方式，發展出適性測驗系統，提供受試者檢驗能力值的媒介。

本研究旨在嘗試研發十五歲學生線上閱讀素養評量工具，並針對可行性樣本，進行初步效度檢驗，同時描述樣本的閱讀表現。茲針對試題品質、效度檢驗、表現特徵等方面之初步研究發現進行討論，並說明結論：

（一）在試題品質方面

線上閱讀素養評量的難度適中，鑑別度良好。雖受限於作答時間與測驗內涵的複雜性，但仍獲得良好的內部一致性 α 係數與穩定的信度估計值。由於各式評量的實施時間僅45分鐘，某些試題設計涉及較複雜的航網運作，所需的答題時間較長，因此使資料收集的代表性受限。本研究使用題本配置進行較長測驗的表現估計，結果顯示，可得到比較好的估計值穩定性，此可作為後續線上閱讀題庫擴充，及類推性效度證據收集與探討的基礎，包含不同線上閱讀歷程的表現估計。

整體而言，線上閱讀素養評量頗適用於青少年學生，本研究參考 PISA 在題目敘述中採用不同程度航網指示的試題設計方法可有效指引學生搜尋關連網頁與閱讀，有別於使用關鍵字作為搜尋起點的 ICT 素養評量，能克服真實線上情境中關鍵字搜尋能力不佳所產生的後續問題，此精神可作為後續以青少年階段閱讀作為焦點之線上評量設計的起點。

（二）在效度檢驗方面

線上閱讀素養評量在內容層面上，實徵資料與模式的適配度良好，具有不錯的技術品質。不同難度層次的試題與電子閱讀評量所提出的試題分類假設與難度來源大致相符，且測量的特質包含 ICT 航網歷程，有別於離線閱讀，在實質效度上有合理的證據支持，與 Coir（o 2007）、Cheung 和 Si（t 2008），及 Mendelovit 等人（2009）、OECD（2011）的論點一致。受試者個體表現可依不同水準試題的特徵進行界定，提供線上資訊擷取、資訊統整及資訊評鑑的測驗結果解釋架構，且較高水準的表現特徵包含較低水準的表現特徵，也與 OECD（2010b）PISA 現有的結果資料不謀而合。整體而言，線上閱讀素養評量在內容層面、實質層面、結構層面、解釋性等方面皆有良好的效度證據支持未來在評量情境的安排上，可考慮在似真性與施測成本上取得一個較佳平衡。

（三）在發展特徵與性別差異方面

本評量工具是一個初步嘗試。從兩校學生的初步表現來看，青少年學生線上閱讀素養的表現適中，對於一個創新評量設計形式來說，學生的表現算是不錯。大部分學生能擷取連續文本及非連續文本一到多個明確資訊、搜尋多重網頁以推論資、搜尋問題關連以整合資訊、評鑑網路資料來源的可靠性；惟在線上文本熟悉度的評鑑上表現較不理想，由此可知，資料依據的線上批判思考教學是中學語文數位化課程訓練的要項。

（四）在評量革新方面

本研究線上閱讀素養評量是臺灣地區較早以閱讀科為主所發展的數位化評量，由於線上測驗在技術上與硬體上的門檻較高，本評量結合線上典藏資源，為國內少見。從施測現場來看，學生多專注於作答，顯示這樣的嘗試頗值得被鼓勵。

（五）在學校運用上

在目前學校的教學運用上，有關閱讀多半為閱讀興趣的推動或教學策略的實施，但是，實施之後的成果多半為經驗值，對於學生而言也偏向質性的文字評與或是閱讀成績，對於閱讀的素養評量為新的學習與認識，學生在施測後對於閱讀及國語文學生更顯興趣，也對於自身在閱讀上的素養更加清晰。

學校在運用上可分為兩個部分，第一為提供教師在課程設計的學生先備能力評估，讓教師可以設計出更適合學生素養的教學課程與策略；第二位學生部分，在進行評量之

後學生可以發現自己的閱讀素養能力的現況與學習的方向，對於十五歲學生面對閱讀課程及相關領域的學習可以更清楚學習的策略與加強之處，由於資訊網站的便利性，亦可提供學生在學習一段時間之後的再次測驗，了解自己的學習狀況。

參考文獻

王文中　2004　《Rasch 測量理論與其在教育和心理之應用》　教育與心理研究　24
（4）　637-694

陳柏熹　2006　《能力估計方法對多向度電腦化適性測驗測量精準度的影響》　教育心
理學報　38　2195-211

陳柏熹　2011　《心理與教育測驗：測驗編製理論與實務》　新北市　精策教育

郭伯臣、吳慧珉、陳俊華　2012　《試題反應理論在教育測驗上之應用》　新竹縣教育
研究集刊　12　5-40

Chen, P.-H., Huang, H.-Y., & Wang, W.-C. (2008). The influences of the features of testlet on computerized adaptive testing. *Psychological Testing, 55*(1), 129-150.

Embretson, S. E., & Reise, S. P. (2000). *Item Response Theory for Psychologists*. Mahwah, NJ: Erlbaum.

Flaugher, R. (1990). Item pools. In H. Wainer (Ed.), *Computerized adaptive testing: A primer* (pp. 41-64). Hillsdale, NJ: Lawrence Erlbaum Associates.

Kolen, M. J., & Brennan, R. L. (2004). *Test Equating, Scaling, and Linking*. New York: Springer.

Meijer, R. R., & Nering, M. L. (1999). Computerized Adaptive Testing: Overview and Introduction. *Applied Psychological Measurement, 23*(3), 187-194. doi: 10.1177/01466219922031310

Rasch, G. (1960). *Probabilistic models for some intelligent and attainment tests*. Copenhagen, Denmark: Danmarks Paedogogische Institut.

Segall, D. (1996). Multidimensional adaptive testing. *Psychometrika, 61*(2), 331-354. doi: 10.1007/bf02294343

Segall, D. (2000). Principles of Multidimensional Adaptive Testing. In W. J. van der Linden & C. A. W. Glas (Eds.), *Computerized Adaptive Testing: Theory and Practice* (pp. 57-75). Boston: Kluwer Academic.

Thompson, N. A., & Weiss, D. A. (2011). A Framework for the Development of Computerized Adaptive Tests. *Practical Assessment, Research & Evaluation, 16*(1), 1-9.

van der Linden, W. J., & Pashley, P. J. (2000). Item selection and ability estimation in adaptive testing. In W. J. van der Linden & C. A. W. Glas (Eds.), *Computerized adaptive testing: Theory and Practice* (pp. 1-25). Boston: Kluwer Academic.

Wainer, H., Dorans, N. J., Eignor, D., Flaugher, R., Green, B. F., Mislevy, L., . . . Thissen, D. (2000). *Computerized Adaptive Testing: A primer* (2 ed.). Hillsdale, New Jersey:

Lawrence Erlbaum Associates.

Wang, W.-C., & Chen, P.-H. (2004). Implementation and Measurement Efficiency of Multidimensional Computerized Adaptive Testing. *Applied Psychological Measurement, 28*(5), 295-316. doi: 10.1177/0146621604265938

Weiss, D. J. (2004). Computerized Adaptive Testing for Effective and Efficient Measurement in Counseling and Education. *Measurement and Evaluation in Counseling and Development, 37*, 70-84.

Weiss, D. J., & Kingsbury, G. G. (1984). Application of Computerized Adaptive Testing to Educational Problems. *Journal of Educational Measurement, 21*(4), 361-375.

Wu, M., Adams, R. J., Wilson, M., & Haldane, S. A. (2007). ACER ConQuest: generalized item response modeling software (version 2). Camberwell, Australia: ACER Press.

從戲曲表演論王陽明知行合一

馬薇茜

臺灣戲曲學院進修推廣組組長

摘　要

　　王陽明的心學強調「知行合一」，遵循內心良知，進而達到內在的寧靜而面對於外在的境界。知行是合為一體的，知是行的開始，行是知的結果，本文藉以傳統戲曲藝術表演中的在養成學習過程中的教學特徵與「知行合一」的基本涵義與傳統戲曲藝術表演的教育養成方式相互呼應並進行解析，將傳統戲曲表演中運用肢體、聲音與視覺的表演藝術創作與技藝訓練的歷程，將其傳統戲曲藝術表演中的教育學習與表演特色，試析其戲曲表演在內外在身心的學習過程與表演舞臺呈現方式，藉由王陽明「知行合一」思想發展其整體脈絡相互結合，進而呈現傳統戲曲藝術文化涵養與藝術之教育發展實境，並從中展現藝術的風姿，表達傳統戲曲藝術表演中之體現與價值。

關鍵詞：王陽明、知行合一、傳統戲曲表演

一　前言

　　王陽明是宋明儒學中舉足輕重的人物，一般學者以他為此階段儒學兩大派系之一心學的代表。他的學說，以心即理、致良知和知行合一說最膾炙人口。當中，從道德哲學的角度來看，心即理說最具討論的價值。本文藉傳統戲曲藝術表演中的養成學習藉由王陽明心即理的方式，以知行合一的涵義加以析論，對此將兩者觀念進行重構和分析。

　　筆者自幼坐科習藝，浸淫京劇藝術多年，深刻體悟傳統戲曲技藝所訓練的過程，是具有其重要的內涵與價值，幾經個人揣摩鑽研，領悟從老師與技藝傳承至學生，在這樣的學習過程中正巧是「知、行、合、一」四個字可涵蓋與表達其意境！試圖以學生立場觀之，以學生在學習的初階時期，先透過老師的教導，領略而「知」、再以學生自身的「行」動力將其學習技藝精髓，然後再將老師所傳授技藝及自己所知所學融「合」為自我的主體，並將其意識與學習最後再為「一」體。換言之，正可吻合王陽明「知、行、合、一」的理論，並藉其「知、行、合、一」四字以闡釋表達戲曲藝術創作與技藝訓練的歷程。

二　「知行合一」的釋義

　　王陽明認為「天理」就在每一個人的心中，要求人們「知行合一」通過提高自己內心的修養和道德水準，去除自己的私欲與雜念，從而達到社會的和諧運行，即所謂的「致良知」；則以教化人們，應將道德倫理融入到人們的日常行為中，並以良知代替私欲，則可以破除私欲與雜念。

　　從知與行的關係上，以「天地萬物本吾一體」出發。強調要知，更要行，知中有行，行中有知，所謂「知行合一」，二者互為表裡，不可分離。而王陽明繼承陸九淵所強調「心即是理」之思想，不僅提倡從自己內心中去尋找「理，」認為「理」，全在人「心」，「理」化生宇宙天地萬物，人秉其秀氣，故人心自秉其精要[1]，強調在知與行的關係上，要「知行合一」。

　　由以上敘述，筆者嘗試透過「知、行、合、一」四個字，將傳統戲曲藝術表演的學習及表演過程，從一個主體經驗轉化而成普遍存在的真實面向，將內在（自我）與外在（外境）融合為一體，並從中找尋相關處，以「知、行、合、一」闡釋戲曲表演藝術的學習與創作過程。

　　首先將以東漢經學家、文字學家許慎《說文解字》中對「知行合一」各字的簡述解

1　王守仁：《王陽明全書》（臺北市：正中書局，1979年六版），全四冊，頁43。

釋[2]，說文解字「知」：詞也。從口從矢。明白、了解、察覺。如：「相知相許」；說文解字「知」：人之步趨也。從彳從亍。凡行之屬皆從行。《易經・繫辭上》：「推而行之謂之通。」唐・孔穎達・正義：「因推此以可變而施行之，謂之通也。」說明「實施」之意；說文解字「合」：合口也。從亼從口，會、聚。如：「集合」、「聚合」。《呂氏春秋・孝行覽・遇合》：「合大夫而告之。」《後漢書・卷一九・耿弇傳》：「將軍前在南陽建此大策，常以為落落難合，有志者事竟成也！」；說文解字「一」：惟初太始，道立於一，造分天地，化成萬物。凡一之屬皆從一，專注的。如：「一心一意」、「專一不變」[3]。

其意義整理如下表：

	許慎《說文解字》	《國語字典》	本文新詮
知	詞也。從口從矢。	明白、了解、察覺。 意識、感覺。 識別、區別。 掌管、主持。	師徒間技藝教導與學習的過程
行	人之步趨也。從彳從亍。 「彳」注音：彳ㄔ、，解作左腳的步伐 「亍」注音：彳ㄨ、，解作右腳的步伐。凡行之屬皆從行。	走、走路。往。 能幹、幹練。 移動、流動。流通。 做、從事。 實施。可以。	學生致力所學、以習得其師技藝
合	合口也。從亼從口。「亼」（音「口」）指的即《說文》的「三合之形」，指向下張開的口。	關閉、合攏。會、聚。 比對、對照。相符、不違背。 調和、配製。全部的、整個的。	學生藉由所學將技藝重新整合
一	惟初太始，道立於一，造分天地，化成萬物。凡一之屬皆從一。	統一。 全、滿、整。 專注的。	專注學習，重新整合塑造出自我技藝新貌

藉由以上「知、行、合、一」四個字，將各自的字義以傳統戲曲表演學藝及創作過程分別闡述，「知」師徒之間內在、外在技藝教導學習過程的所學所知。「行」則以學生所得其技藝並透過自我主動行為與行動力轉換其所學。「合」則將老師所傳授之原有基本技藝，透過規範整合，並達到完整的學習方向境界。「一」透過整合學習最後再重新塑造出自我風格，形塑屬於出自己樣貌的「整體」完好之形態。

---

2 許慎撰、段玉裁注：〈http://www.gg-art.com/imgbook/index.php?bookid=53〉，《說文解字注》。

3 國語小字典——內文檢索：〈http://dict.mini.moe.edu.tw/cgi-bin/gdic/gsweb.cgi?o=ddictionary〉，《教育部國語小字典》。

三 「知行合一」與戲曲表藝創作

　　人在戲曲表演藝術這門技藝的學習中,「人本身」已成為藝術品。在此,「人」本身同時是表演創作者、也是表演作品,而在表演的成果中「人」自己也成為藝術的作品。從演員的本質、演員的用途,最終要展現的是讓自身與觀眾具有共鳴性,演員的技術在把自身構築為藝術作品,其技藝是一種、如傅科所說的,「一種與自我完全相對立的自我藝術」,人因為『存在』而能得以透過自身去進行再造[4]。

　　以王陽明來說,他所理解的心其實具備了西方哲學所講的理性、情感和意志(知、情、意)三方面的成素。我們先說心的理性(知)的成素。在王陽明心的理性成素,他稱為「知」。「知」字在古代漢語的本義為知識、智慧之義。許慎《說文解字》云:「知,詞也,從口,從矢。」徐鍇《繫傳》云:「凡知理之速,如矢之疾也。會意。」徐氏以「知」為會意字,指人明白道理快如箭矢。段玉裁《注》云:「『詞也』之上當有『識』字。」即認定「知」本義為知識之意。不過,一般來說,王陽明所講的知與戲曲表演藝術所講的知,兩者的著重點還是是有所不同的:前者重在道德價值方面,後者重在經驗知識方面[5]。

　　在「知」的部分王陽明認為,真「知」要靠「行」,沒有善的行動,就不是真知。他說:「真知即所以為行,不行不足謂之知[6]。」這裡的「真知即所以為行」,說的是知的目的就是為了行,而主要以「意念」的觀念傳遞所「行」的狀態,藉此是將其心或良知的行動與意志的表現。除此之外,也運用了許多其他的觀念來表達這種意志的要素[7]。在此,若就「意」此一觀念為道德主體(心或即良知)理解後,之後即有行動的表現方式。而「心之所發便是意」[8]、「其虛靈明覺之良知應感而動者,謂之意」、「以其主宰之發動而言則謂之意」及「指心之發動處謂之意」[9]等,也是表示這說明種狀態與意思所後續的行動或行為。若從價值的角度層面觀之,意的特質乃在於「有善有惡」或「可善可惡」,而這些所表現的行為或行動,也會因所視其符合道德法則(天理)而定。因此,在陽明的「四句教」中,他以「有善有惡者意之動」來表示「意」這種涵義[10]。

　　以西方哲學中,意志一般指行動的表演,這與戲曲藝術表演的學習過程在「知」的

4　藍劍虹:《現代戲劇表演美學之革新回到史坦尼斯拉夫斯基——人做為一種技藝》(臺北市:唐山出版社,2002年),頁3-5。

5　陳榮捷:《王陽明傳習錄詳註集評》(臺北市:學生書局,1988年),卷中,頁9。

6　陳榮捷:《王陽明傳習錄詳註集評》(臺北市:學生書局,1988年),卷中,頁166-167。

7　陳榮捷:《王陽明傳習錄詳註集評》(臺北市:學生書局,1988年),卷上,頁91。

8　陳榮捷:《王陽明傳習錄詳註集評》(臺北市:學生書局,1988年),卷上,頁37。

9　陳榮捷:《王陽明傳習錄詳註集評》(臺北市:學生書局,1988年),卷下,頁137-282。

10　陳榮捷:《王陽明傳習錄詳註集評》(臺北市:學生書局,1988年),卷下,頁269-359。

實踐部分有其相似，而康德將意志稱為「純粹的實踐理性」，然而以儒家來說，自《中庸》以來，「知行並重」已是一般儒者的通義。亦有其所謂「知行並重」，套用西方哲學論述，則是以道德理論與道德實踐相互並重，亦有其實務與理論合用之意；若單從主體方面說，也可表現出「意志」與「理性」並重。《中庸》說：「尊德性而道問學」，尊德性則屬「行」，道問學則屬「知」，又說「博學之、審問之、慎思之、明辯之、篤行之」，在此博學之、審問之、慎思之、明辯之皆屬「知」的意思，而最後篤行之則屬「行」，這些多為儒者向來依循之方向。至此後王陽明先生所提出的「知行合一」之說，也將中國哲學的實踐方向走向高峰[11]。

由此可見，意與「行」是屬相通的，在其源頭來說，它是通於「心」和「知」，而後二者是屬於先驗的層面，是來自先前體驗的部分，在價值上是超越善惡，也可說是至善的層面；但就其趨向來說，通於「物」，在此「物」的部分，依王陽明之意係是指非一般的對象，而是指「行為物」，亦即是「行動」，後者屬於經驗的層面，在價值上是中立的，或即有善有惡[12]。換句話說，「意」是心、知和物的中介，是兼具先驗溝通層和經驗的雙層意義，這和戲曲表演藝術亦有同工之意，先有了和老師的學習「知」的溝通理解經驗，再進行藉由「物」亦可說是本身的「行動」學習經驗。

而「合一」的部分，則是「知」是「行」之首要，「行」與「知」為功夫：王陽明「知行合一」反對「知行」分作兩件事。一「行」做「知」的功夫，一「行」做「行」的功夫，即功夫自始有其下落與脈絡。王陽明所講主意是指建議、指導、統禦，功夫是踐行躬行。躬行實踐過程中離不開「知」的指導，同樣「知」離不開「行」。正所謂一個「知」在，必有一個「行」在；一個「行」在，必有一個「知」在，知與行相互融為一體。倘若「知」離開了「行」就是陷入「不解真知」之中，如果「行」離開了「知」的就會陷入「盲目而行」之中，而人若以所「行」則會渾沌不清，王陽明有鑒於此補救其弊提出「知行合一」的主張，主要針對朱子「知先行後」之說而論。因此，「知」在實踐中起到指導作用，「行」在「知」中起到磨練作用，知行之間相互聯結，相互影響。「知」為「行」之始，「行」為「知」之成，依王陽明的立場，提出「知行合一」就是強調：知而必行，行而必知，知中有行的因素，行中也有知的因素。所以知行是合一，「知與行」其本來真正的意義就是互相進行與包含。而王陽明所認知的惟一乃是天理，天理亦即是良知，而惟精乃是致良知的工夫，也是惟一的工夫[13]，而戲曲表演藝術最終的呈現亦有如此的學習過程。

---

11 黃宗義：《明儒學案》（臺北市：世界書局，1984年2月四版），全一冊，頁68。

12 王守仁：《王陽明全書》（臺北市：正中書局，1979年六版），全四冊，頁282。

13 鄭吉雄：《王陽明：躬行實踐的儒者》（臺北市：幼獅文化事業公司出版，1990年5月），頁86-99。

四　戲曲演員養成與「知行合一」之關係

　　傳統戲曲培養人才的養成教學體制，有一套系統的步驟方法，向來講求師法繼承，跟著學習，而養成教育的方式，以京劇為例，分別從「聲音」與「肢體」的互動規律，進而以「唱、唸、做、打」及「手眼身法（髮）步」的「四功、五法」為主要運作規範，以練戲曲演員運作功法技巧，其方式可分為三種：口傳心授、身體力行、精益精進。

（一）口傳心授

　　中國傳統戲曲表演培養演員、傳授技能主要是以「口傳心授」為方法，這是古代藝人世代相承、筆者個人自幼習藝授業的經驗過程，透過「師者」與「授者」經由傳遞技藝的密切與重複性的互動，進而加深其記憶與技藝的深化，這是以自身累積的實踐心得，為教學方法的重要經驗，而戲曲表演過往對於「口傳心授」乎皆以藝人個人的學習經驗與實踐體會，師者以「口傳」方式，「學者」需積極發掘問題與主動思考學習，達到心授口傳實質之意。

　　在學習的領域上見其「心」是非常重要，因為「心」為思想的源頭，而語言則為傳達思考的一種媒介，若「由心到口」的傳藝學習過程，是需要長久練習才能獲得其技藝，這亦是成為影響個人表演藝術專業特質與價值觀。

　　口傳心授、人傳授人，心有「知」，「知」的本義是「明白、了解、察覺」，京劇演員的訓練、藝術的傳承，透過師傅口傳心授、人傳授人的過程，將「四功五法」代代相傳給梨園子弟，在教導、學習中，弟子「知」其真傳，了解「知」的意義，文化藝術、技藝精粹、傳承發展代代傳衍中方能獲得並得以流傳。

（二）身體力行

　　戲曲表演的教學模式，是強調以反覆「練」為主要關鍵，講究身體力行的練習的步驟方法，過往演員以自我的口、手、眼、臉、身、氣之間的相互緊密運行及貫通，運用四功：唱、唸、作、打來表現人物的綜合性技巧，將傳授學習以「形」的方式做出複製的展現；然「習藝者」則需要從「心」到「身體」至「生理」的互動環節，成為有意識的技藝學習過程，是以從口至心，從外轉而內換、身形達神韻等，這是需要藉由自身從生理到心理、表裡融合的鍛鍊學習，實際雖在於「技巧」，但整個自我主控則是以「身心」為重點。

　　而今日戲曲演員雖仍以「訓練」、「學習」為重，演員在於唱唸音量訓練及心境表達

與詮釋，要符合綜合與多元性的表現，「身體力行」在戲曲表演仍為實際掌握關鍵，因為「行」在於思，思考則為行動方法的執行目的，有因此才能有實質的演出呈現，演員以通透敏銳的藝術情思，來掌握程式典範的變化呈現。

創作習藝的身外、內心的「行」動力，京劇演員透過老師傳授基本程式後，演員必須經過行動的方式，以「誇張」、「舞蹈」化的身段表演方式，將其表演程式和日常生活定義的情境、做實務轉換，讓觀眾清楚瞭解劇中人物。唯演員透過行動力的學習與表演，這是需要訓練培養，也需緣於經驗，而創作與意象是需要吸收與消化，透過與經驗應證交替琢磨，內外在因素交互影響，幫助演員在舞臺上運用服裝、道具、聲腔、身段等技藝的傳達，方能深入的詮釋腳色的人物、性格與情緒。

（三）精益精進

戲曲演員所練習的各種動作、技術，皆是從單一的動作、方法與技巧，進而進行一連串組合動作，強調「練功」與「習法」的重要性，然這套方式要精則需於勤，「勤學」是精進一切學習「熟而生巧」的首要條件，也是克服所有身心阻礙的唯一路徑，對於傳統虛擬、寫意的程式原理，除了表演者自身演藝經驗及鑽研態度，也接受多方不同領域及層面之意見，並對表演方式進行深度的檢閱與反思，讓其精華成為戲曲藝術之精髓。

戲曲表演以虛擬真、化為整「合」，是在中國藝術美學理論上最大的貢獻。以美學核心觀照，在藝術實質上重視「寫意」。而京劇「虛擬」的表現方式，以空無呈現實境，看似演員處於外在「忘」的狀態，卻又是一種內心「實」的再現，這種將各種表演手法、程式、身段、想像等，將實物予以內化為整合，讓演員所學、所見、所物，皆以程式相互對照，用「虛擬」的「寫意」方式，讓演員從「模仿」到「自運」，逐漸達到「合而為一」的直覺狀態之下，掌握及揮灑表演京劇迷人之處

五 戲曲演員與「知行合一」共有之規律

（一）虛實舞臺表演的約定俗成規律

1.演員與舞臺作品的關係，演員是角色的創作者、角色即是作品。一齣戲從讀劇、對腔、排練到演出，都是演員的創作過程，需要藉由演員具體分析、歸納自我特色、理解詮釋、體驗與感受，將其具體創作以具象的表演方式，實際的呈現出來。

2.演員創作材料及舞臺技術與道具的關係，戲曲演員創作材料除了運用自我形體技術與心理體驗進行表演創作，但在正式整體的表演中，如演員化妝、服裝、音樂（伴奏

人員)、道具、燈光、特效,這是需要與舞臺上所有道具、器材等技術層面相互緊密環扣,並先行與演員達成共識進行訓練與配合。

3.演員與觀眾的關係,在表演的舞臺上,演員與觀眾是相互存在,演員表演是為觀眾所呈現。雙方在表演與觀賞的場域中交流,是一項重要的規律,演員藉由觀眾的反應,瞭解自我表演好壞、觀眾因為觀賞從中獲得心裡層面的思惟,進而達到教化的功能,這樣的規律也是促進藝術發展的關係。

(二)傳統京劇藝術從人出發的表演創作

戲曲表演核心多以「演員」為重,演員在社會功能所擔任的角色,從提供人們娛樂、陪伴,進而表達演劇創作者理想的主體形象,而於舞臺上展現其亮麗之光環,這種實踐的教學體系,透過藝師傳授唱法身段、指導表演訣竅、對於戲曲演員掌握人物表演方法的學習成效,影響學生對藝術的價值觀,並養成對藝術認知的態度與規律。

借用抒情美典的幾點特徵,來把握抒情傳統和傳統京劇學習與再現過程的相似性:首先它會因其外在結構和內在原則的要求一定集中在抒情本質上的。其次因為它是在一個本質中體現,它必然追求「一」與「合」的理想。雖然為一,但卻是一個以上的本質相合而成為一。第三,創造過程既然是個人生命的一片段,故創造也可以視為生命的再現或延展。抒情的本質也即是個人生命的本質[14]。第四,創作展現是限於當下時刻,故所有的表現至少讓其在想像與行動中完成,我們看似表演藝術舞臺上所創造的過程是在瞬息中完成,但醞釀時期是無限延長,其實也是被視為一種連續不斷的活動的行動。

六 結論

孟子學說中以「踐行」理論為根本,所謂「踐行」,意指人經過一番努力後,可以充分體現人的身體,讓原本不完整身體的的部分,透過努力及朗現潛能的工夫,使身體更趨於顯現完整,並在人的身體應有的模態。

在戲曲中的表演藝術每位表演者個體生命中皆有「知」、有「行」。父母師長對我們無私的付出與教養「行」,讓我們吸收學習成長是而「知」,在這個「知」與「行」的基礎上的雙方交流合一,他人給予、理解後我接受,在那樣的時刻裡,「我」和「非我」能夠輕易進行互換,而這個交流會引發其經驗世界中重要的拓展和釋放,藉此讓個體達到心理的整合。

在「知」與「行」的學習過程中,我們不斷成長,「合一」與「存在」的狀態仍持

---

14 高友工:《中國美典與文學研究論集》(臺北市:臺灣大學出版社,2004年),頁28。

續保留，人透過自身去行動而進行自我的學習。而此次以「知、行、合、一」闡釋戲曲表演藝術學習歷程，以戲曲演員的訓練與表演、舞臺為例作解析，也從中發現在人生的路上同樣需要經過典範的模仿、制式的訓練，然後打破舊制、重塑新貌、創造新風格，這其中也流露出細膩的個人情性與特質。

參考文獻

王守仁　《王陽明全書》全四冊臺北市正中書局1979年六版

王守仁　《王陽明全集》（上、下）　吳光、錢明、董平、姚延福編校　上海市　上海古籍出版社　1992年12月第1版

高友工　《中國美典與文學研究論集》臺北市臺灣大學出版社2004年

徐復觀　《中國藝術精神》臺北市學生書局1998年

陳榮捷　《王陽明傳習錄詳註集評》　臺北市　學生書局　1988年修訂再版

黃宗羲　《明儒學案》　全一冊　臺北市　世界書局　1984年2月4版

鄭吉雄　《王陽明：躬行實踐的儒者》臺北市　幼獅文化事業公司出版　1990年5月

藍劍虹　《現代戲劇表演美學之革新回到史坦尼斯拉夫斯基──人做為一種技藝》　臺北市　唐山出版社　2002年

參考網站

許慎撰、段玉裁注　〈http://www.gg-art.com/imgbook/index.php?bookid=53〉《說文解字注》

國語小字典──內文檢索　〈http://dict.mini.moe.edu.tw/cgi-bin/gdic/gsweb.cgi?o=ddictionary〉　《教育部國語小字典》

大學體育課學生學習態度之研究

——以臺灣戲曲學院為例

黃偉揚

臺灣戲曲學院學務處體育組教師

摘　要

　　學生學習態度受到個人價值觀與內外在動機的驅使，產生不同的意圖，形成的行為反應也就會有積極與消極之分，假若學生對於體育課具備正向的學習動機，學生才能表現出正向的學習態度。因此本研究想要瞭解戲曲學院學生對於體育課程學習態度傾向。研究結果發現：戲曲學院學生能夠建立正確的運動觀念與正向學習態度；女學生在體育課程學習態度高於男學生；一年級比二至四年級學生學習態度高；學生認為以「四年全部選修」及「一年級必修，二至四年級選修」在體育課程學習態度高；戲曲學院學生多數喜好運動，發現學生平日越喜歡運動者或課餘自主運動次數越高，學生對於體育課程學習態度越高。因此本研究結論：

　　體育課程內容與學生的興趣互相結合，當學生對於運動有深入的了解才能引發更多的興趣，進而對運動有更積極的學習態度。

關鍵詞：大學體育課程、學習態度

一 緒論

（一）前言

大學體育課程是學校正式課程的一環，是學校有計畫所安排的必修體育課程與選修體育課程共同稱之，其目的養成規律運動的習慣，培養終身運動的關鍵所在。態度係指個人對某些個體或觀念，存有一種持久性的喜歡或不喜歡的認知評價、情緒感覺以及行動傾向。體育課學習態度是指學生對於體育課程的實施，在認知、情感及行為等三個態度層面表現出不同程度的評價。從體育課內容而言，學生個人對體育課程的場地、器材、教師、目標、成就感與同儕關係等，反應出積極或消極的學習態度。

早期 Krech 與 Crutchfield（1948）將態度界定為「有關於個人世界的某一方面動機、情緒、知覺與認知歷程的持續組織」。這種態度多面向描述被進一步發展在以下這些理論學家的著作中，如 Smith（1947）、Katz 與 Stotland（1959）、Rosenberg 與 Hovland（1960）等；他們所提出的認知、情感與行為等三部曲的架構中，將態度加以概念化。Rosenberg 與 Hovland（1960）提出態度反應的三種因素觀點，也就是個人對於刺激目標物的態度反應可以分成三大類，分別是認知、情感、行為。Triandes（1971）態度由認知、情感、行為三個部分組成。Ajzen（1985）認為理性行為理論假設「行為的發生是基於個人的意志控制」，主要用於瞭解、預測個人行為。Biddle 等（1999）認為態度是個人觀看對象、人或事物的傾向，有積極或消極的想法，態度會影響一個人選擇、挑戰、應對的行為，組成態度的因素有情感、認知、動向、評價等四個部分。Hawkins 和 Coney（2003）對態度組成的要素，包含價值、認知、信念、情感等因素。Reda 和 Ahmad（2012）則將學生學習態度定義為學生從事學習的工作時，在認知、情意及行為方面，所持有對相關人、事、物及概念的一種一致而持久的認知、情感及行為傾向。

綜合以上，態度為一種具有結構與組織的複雜認知評價、情緒感覺及行為傾向，深受個人特質及社會化影響，態度會引導學習者認知的方向，對學習目標顯現在情感的建立養成上，在學習的情境中能以積極的態度去實行，以達到良好的學習效果。所以身體活動持續參與的關鍵先決條件即是態度、習慣和觀念。運動習慣的養成及學生對體育課的認知，皆有賴於學校體育行政的推動與體育教師教學效能的發揮，培養學生喜好運動的態度，就能達到學生運動習慣。

（二）研究動機

國內外體育課研究對象大多以國小至高中階段的學生，針對大學生體育課學習態度研究大多僅根據本身服務學校學生為對象，由於國立臺灣戲曲學院除了通識中心師資之

外，其他全校師生皆為表演藝術專長；因此，表演藝術學生對於體育課程的學習態度，受到學生本身對於體育的價值觀與學習動機的影響之外，也受到學校科系教師和學校行政體制對於體育課程重視程度的認知，影響學生體育課程學習態度。

從早期到現今國內外已經有許多學者針對體育課學習態度進行相關研究。Flanagan（1954）調查大學生進行體育課態度，結果發現學生對體育課積極或消極態度，受到「教師行為、課程內容和課堂氣氛」等三個因素與學生表現正反態度最相關。Figley（1985）認為體育課程以發展學生自己的運動能力，建立學生勇於參與體育活動的信念，以利未來長期影響學生持續運動的行為，和從參與運動中獲得愉快的情緒。Wang等（2008）研究指出男生會選擇他們喜歡的運動項目，因為在體育課中可以展現自己的能力，更從體育課程設計中引導女性學生參與體育活動，以確保男女生都有機會從體育活動中獲得成功的機會。Ryan 等（2009）認為學生將體育課視為他們接受教育很重要的科目之一。這意味著學生存在想要積極參與有計畫體育課的態度與期望。Adams 等（2004）研究數據顯示，大學生選擇他們喜歡的體育項目，能夠在課餘中享受運動的樂趣，許多成年人並不參與體育活動，主要原因是他們在大學生活中，並沒有積極運動或參與體育的經驗。蔡育佑和徐欽賢（2006）探討仁德護專學生體育態度，結果顯示在認知因素二專學生高於五專學生；增強體育運動態度，則須藉由學生直接的經驗、先前的經驗或者與自身密切相關的經驗而形成態度，運動態度形成就能促進行為的一致性。Omar-Fauzee 等（2009）認為學生對於體育課程反應積極或消極態度，主要受到先前學習體育課的經驗，假若學生在高中階段獲得美好的經驗，就能夠剛進入大學時對於體育課充滿興趣。林偉智（2009）認為學生在選修體育課前，即會評估授課教師的專業知識、上課態度以及課程內容的多元化與樂趣化，進而決定是否選修。Taylor 和 Lonsdale（2010）認為體育課受到學生生活的文化差異影響，由於學生性別角色社會化和自我概念的差異，對於運動規則與體育目標表現出差異的想法。洪升呈（2010）研究龍華科技大學學生體育態度之情形，研究結果發現學生體育態度以「認知」構面因素最高，其中「上體育課可以增進身體健康」、「上體育課可以增進運動能力」、「上體育課可以增進體適能」等分居前三名。謝偉雄、葉麗琴（2011）研究結果發現，男生在體育課學習態度變項及運動行為明顯高於女生，體育態度和運動行為呈正相關。Arif 等（2011）研究大學生對體育課的態度，認知體育課已經是學校正式課程，亦能夠體認體育和休閒活動習慣性的參與，對於健康具有正向發展。

從以上學生學習態度受到個人價值觀與內外在動機的驅使，產生不同的意圖，形成的行為反應也就會有積極與消極之分，假若學生對於體育課具備正向的學習動機，學生才能表現出正向的學習態度。在此，讓研究者想要瞭解「戲曲學院學生對於體育課程學習態度傾向」，為本研究主要動機。

（三）研究目的與問題

本研究擬以臺灣戲曲學院（以下簡稱戲曲學院）學生為對象，探討體育課程學習態度為主題，具體研究目的為瞭解學生不同背景變項與體育課程學習態度差異情形。基於上述研究目的，也是本研究問題所在。

（四）研究對象

本研究以戲曲學院學生為研究對象，抽樣一○六學年度第一學期全校四技總學生數四百五十七人。

二　文獻探討

國內大學對體育課程學習態度相關研究，摘述如下：楊裕隆（1998）臺大學生對體育課程的態度，以體育活動的場地、器材、教師教學、教學目標與學生成就感等反應出積極或消極的評價，作為評估學生體育課程學習態度的因素層面。張春秀（2000）探討體育教師課程價值取向對學生體育學習思考與學習態度，其學習態度探討的因素有：課程內容、教師教學、學生本身、同儕關係等四個因素層面，並以此四個因素作為學習態度量表。廖政訓（2000）認為態度一般包括了認知、情感和行為三種層面，說明體育課程學習態度，是指學生對體育課程學習時所持有的認知、情感與行為意向的傾向。劉照金和周宏室（2002）研究態度部份採用「大學生體育態度量表」，共分為性別、教師因素、課程內容、運動參與、體育經驗、體能水準及運動起點技能等七項因素。黃明雪（2006）研究體育態度方面，共以認知、情感及行為傾向等三個因素構面。蔡育佑和徐欽賢（2006）採用「仁德護專學生體育態度量表」為研究工具，以了解仁德護專學生體育態度在認知、情意、技能等因素上之差異。劉小曼等（2006）採用「大專體育課動機量表及學生體育態度量表」，在學生體育態度量表方面分為情感、認知、行為等三個因素構面。蔡麗妍等（2007）研究北臺灣女大學生健康體適能、學習動機及體育態度，採取問卷調查法，在體育態度方面共分為情感傾向與行為傾向兩個因素。李文益等（2009）採用「萬能科技大學學生體育課程態度調查問卷量表」，以認知、情感及行為傾向等三個因素構面。洪升呈（2010）研究龍華科技大學學生體育態度之情形，採取認知、情感、行為等三個態度層面。謝偉雄、葉麗琴（2011）大專體育態度和運動行為量表包含態度情感、態度意向、運動行為等三個因素構面。黃文彬（2013）調查大專學生在體育態度和學習動機之現況，體育態度方面包含認知、情意、行為等三個因素構面。以上國內探討大學體育課程學生學習態度，發現體育課程的學習態度的構面變項皆以

「認知」因素最高，其次為「技能」因素及「情意」因素。

根據國內外 Ferguson（1989）、劉照金、周宏室（2002）、廖政訓（2000）、Adams 等（2004）、蔡育佑和徐欽賢（2006）、徐慶帆（2006）、黃明雪（2006）、Omar-Fauzee 等（2009）、Arif 等（2011）、洪升呈（2010）、謝偉雄、葉麗琴（2011）等文獻，從相關研究可知大學生體育課學習態度大部份以「認知」、「行為」與「情感」等三個構面作為研究態度的因素。本研究所想要探討的主題，結合以上相關研究，提出戲曲學院學生必選修體育課學習態度所萃取出的因素構面命名與問項，內容概述如下：1. 認知：體育課可以增進身體健康、增進運動能力與體育知識、了解比賽規則、學習新技術及建立正確的運動觀念。2. 行為：我會主動上網搜尋體育訊息與收看運動節目、參與學校運動社團、展現運動能力，課餘時間會主動從事喜歡的運動項目。3. 情感：我喜歡上體育課，因為運動是種享受、有樂趣、心情愉快、滿足我的運動興趣與需求，更希望天天都有體育課。

三　研究設計與方法

（一）問卷編製

「大學生體育課程學習態度」衡量方式，以相關學者及研究報告所提出之量表為基礎，主要參酌蔡育佑和徐欽賢（2006）「仁德護專學生體育態度量表」、洪升呈（2010）龍華科技大學「大學學生體育態度問卷」、謝偉雄和葉麗琴（2011）「大專體育課動機量表、體育態度量表和運動行為問卷」，再根據戲曲學院體育課實施現況修改編製而成戲曲學院「大學生體育課程學習態度」問卷之初稿；再經由專家效度、完成預試問卷編製，最後正式問卷成立，共計二十題，詳見表一。

表一　大學生體育課程學習態度問卷內容彙整表

因素	題項與內容
認知	1. 上體育課可以增進身體健康
	2. 上體育課可以增進運動能力
	3. 上體育課能夠增進體育知識
	4. 上體育課可以增進體適能
	5. 上體育課可以了解運動比賽規則
	6. 上體育課能夠學習新的運動技術
	7. 上體育課可以了解運動器材之使用
	8. 上體育課能夠學習公平競爭的精神
	9. 上體育課能夠建立正確的運動觀念

因素	題項與內容
行為	10. 課餘時間我會主動上網搜尋體育訊息 11. 課餘時間我會主動收看運動節目 12. 上體育課時我會主動與老師談笑溝通 13. 我會主動參與學校運動社團 14. 上體育課時我希望成為同學的焦點 15. 體育課讓我學會利用課餘時間自主運動
情感	16. 上體育課能夠讓我感到運動樂趣 17. 上體育課時我的心情是愉快的 18. 上體育課時可以讓我放鬆身心壓力 19. 我很期待上每一次體育課 20. 上體育課能滿足我運動之興趣與需求

（二）計分方式

本問卷係以李克特（Likert）五點量表計分，來衡量學生對於體育課學習態度的概況，以「非常滿意」、「滿意」、「無意見」、「不滿意」、「非常不滿意」，分別給予5、4、3、2、1分數填答，由受試者在最適合的尺度上打✓選取。

（三）抽樣方法

1. 預試問卷：採取分層隨機抽樣方式，抽樣戲曲學院一至四年級學生，一二年級各抽樣八十人、三年級抽樣六十人、四年級抽樣三十人，總計抽樣兩百五十人，回收問卷兩百二十五份，剔除無效問卷後，實得有效問卷兩百一十二份，有效問卷率達84.8%。

2. 正式問卷：正式問卷為求資料蒐集過程的嚴謹性，問卷發放由研究助理於校內各班現場發放，全校共六個系，每個系一至四年級各一班，一〇六學年度全校四技學生共計四版五十七位（在校生），問卷回收刪除無效問卷，合計有效問卷四百零一份。

（四）資料處理方式

本研究設定犯第一類型錯誤的機率為 *p＝.05，以此為達到統計顯著水準的檢驗標準。本研究以 SPSS 15.0 進行資料處理，並以 LISREL 8.52 統計套裝軟體進行資料分析。

四　結果與討論

（一）問卷描述統計分析

　　體育課程學習態度之題目填答結果，平均數皆介於3.11-4.15之間，可見戲曲學院學生對於體育課程學習態度在認知（ $M=3.88$ ）、行為（ $M=3.54$ ）、情感（ $M=3.75$ ）等因素均趨向「同意」，其中以「認知」因素最同意。各題項以「上體育課可以增進身體健康」（ $M=4.15$ ）、「上體育課可以增進體適能」（ $M=4.12$ ）、「上體育課能夠建立正確的運動觀念」（ $M=4.05$ ），最「同意」。反之，以「我會主動參與學校運動社團」（ $M=3.11$ ），為最低的題目，如表二、表三。

表二　問卷題目之描述統計表

變項	因素	題目	平均數（M）	標準差（SD）
學習態度	認知	1.上體育課可以增進身體健康	4.15	.46
		2.上體育課可以增進運動能力	3.81	.65
		3.上體育課能夠增進體育知識	3.93	.57
		4.上體育課可以增進體適能	4.12	.49
		5.上體育課可以了解運動比賽規則	3.67	.78
		6.上體育課能夠學習新的運動技術	3.69	.74
		7.上體育課可以了解運動器材之使用	3.72	.66
		8.上體育課能夠學習公平競爭的精神	3.82	.62
		9.上體育課能夠建立正確的運動觀念	4.05	.51
	行為	10.課餘時間我會主動上網搜尋體育訊息	3.72	.68
		11.課餘時間我會主動收看運動節目	3.66	.74
		12.上體育課時我會主動與老師談笑溝通	3.53	.89
		13.我會主動參與學校運動社團	3.11	1.04
		14.上體育課時我希望成為同學的焦點	3.25	.68
		15.體育課讓我學會利用課餘時間自主運動	3.98	.55
	情感	16.上體育課能夠讓我感到運動樂趣	3.82	.62
		17.上體育課時我的心情是愉快的	3.93	.53
		18.上體育課時可以讓我放鬆身心壓力	3.91	.57
		19.我很期待上每一次體育課	3.43	.83
		20.上體育課能滿足我運動之興趣與需求	3.65	.75

表三　變項因素之平均數與標準差統計分析表

變項	因素	人數	平均數（M）	標準差（SD）	總平均數（M）	標準差（SD）
學習態度	認知	401	3.88	.59		
	行為	401	3.54	.84	3.72	.72
	情感	401	3.75	.68		

（二）學生不同背景與學習態度之差異分析

本段旨在探討臺灣戲曲學院學生不同背景對於體育課程學習態度之差異情形。學生的背景變項包括：性別、年級、是否參加體育性社團、每週運動次數、體育課修業年限等五項。

1 性別

由表四得知，不同性別在學習態度（t =3.15[*]）達顯著差異。結果發現女學生在認知、行為、情感三個因素之學習態度皆高於男學生。

表四　不同性別與問卷之 t 檢定摘要表

變項	因素	男 $n=165$		女 $n=236$		t 值
		M	SD	M	SD	
學習態度		3.58	.81	3.86	.65	3.15[*]
	認知	3.75	.76	4.01	.35	2.69[*]
	行為	3.39	1.07	3.69	.82	3.16[*]
	情感	3.61	.91	3.89	.58	2.85[*]

[*]$p < .05$

2 年級

由表五得知，不同年級與學習態度（F=3.24*）達顯著差異。結果發現戲曲學院一年級比二至四年級學生在體育課程學習態度的填答平均值較高。

一年級填答平均值為3.80對於體育課程學習態度填答最高分，一年級比起二至四年級填答平均值具有顯著差異（F=3.24*），經事後比較發現：一年級＞二年級＞三年級＞

四年級。數據顯示戲曲學院一年級學生對於體育課程具有高度的學習態度。

從學習態度的因素顯示：僅有「認知（F=1.27）」因素，在各年級之間未達顯著差異，但是「認知」因素填答結果，一年級（M=3.93）、二年級（M=3.91）、三年級（M=3.84）、四年級（M=3.84）皆表示「同意」。

各年級對於體育課程學習態度，以「行為（F=3.65*）」、「情感（F=2.51*）」因素，各年級皆達顯著差異。「行為」因素經事後比較發現：一年級＞二年級＞三年級＞四年級。「情感」因素經事後比較發現：一年級、二年級、三年級＞四年級。

表五　不同年級與問卷之單因子變異數分析摘要表

變項	因素	一年級 n=129		二年級 n=103		三年級 n=89		四年級 n=80		F	LSD
		M	SD	M	SD	M	SD	M	SD		
態度		3.80	.77	3.78	.85	3.71	.93	3.59	1.03	3.24*	①、②＞③＞④
	認知	3.93	.55	3.91	.58	3.84	.72	3.84	.72	1.27	- - -
	行為	3.67	.98	3.62	1.01	3.51	1.05	3.24	1.14	3.65*	①＞②＞③＞④
	情感	3.78	.81	3.79	.83	3.76	.89	3.67	.97	2.51*	①、②、③＞④

註：「①」一年級；「②」二年級；「③」三年級；「④」四年級。
　　$^*p$＜.05

3　是否參加體育性社團

由表六得知，學生「是否參加體育性社團」與學習態度（t=3.22*）達顯著差異。結果發現戲曲學院學生「參加體育性社團」者比起「未參加體育性社團」者，在體育課程學習態度的填答平均值較高。

「參加體育性社團」學生對於體育課程學習動機填答平均值為3.85，比起「未參加體育性社團」學生填答平均值為3.59具有顯著差異（t=3.22*），數據顯示戲曲學院「參加體育性社團」學生對於學校體育課程學習態度比起「未參加體育性社團」學生更佳。從學習態度因素顯示：「認知（t=3.15*）」、「行為（t=3.58*）」、「情感（t=2.69*）」三個因素，是否「參加體育性社團」的學生皆達顯著差異，「參加體育性社團」的學生在認知、行為、情感三個因素學習態度皆高於「未參加體育性社團」學生。

表六　是否參加體育性社團與問卷之 t 檢定摘要表

變項	因素	是 n=26		否 n=375		t 值
		M	SD	M	SD	
學習態度		3.85	.69	3.59	1.01	3.22*
	認知	4.00	.41	3.76	.88	3.15*
	行為	3.72	.91	3.36	1.12	3.58*
	情感	3.84	.68	3.66	.98	2.69*

*$p < .05$

4 每週運動次數

由表七得知，「每週不同運動次數」的學生在學習態度（$F=4.35^*$）達顯著差異。結果發現戲曲學院學生以每週三次以上（含）運動次數者比不滿每週運動三次者，在學習態度的填答平均值較高。

學生「每週運動三次以上」填答平均值為3.94對於體育課程學習態度最佳，每週不同運動次數對於體育課程學習態度具有顯著差異（$F=4.35^*$），經事後比較發現：「每週三次以上」＞「每週二次」＞「每週一次」＞「無」。數據顯示戲曲學院學生「每週運動三次以上」者對於體育課程具有高度的學習態度。

表七　每週運動次數與問卷單因子變異數分析摘要表

變項	因素	① n=10		② n=88		③ n=185		④ n=118		F	LSD
		M	SD	M	SD	M	SD	M	SD		
態度		3.44	1.09	3.67	.96	3.83	.73	3.94	.53	4.35*	④＞③＞②＞①
	認知	3.59	1.02	3.90	.56	3.99	.45	4.04	.36	4.27*	④、③＞②＞①
	行為	3.29	1.19	3.37	1.14	3.65	.98	3.85	.67	4.39*	④＞③＞②＞①
	情感	3.45	1.07	3.75	.91	3.86	.67	3.94	.53	4.21*	④＞③＞②＞①

註：「①」無；「②」每週一次；「③」每週二次；「④」每週三次以上（含）。
　　*$p < .05$

5 體育課修業年限

由表八得知，學生對於「體育課修業年限」的看法，學生在學習態度（F=2.31*）

達顯著差異。結果發現，戲曲學院學生認為以「四年全部選修」及「一年級必修，二至四年級選修」占多數，比起「體育課必修年限大於一年以上」者在體育課程學習態度的填答平均值較高。

「四年全部選修」填答平均值為3.81為學生「體育課修業年限」填答最高分，其平均值具有顯著差異（F=2.31*），經事後比較發現：「四年全部選修」＞「一年級必修，二至四年級選修」＞「一二年級必修，三四年級選修」＞「一二三年級必修，四年級選修」＞「四年必修」。數據顯示戲曲學院學生「四年全部選修」、「一年級必修，二至四年級選修」對於體育課程具有高度的學習態度。

表八　體育課修業年限與問卷之單因子變異數分析摘要表

變項	因素	① n=3		② n=18		③ n=65		④ n=178		⑤ n=137			
		M	SD	M	SD	M	SD	M	SD	M	SD		
態度		3.71	.95	3.64	.99	3.68	.92	3.76	.81	3.81	.79	2.31*	⑤＞④＞①＞③＞②
	認知	3.85	.69	3.86	.66	3.88	.61	3.90	.56	3.91	.54	.74	－ － －
	行為	3.51	1.06	3.46	.82	3.50	1.05	3.57	.98	3.65	.98	2.26*	⑤＞④＞①、③、②
	情感	3.78	.88	3.61	.102	3.65	97	3.82	.75	3.88	.61	2.49*	⑤＞④、①＞③、②

註：「①」四年必修；「②」一二三年級必修，四年級選修；「③」一二年級必修，三四年級選修；
「④」一年級必修，二至四年級選修、「⑤」四年全部選修。
*p＜.05

綜合以上研究結果：戲曲學院體育課程學習態度以認知（M=3.88）因素平均得分最高，學生能夠意識上體育課可以增進身體健康與體適能，並建立正確的運動觀念等正向學習態度；研究結果與張春秀（2000）、廖政訓（2000）、劉照金和周宏室（2002）、蔡育佑和徐欽賢（2006）、徐慶帆（2006）、洪升呈（2010）等文獻相符合。

本研究戲曲學院學生的背景變項對於體育課程學習態度之差異情形，研究結果發現女學生在體育課程學習態度的填答平均值皆高於男學生。與謝偉雄和葉麗琴（2011）認為男生在體育課學習動機、態度及行為明顯高於女生；黃明雪（2006）研究北臺灣女大學生體育課學習動機及態度等文獻相符合。

不同年級在學習態度問卷達顯著差異，發現一年級比二至四年級學生在體育課程學習態度的填答平均值較高。研究結果與黃明雪（2006）、蔡育佑和徐欽賢（2006）、洪升呈（2010）、黃文彬（2013）相符合。

戲曲學院學生「參加體育性社團」者比起「未參加體育性社團」者，在體育課程學習態度的填答平均值較高。與廖政訓（2000）選修體育課多元化，結合體育性社團；洪

升呈（2010）研究參加體育社團對於體育課程有顯著影響相符合。

　　戲曲學院學生以每週三次以上（含）運動次數者比不滿每週運動三次者，在體育課程學習態度的填答平均值較高。與蔡育佑和徐欽賢（2006）研究結果相符合。

　　戲曲學院學生認為以「四年全部選修」及「一年級必修，二至四年級選修」占多數，比起「體育課必修年限大於一年以上」者在體育課程學習態度的填答平均值更高。與林偉智（2009）大學生對於體育課的態度傾向；李文益等（2009）認為學校體育課程興趣分組教學由一年級開始實施相符合。

　　根據以上研究結果，驗證假設：不同背景變項與體育課程學習態度具有顯著差異。

五　結論與建議

（一）結論

　　本研究以戲曲學院學生不同背景變項對於體育課程學習態度差異情形，在相關文獻探討及資料分析結果討論後，提出本研究結論。

1　不同性別與學習態度之差異情形

　　女學生在體育課程學習態度高於男學生。女學生在認知、行為、情感此三個因素皆比男學生更佳。

2　不同年級與學習態度之差異情形

　　一年級學生對於體育課程「必選修」的學習態度比起二至四年級高，主要是受到先前高中體育課程的培養，剛接觸到大學興趣選課的自由，學生保有良好的學習態度。二年級以上學生對於體育「選修課程」表現出高度的學習態度，顯示出二至四年級學生，會為了本身運動的興趣選擇喜歡的選修體育課項目。

3　是否參加體育性社團與學習態度之差異情形

　　「參加」體育性社團學生在學習態度高於「未參加」的學生。

4　每週不同運動次數與學習態度之差異情形

　　學生以每週三次以上（含）與每週二次，占全校75.6%，顯示學生多數喜好運動，亦顯示學生平日越喜歡運動者或課餘自主運動次數越高，學生對於體育課程學習態度越高。

5 不同體育課修業年限與學習態度之差異情形

學生多數傾向學校體育課以「四年全部選修」及「一年級必修，二至四年級選修」，戲曲學院學生對於目前體育課採用「一年級必修，二至四年級選修」具有高度的學習態度。

（二）建議

本節綜合研究結果，歸納出下列具體的建議。

1.瞭解學生的想法以利教師進行課程規劃：掌握學生最有價值、感興趣的主題，增加體育課程的參與感。

2.強調課程的重要性以達到終身運動為目的：教師應善用機會詳述體育課程的重要性，利用課堂教學強化學生正確學習體育課的態度。

3.引發學生運動的興趣進而養成運動習慣：體育課程內容與學生的興趣互相結合，當學生對於運動有深入的了解才能引發更多的興趣，進而對運動有更積極的學習態度。

參考文獻

李文益、許秋玫、賴茂盛　〈不同體育課程學生的期望與滿意度之調查研究──以萬能科技大學為例〉　《北臺灣運動休閒學刊》　2009年第2期　頁39-51

林偉智　〈大專校院學生選修體育課考量因素之探討〉　臺北教育大學體育學術研討會　臺北市　臺北教育大學　頁157-164

洪升呈　〈龍華科技大學學生體育態度調查研究〉　《龍華科技大學學報》　2010年第29期　頁119-135

徐慶帆　〈軍事院校學生運動態度、運動價值觀及運動行為之研究〉　輔仁大學未出版碩士論文　臺北縣　2006年

張春秀　〈體育教師課程價值取向對學生體育學習思考與學習態度之影響〉　臺灣師範大學未出版博士論文　臺北市　2000年

黃明雪　〈北臺灣女大學生體適能-學習動機及體育態度之研究〉　體育學院未出版碩士論文　桃園縣　2006年

黃文彬　〈大專學生參與體育課程在體育態度與學習動機之相關研究〉　《嘉大體育健康休閒期刊》　2013年第12卷　第2期　頁26-39

楊裕隆　〈臺大學生體育態度之研究〉　《大專體育》　1998年第36期　頁112-118

廖政訓　〈國立臺北科技大學學生體育態度調查研究〉　《學校體育》　2000年第55期　頁33-39

蔡育佑、徐欽賢　〈仁德護專學生體育態度之研究〉　《成大體育》　2006年第39卷第1期　頁57-66

蔡麗妍、翁麒焜、黃明雪、盧秋如　〈北臺灣女大學生健康體適能、學習動機及體育態度之研究〉　《大專體育學術專刊》　2007年　頁265-271

劉照金、周宏室　〈大學生體育態度與運動技能學習成就之相關研究〉　《大專體育學刊》　2002年第4卷　第1期　頁1-12

劉小曼、黃明雪、黃美瑤　〈大專學生體育課體育態度與學習動機之研究〉　《大專體育學術專刊》　2006年　頁116-121

謝偉雄、葉麗琴　〈大學生體育課學習動機、態度與運動行為之研究〉　論文海報發表於「2011體育運動學術團體聯合年會暨學術研討會」　臺北市　臺灣師範大學　2011年　頁277

Adams, T. M., Higgins, P. M., Adams, H. J., & Graves, M. M. (2004). Effects of a required conceptually-based basic physical education course on University students' attitudes, exercise habits, and health-related fitness knowledge. *Research Quarterly for Exercise and Sport, 75*(1), A-55.

Ajzen, I. (1985). *From intention to actions: A theory of planned behavior*. In J. Kuhl & J. Beckman (Eds.), Action control: From cognition to behavior, 11-39. Berlin; New York: Springer-Verlag.

Arif, M., Baiju, A., & Joseph, S. (2011). Attitude of college students towards physical education and sports. *International Journal of Physical Education, 4*(1), 45-52.

Biddle, S., Soos, I., &Chatzisarantis, N. (1999). Predicting physical activity intentions using goal perspectives and self-determination theory approaches. *European Psychologist, 4*, 83-89.

Figley, G. E. (1985). Determinants of attitudes toward physical education. *Journalof Social Psychology, 10*, 563-575.

Flanagan, J. C. (1954). The critical incident technique. *Psychological Bulletin, 51*, 327-358.

Hawkins, D. I., & Coney, K. A. (2003). Consumer behavior: Building marketing strategy (10nd ed.). New York: McGraw-Hill.

Katz, D., &Stotland, E. (1959). *Psychology: A study of a science.* New York: McGraw-Hill.

Krech, D., &Crutchfield, R. S. (1948). *Theory and problems of social psychology.* New York: McGraw-Hill.

Omar-Fauzee, S., Jamalis, M., Yusof, A., Zarina, M., Omar-Dev, D., Hassan, Y., &Nasaruddin, N. (2009). College students' perception on physical education classes during their high school days. *European Journal of Soil Science, 7*(4), 69-76.

Reda, M. H., &Ahmad, M. M. (2012). Students opinions and attitudes towards physical education classes in KUWAIT public schools. *College Student Journal, 46*(3), 550-566.

Rosenberg, M. J., &Hovland, C. I. (1960). *Attitude organization and change*. New Haven: Yale University Press, 1-14.

Ryan, R. M., Williams, G. C., Patrick, H., & Deci, E. L. (2009). Self-determination theory and physical activity: The dynamics of motivation in development and wellness. *Hellenic Journal of Psychology, 6,* 107-124.

Smith, M. B. (1947). The personal setting of public opinions: A study of attitudes toward Russia. *Public Opinion Quarterly, 11*, 507-523.

Taylor, I. M., & Lonsdale, C. (2010). Cultural differences in the relationships among autonomy support, psychological need satisfaction, subjective vitality, and effort in British and Chinese physical education. *Journal of Sport & Exercise Psychology, 32*, 655-673.

Triandes, H. C. (1971). *Attitude and attitude change.* New York: John Wiley & Sons.

Wang, L. H., Wang, J. J., & Liu, Z. H. (2008). A research of students participating in the evaluation of sports teaching in general colleges. *Journal of Beijing Sport University, 4,* 527-528.

情境式閱讀教學

——以《詩經·大雅·公劉》為例[1]

黃雅琦[2]

摘　要

　　中國古典詩歌以抒情為主要基調，敘事、詠人比例較少，因之易被忽略其不僅淵遠流長，且具有高度的寫作水準。《詩經·大雅》中的〈生民〉、〈公劉〉、〈緜〉、〈皇矣〉、〈大明〉等五篇周族史詩，勾勒出周部族來源、遷徙，以至克殷代商，篳路藍縷的歷程。其中〈公劉〉描寫周人遠祖公劉，率部自戎狄間遷豳以啟山林的艱辛，展現出早期農業部族遷徙移居的因由與結果，而所詠人物——公劉，更是神采畢現、性格鮮明。

　　本文擬以〈公劉〉為討論範圍，藉由脈絡式提問法，搭建閱讀鷹架，讓學生能連結生活經驗，從公劉身上觀察領導者的內外特質，以及其管理思維。管理思維古本有之，傳統經典中蘊藏豐富智慧，甚而比伴隨現代工商社會所興起的各種管理學理論，更符合人性也更具有啟發性。所謂「情境式閱讀教學」，是指透過生活化與社會背銜接的情境式導引提問，誘發學生的內部認知力。其優點在於能凸顯學生為學習主體的地位，避免言者諄諄填鴨式教學的弊病，讓學生對於文本能具體感知、理解、反饋、連結，進而形塑自我觀點，而這也是經典詮釋與教學創新最期待的結果。

關鍵詞：情境閱讀、教學、詩經、公劉

1　本文原發表於2018.02.02「多元文化與經典詮釋研討會」，經講評人宋新民教授、康世統教授和現場與會先進點評指正，會後進行若干修正，謹此誌謝。
2　高雄師範大學文學博士，現任實踐大學應用中文學系專任助理教授、教育部學習型城市地方諮詢委員，主要研究領域為中國近現代學術思想、經典解釋學、國語文教育。

一 前言：為什麼需要情境式閱讀

　　在教育心理學上，以美國教育家布魯姆（B. S. Bloom）為首的研究小組，根據學生的學習行為作為教學目標進行分析，將教育目標分為認知、情意、技能三大類，並期望教師在進行教學活動之後，學生能分別在這三個領域中，達成不同的學習層次[3]。傳統國文學教學在字面意義的詮解與寫作技巧的分析上，向有足以稱道的表現，然而礙於教學時間或進度壓力，卻不見得能在教學現場做出有效的情意導引。但相較於其他學科而言，國文科無疑是最適合發展情意教學，也是最容易內化價值觀，形塑品格力的科目，尤其在「哲學」尚未全面進入教學體系的臺灣，國文幾乎是最適於透過文本進行思辨討論的科目。

　　所謂情境教學法（Situational Approach）是指在<u>教學過程</u>中，教師有目的地引導或設計具有一定情緒性，以生活化、具體化場景或情境，引起<u>學生興趣或體驗</u>，從而幫助<u>學生理解教材</u>，使學生能得到內化發展的<u>教學方法</u>。本文所指的「情境式閱讀」教學，則是指透過情境鋪墊引導，以脈絡式提問搭建學習鷹架[4]，以誘發學生的內部認知力，讓學生對於文本能產生具體感知、理解、反饋、連結。揆諸布魯姆之情意類教學的五個目標層次：接受、反應、價值觀、組織、品格化，可以發現情境式閱讀教學的操作模式，有助於達成情意教學目標。

　　面對數位媒體快速演化，教育現場的教材選擇和教法運用，都必須經過仔細調整和評估。有效的教學，基本上需要具備兩個要素：一要有趣、二要有意義。納入著迷的元素進入課堂，是引起學習興趣不可少的環節，然而課堂並非娛樂場所，為了營造有趣的學習氛圍，而排擠了意義內容，就不免捨本逐末了。以國文科而言，在教材文本的選擇上，建議從三個向度來加以考量，如能兼具文學史上的意義，文學技巧上的示範性，以

3　所謂認知領域（cognitive domain），是指預期在教學後，學生認知行為可能產生的改變。其目標層次有：知識（記憶）、理解、應用、分析、綜合、評鑑；所謂情意領域（affective domain），是指預期教學後，在學生情意行為方面可能產生的改變，其目標層次有：接受、反應、價值觀、組織、品格化。所謂技能領域（psychomotor domain），是指預期教學後，學生在技能行為上所產生的改變，其目標有：知覺、準備、模仿、機械學習、複雜反應及創作。詳見張春興《教育心理學》，（臺北市：東華書局，1999年），頁445-450。

4　鷹架（scaffolding）理論的基本概念，源自於俄國心理學家維高斯基（Vygotsky,1896-1934）提出的近側發展區（Zone of Proximal Development, ZPD）。所謂 ZPD 是一種心理發展上的距離，他認為在認知發展中，孩童有兩個發展水準：一個是獨自解決問題的實際發展水準（actual development），另一個是在成人或同儕協助下所展現的潛在發展水準（potential development），而實際發展水準和潛在發展水準之間的距離，就是近側發展區。1976年布魯納（Bruner）、羅斯（Ross）、伍德（Wood），根據維高斯基的觀點，提出了鷹架支持的說法，強調在師生互動的歷程中，教師宜扮演社會支持的腳色，猶如蓋房子時的鷹架作用一樣。詳參國教院辭書資訊網：http://terms.naer.edu.tw/。

及情意價值的啟發性[5]，相信就是適切的教材。職是之故，本文擬以《詩經・大雅・公劉》為例，試說明筆者在情境式閱讀教學中的具體操作，以期拋磚引玉就教方家。

二 言內之意：文本閱讀鷹架的搭建

中國古典詩歌以抒情為主要基調，敘事、詠人的比例較少，因之易被忽略其不僅淵遠流長，且具有高度的寫作水準。《詩經・大雅》中的〈生民〉、〈公劉〉、〈緜〉、〈皇矣〉、〈大明〉等五篇周族史詩，勾勒出周部族來源、遷徙，以至克殷代商，篳路藍縷的歷程。其中〈公劉〉描寫周人遠祖公劉，率部自戎狄間遷豳以啟山林的艱辛，展現出早期農業部族遷徙移居的因由與結果，而所詠人物—公劉，更是神采畢現、性格鮮明，全詩234字，是極為出色的敘事詩。以下分別就「敘事」、「寫人」兩方面進行脈絡式提問，以搭建文本的閱讀鷹架。

題號	問題	提問意義
1	全詩六章，為何均以「篤公劉」起首？	省思形式
2	公劉為何要帶領安土重遷的農業部族集體遷徙？	擷取訊息
3	公劉率部遷徙之前，做了哪些準備？	擷取訊息
4	初至豳原後，公劉做了哪些事？	擷取訊息
5	選定了京師後，公劉繼而做了些什麼事？	擷取訊息
6	公劉率部遷居的結果、影響如何？	擷取訊息
7	詩中如何描述公劉的外部形象？	擷取訊息
8	從詩中推測公劉的個性如何？他有哪些優點？	統整解釋
9	詩中描述公劉外部形象的部分有為何很少？	統整解釋
10	從詩中你看出哪些領導管理方法？	省思內容

全詩分為六章，各章在句式結構上與國風的重章疊唱截然不同，均以「篤公劉」起首，不用比興、通篇用賦，聚焦於所詠之人，展現出頌讚體原始素樸的特性。清・姚際恆《詩經通論》認為此詩乃公劉「不安于戎、狄之地而遷之，非迫逐也」，係「當日豳民詠公劉之作」[6]。第一章以「篤公劉，匪居匪康」做為開端，四個字拈起全詩，讓讀

---

5 需要特別說明的是，任何文本都帶著或隱或顯的某些既定價值觀，教師選擇時也可能有個人主觀的情懷立場，但在進行情意引導時，尤須注重「啟發性」，讓學生產生自我評價、組織個人的價值觀，才能培養學生獨立思辨的能力。在教學現場透過教師或小組共學，所搭建的鷹架支持系統固然重要，但在進入到情意目標的「組織」層次時，撤離鷹架是更有助於學習者自我建構的。

6 林慶彰主編：《姚際恆著作》第一冊，《詩經通論》卷十四，（臺北市：中央研究院中國文哲研究所，2004年），頁419。

者在這首敘事詩裡，一開始就清楚掌握主角率部遷徙的「原因」，往下則以「迺場迺疆，迺積迺倉。迺裹餱糧，于橐于囊。思輯用光。弓矢斯張，干戈戚揚，爰方啟行。」具體描寫遷居啟行之前的縝密準備。

既然整首詩所述之事是公劉率部遷居，若依照一般寫作邏輯，多數作者通常會花相當的篇幅來描述「遷徙過程」，然而此詩卻略去部族遷徙過程中的種種，從第二章至第六章中間的部分，幾乎完全著墨於「公劉的作為」，從敘事結構來說，這是很值得讀者琢磨的地方。當教師把閱讀鷹架搭建到此處時，可以暫時停頓，讓學生討論思考如此敘事的理由安在？結構如是安排是否妥當？事實上，〈公劉〉在組織佈局上做這樣的處理，恰是敘事書寫當中非常重要的技巧，亦即「剪裁」之法。梁啟超曾稱許《左傳》描寫戰爭時「一索引千斤」[7]，幾乎不寫戰爭過程的繁冗，而逕描寫戰爭的原因與人，因為戰爭的原因以及人的行為態度，基本上就決定了戰爭的勝負結局。〈公劉〉一詩詠公劉率部遷豳，不贅述遷豳歷程，而多言遷豳以後公劉的作為與百姓的反應，實與《左傳》「一索引千斤」的書寫原則相通，可以說是中國敘事傳統裡，所特別隱含觀照人物的評鑑視角，同時也是中國文化人文精神早熟的標誌。

從第二章到第三章，我們可以看到公劉率眾遷豳之後，並沒有鬆懈休息、大肆慶祝，反倒是四處巡視（「陟則在巘，復降在原」）、掌握地形、探尋水源、擇定都邑（「逝彼百泉，瞻彼溥原。迺陟南岡，乃覯于京」）、廣開言路（「于時言言，于時語語」），詩中敘述公劉的這些具體行動，一方面清楚將敘事的時間軸往後捲拉，一方面也巧妙地用行為刻畫出公劉的內部性格，在變化有致的句型中，同時營造出明快篤定的聲音節奏感。

詩的第四章寫得很有意思，當遷居擇邑大致底定以後，做為領導者的公劉這才擺設筵席、宴勞臣民，「俾筵俾几，既登乃依，乃造其曹。執豕于牢，酌之用匏 。」一切的禮儀細節都謹慎講究，宴勞的飲食也毫不馬虎，因而使得異姓、同姓臣民率皆順從服膺。由此可見「君之宗之」、民心歸順的結果，並非賴於領導者的威勢，而在於公劉身先士卒的勇於承擔，尊禮重人的格局氣度，是故能夠深得人心。然而公劉所為不止於此，第五章描述了他相土宅民、度原徹田（「相其陰陽，觀其流泉，其軍三單。度其隰原，徹田為糧」）的整體規劃，第六章則敘述了他取石作館，以及部族安居（「涉渭為亂，取厲取鍛。基迺理，爰眾爰有，夾其皇澗，溯其過澗。止旅乃密，芮鞫之即」）的結果。

從結構脈絡上來看，我們約略可以再輔以如下提點，以幫助學生理解文意：

7　見氏著：《中學以上作文教學法》，（北京市：首都經貿大學出版社，2012年），頁35。

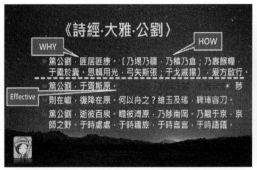 

綜上所述可知，〈公劉〉全詩以敘事為經，層層推進拉開部族遷徙的時間縱軸，以主角公劉為緯，刻劃出其率眾遷居的始末，及其個人的形象個性。在寫作的經緯交織間，我們從中觀摩到《詩經》素樸的語言，和敘事、詠人的高度純熟技巧。

三　言外之意：情境體驗的發展解釋

詩，相較於散文、小說、戲劇等文類而言，有著極高的空白性。其美感除了來自音韻節奏之外，更大的一部分緣於朦朧感所帶來的想像空間。讀詩不僅要在言內捕捉脈絡，也需要在言外織就意義。〈公劉〉是一首描繪周部族開國跡業的出色史詩，敘事兼及詠人，是以詩中所出現的情境訊息比一般抒情詩來得更多，這十分有利於在教學現場操作情境式體驗，讓學習主體發展解釋、省思評鑑。

依照國教院公布的「核心素養滾動圓輪意象」（右圖）[8]，核心素養都建構在生活情境之下。目前教育現場所面臨的問題是資訊與知識過量，以及在數位媒體快速演進的情況下，學生專注力不容易維持。所以關鍵處往往不在於學生能否了解文本的言內之意（當然這是學習的基礎），而在於學習主體有沒有感受？因此融入情境式體驗，幫助學生發展自我解釋，就成為教學中很重要的環節。順著上述脈絡式提問的學習鷹架，最簡易的情境體驗即是「對話」。在閱讀與詮釋之間，「對話」引導是有效的過渡，它能讓學習主體實際參與文本所述的情境之中。其所運用的原理就是

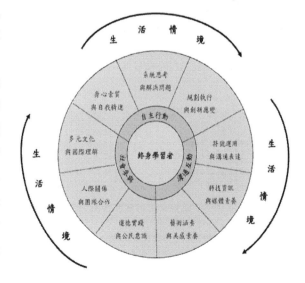

8　國教院：十二年國民基本教育課程發展指引。詳見國教院網站：ttps://www.naer.edu.tw。

文藝心理學中所謂的「情感移入」（feeling into），舉凡我們看戲、聽歌都很容易備受感動，這並非因為戲劇、音樂是更高層次的藝術型態，而是戲劇、音樂透過了示現或參與，向受眾展示了真實的臨在感。純粹閱讀之所以較難使得一般讀者有感，則是因為文字本身可能具有今古隔閡或難度，再者即使讀者理解文意所指，仍需要高度的想像力介入方能有所感悟。

在教學現場不可能都以戲劇、音樂的形式營造情境，能夠最快速簡易操作的方法，便是透過脈絡化的情境式提問，讓學習主體能具體有感。這裡我們可以借用 ORID[9]的提問架構，輔以前述的文本解讀鷹架，融入學生的體驗與觀點。所謂 ORID 就是焦點討論法，其提問框架約略如下：

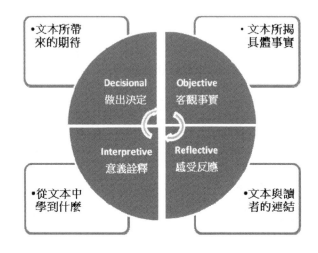

若以〈公劉〉為例，扣除掉文本具體事實的提問，大概可以發展出類似下列幾個問題，例如：

1. 如果你是周部族部眾，你願意放棄長期農作的土地遷徙嗎？放棄原本的居所，內心有什麼感覺？如果願意會是因為什麼？如果不願意又為什麼？（R）

2. 公劉具備哪些領導特質？如果你是部眾居民，期待什麼樣的領導者？（I）

3. 請思考公劉率眾遷徙後，所做的這些事情，如果順序有所調整其結果會不會不同？（I）

4. 如果你是公劉會做些什麼？除了像公劉這麼做以外？有其他做法嗎？（D）

在教學現場可將學生分組，每組選出自願（或推舉）扮演公劉者，其餘三至五人扮演周部族部眾。此處所謂的扮演，並不需要實際演出，而是援引諮商輔導策略中的「空椅理論」（Empty-chair method）[10]來讓同學進入情境之中。扮演公劉者，須想方法說服組員

---

9 Brian Stanfield（布萊恩·史坦菲爾）：《學·問 ORID》（臺北市：開放智慧，2017年）。

10 詳參陳金定：《諮商技術》，（臺北市：心理出版社，2001年），頁473-519。

何以需要遷徙？組員可以贊成、可以反對、也可以觀望，彼此之間進行相互的對話攻防。藉由這樣簡單的操作機制，學生便能快速在對話中體驗情境，對於詩中「匪居匪康」短短四字的敘述，也會有更深刻的體會。

除了設計「對話體驗」，讓學生進入文本情境，也可以利用跨文類的改寫創作，讓公劉率部遷居的過程，變得更生動有感染力。公劉毫無疑問是周部族開拓史中極為重要的英雄遠祖，然而基於剪裁的緣故或詩歌的美學特性，整首作品中只聚焦在主角縱橫全局、勇敢勤奮的領袖特質上，彷彿僅是公劉一人的獨角戲。但任何事情的成就，不可能單靠超級英雄，這樣的敘述模式，距離我們真實的生命經驗很遙遠，對於長期接受數位媒體刺激的學生而言，也缺乏吸引力。如果我們借用英雄歷險的故事結構，將「阻礙」、「突圍」、「轉折」等要素加入，將原本詩中所略去的「遷徙過程」予以合理補白，進行不脫離文本框架的經典改寫，必然會提高學生投入的興趣。又或者可援引 RPG 遊戲化思維[11]，讓公劉化身為唯一能拯救世界（周部族）的人，嘗試編寫具有簡單支線的手遊腳本。值得留意的是，市面上所有 RPG 養成遊戲的主角都有歷險升級的過程，他們一開始的能力值通常不高，並不像詩中的公劉甫出場即能指揮若定，一人獨挑大樑，所以在教學現場可以試著引導同學思考，若替換故事中公劉的基本性格（保守膽怯、剛愎自用……），那麼大規模遷徙的過程結果，是不是會有所不同？若加入其他角色，設定支線節點的對話選擇，整個遷徙個過程，又可能會產生哪些變化？

回到〈公劉〉是一首出色的詠人之作來說，人物性格大抵會決定結局。E.M. Forster《小說面面觀》中曾將人物類型分為：圓形人物、扁平人物[12]，詩中的主角從起始到結尾都是一樣的性情（「篤公劉」），作為頌讚體的詩歌而言適切合理[13]，但若以此

---

11 RPG（Role-Playing Game）是一種常見的角色扮演遊戲類型，玩家會透過操控虛擬人物，使之透過戰鬥或完成指定任務，以達到升級、獲得裝備獎勵，克服困難達成預設的終極目標。這種結合聲光效果的遊戲型態，深受年輕人喜愛。在《迷文化》裡，作者認為：「迷（fandom）為一種文化創造力或『遊戲』（play）型式，不帶任何競爭挑釁意味，跨越遊走於不同經歷的日常邊界與領域。……遊戲使我們得以遊走於幻想與真實、現實與想像、自我與他者之間，探索跨越兩者組織的藩籬。在遊戲中，我們有權利既探索自我也探索我們所處得社會。在遊戲中，我們研究既有的文化，但同時也創造文化。」詳見 Matt Hills 著、朱華瑄譯：《迷文化》，（臺北市：韋伯文化，2005年），頁153。

12 E.M. Forster 佛斯特指出扁平人物（flat character）在十七世紀叫「性格」（humorous）人物，現在他們有時被稱為類型（types）或漫畫人物（caricatures）。……真正的扁平人物十分單純，用一個句子就可使它形神畢現。……扁平人物的好處大抵有二：一在「易於辨認」，二在「易為讀者所記憶」，而圓形人物的生命「深不可測」，他活在書本的字裡行間。詳見氏著：《小說面面觀》（臺北市：志文出版社，2000年），頁92-104。

13 肖馳認為，《詩經》中的敘事藝術呈現「紀事性作品」和「故事性作品」兩種類型，分別代表了史官文化的紀事體，與民間文化的故事體。其中〈生民〉、〈公劉〉、〈綿〉、〈皇矣〉、〈大明〉即屬於前者（〈生民〉尚保留原始神話的色彩），例如〈谷風〉、〈氓〉等則屬於後者。詳見氏著：《中國詩歌美學》（北京市：北京大學出版社，1986年），頁105-107。

進行跨文類的改寫創作，則顯得相對乾澀缺乏感染力。此處只要提醒學生，將扁平人物往圓形人物稍作修正，故事的張力即能呈現，若再帶入一些編劇的角色塑造概念，融入情境式體驗的教學設計，很容易能幫助學生建立多元觀點，形塑自我的內部認知。

四　結語：情境式閱讀教學之可能

綜上所述，閱讀教學必須聚焦於文本，透過脈絡式提問搭建有效的學習鷹架，從準確的擷取訊息，進而統整理解、發展解釋，省思形式與內容，建立形成內化的觀點。換言之，它必須經過「文本」→「入文本」→「出文本」三個階段，情境式教學的主要目的，則在於引導學生「入文本」。以 ORID 的提問層次來說，Objective 是文本層次，Reflective、Interpretive 是「入文本」層次，而 Decisional 則是「出文本」層次。在教學現場中，情境式閱讀的學習鷹架，應該只搭建到「文本」與「入文本」的層次，最後「出文本」的部分，宜適時地撤除學習鷹架，以助於學生建立自我觀點。

以〈公劉〉這首詩的內容來說，整首詩歌詠公劉，敘述其率部遷居的偉業，理解脈絡很簡單，意即：公劉做了什麼？為何做？如何做？結果如何？釐清了這些問題，就能掌握公劉的個性特質，並了解周人何以歌頌他。藉由脈絡式提問，與從文本所揭歸納可知，公劉是位果敢、勤奮、開明、有禮，又見識多廣的領導者，其養欲給求、以民為本的管理風格，是傳統儒家所期望的典型理想聖君，其人既若北辰，而眾星自當拱之。在情境體驗方面，或可透過「體驗性對話」、「跨文類改寫」、「遊戲化思維」的引導，讓學生能與文本產生連結、給予反饋、形塑觀點。在跨文類改寫的活動中，同時能帶出文類形式的特質要素，以及相關寫作技巧等教學目的。惟須特別說明的是，情境式引導需要對應文本內容、回應教學目標，也就是說看似發散式思考，實際上必須收斂聚焦在文本上。

儘管布魯姆指出教學目標包含：認知、情意、技能三個領域，但一則由於教育現場特別重視認知類目標，二則因為情意、技能兩類的研究較為困難，因而造成在學校教學中的兩個錯覺。其一、認為認知、情意、技能三者之間沒有什麼關聯。其二、認為情意、技能既然不能具體列出行為目標，就顯示這兩方面的教學是不重要的[14]。但認知、情意、技能三者之間，彼此是有關聯的且在教學上不應該被割裂開來進行。情意類教學的成效，固然不容易被量化檢核，究竟是否達成其「品格化」的教育目標，基本上更是無從評量，然而在接受、反應、價值觀、組織等幾項目標中，教師大致可以從文本提問、體驗性對話、跨文類改寫的操作環節中，掌握到情意教學的實際成效。如果能配合所選擇的文本，訂定出一些具體的教學指標，則情意教學目標是有可能透過情境式閱讀教學來完成的。

---

14 詳見張春興：《教育心理學》（臺北市：東華書局，1999年），頁445。

　　閱讀力不僅是國文科的核心能力，也是學習的關鍵素養。因為它涉及了理解、詮釋、觀點，而所有的學習思考、概念形成，都有賴於對語文工具的掌握。所以，如何選擇有意義的文本，搭建有脈絡的閱讀鷹架，輔以可感的情境設計，讓學生能形成觀點內化認知，將是未來經典教育發展中極為重要的工作。

參考文獻

肖　馳　《中國詩歌美學》　北京市　北京大學出版社　1986年

屈萬里　《詩經詮釋》　臺北市　聯經出版社　1983年

林慶彰主編　《姚際恆著作》第一冊《詩經通論》　臺北市　中央研究院中國文哲研究所　2004年

夏傳才　《二十世紀詩經學》　北京市　學苑出版社　2005年

夏傳才　《詩經講座》　桂林是　廣西師範大學出版社　2007年

張春興　《教育心理學》　臺北市　東華書局　1999年

梁啟超　《中學以上作文教學法》　北京市　首都經貿大學出版社　2012年

劉再復　《性格組合論》　臺北市　新地出版社　1988年

陳金定　《諮商技術》　臺北市　心理出版社　2001年

陳嘉英　《打造閱讀的鷹架》　臺北市　五南圖書出版公司　2017年

鄭圓玲　《BLOOM 認知領域教育目標：在國語文教學與評量的應用》　臺北市　心理出版社　2004年

Brian Stanfield 布萊恩‧史坦菲爾　《學‧問 ORID》　臺北市　開放智慧　2017年

E.M. Forster 佛斯特著、李文彬譯　《小說面面觀》　臺北市　志文出版社　2000年

Matt Hills 著、朱華瑄譯　《迷文化》　臺北市　韋伯文化　2005年

後現代體育行政工作領導者決策
階段與價值序階

潘慧雯

成功大學教務處體育室講師

摘　要

　　後現代認為行政決策非線性、複雜的且多元化的策略。好的決策因為他們駕御了一套涵蓋多層面的複雜流程，這些面向包含時間、範疇及支持者。非線性的後現代主義的觀點認為，重大決策必定涵蓋人事的決定、策略的決定、應對危機的決定三個面向。後現代體育行政決策應注意兩點因素。第一必須與相關人員保持良好互動關係；第二必須顧及雙方不同的利益並與工作夥伴或利益團體建立良好關係。本文根據 Tichy 和 Bennis（2007）之決斷架構，說明體育行政領導者做決策的新思維，並結合 Hodgkinson（1996）行政決策之「價值序階」為核心。讓體育行政決策者重新的思維與決策應有的行為。

關鍵詞：價值序階、行政決定

一　前言

決策（Decision Making）是指領導者作出決定或選擇。後現代行政決策是領導者應有的本質，基本具有三點意涵：第一，廣義的解釋是將決策視為提出問題、確立目標、設計和選擇方案的過程。第二，狹義的解釋是領導者對於幾種方案所作出的抉擇。第三，對於不確定或偶發事件所做的即刻決定，這是最狹義的概念。決策是人類社會自古就有的活動，決策科學化直到二〇世紀、六〇年代形成，人們以科學方式作出正確決策。

後現代行政決策我們應當確切知道兩件事：1. 首先決策領導的核心：決策做的好，其他重要的事情就不多；決策做不好，其他事情便無關緊要。2. 談到決策，唯一要緊的事是「贏」或「輸」，也就是只論成果，不談其他。「手術成功，病人卻翹辮子」、「行動漂亮，結果差勁」都稱不上好的決策。只有結果真正達到組織預定的目標，決策才能稱得上成功。例如：球場上教練調兵遣將，必須作立即的決策，此決策非運氣，而是智慧與經驗的累積，作立即的決策，好決策是好的領導人的精髓。

後現代主義秉持一貫立場，認為決策絕不是價值中立的，決策是無法脫離權力、價值與興趣的，並將決策所需的能力描述為「結合複雜人類情境理解之邏輯與價值分析之哲學技巧」，也因此決策是一種哲學活動，是需要更多的專業準備（Giroux, 1991）。後現代體育行政決策的價值觀是指決策者必須具備高潔品格，也就是心裡有一只道德尺度，個人將做什麼事和不做什麼事，定下明確的策略（Janis, 1983）。

二　後現代體育行政決策範疇與架構

後現代行政決策就是有效領導的本質。這是充分掌握背景資訊下，針對人、策略與危機三大範疇做出決策的過程。在每個範疇中，決策者的流程都經歷三個階段：準備、決策、執行。良好的決策都需要依賴以下的決策知識：自我的知識、來自人脈的知識、來自利害關係人的知識。

（一）後現代體育行政決策取向

關於後現代行政決策我們應當確切知道兩件事：1. 首先決策領導的核心：決策做的好，其他重要的事情就不多；決策做不好，其他事情便無關緊要。2. 談到決策，唯一要緊的事是「贏」或「輸」，也就是只論成果，不談其他。「手術成功，病人卻翹辮子」、「行動漂亮，結果差勁」都稱不上好的決策。只有結果真正達到組織預定的目標，決策才能稱得上成功。例如：球場上教練調兵遣將，必須作立即的決策，此決策非運氣，而是智慧與經驗的累積，作立即的決策，好決策是好的領導人的精髓。

　　政治學家 Herbert Simon 在一九五七年為他著名的「有限理性」，這個具啟發性的研究奠定基礎。賽蒙的研究除了直率抨擊古典經濟學和賽局理論（game theory）過度理性的假設外，也明白指出了：「後現代主義之下，做決策時真實世界其實是一團混亂與缺乏理性」，因此做決策前先瞭解情境脈絡是非常重要。心理學家卡奈曼（Daniel Kahneman）則寫了這麼一段話：「研究指出，人在做決策的時候相當短視，既缺乏技巧預測他們未來的喜好，也因為記憶難免出錯和對過去經驗的不正確評估，而導致了錯誤的選擇」（Bennis, 2007）。

　　後現代認為真實世界是一團混亂，非線性的思考，然而每個人一生都要做成千上萬次決策，因此，時代趨勢行政決策的適用焦點有以下兩點：1. 領導人：領導人是決策的中心人物，也是劇中的主角，更是整齣戲的設計師。一般研究認為決策是由演員獨立自主做出，但大部分的決策行為人其實並非獨立決策。2. 團隊與人脈：做決策的重點除了領導人之外，也要考慮領導人和其他人的關係。少了配角就不會有領導人或不需要領導人。好的領導人不只做出好的決策，也有能力分辨什麼是真正重要的事情。並且提高這些事情做對決策的百分率。

　　後現代的決策是個動態的流程，決策視為一個隨時間開展的流程。後現代的決策流程為非線性與非理性，像一個有情節、人物、有時還有意外發展的戲劇演出。後現代體育行政的領導者是否成功，取決於他如何控管整個決策流程，而不是取決於做決策的那一刻，如表一。

表一　現代與後現代體育行政決策屬性之比較

屬性	現代主義觀點	後現代主義觀點
時間	單一時刻、靜態流程。	不斷發展的動態流程。
思考流程	理性、普遍性、分析性。	非完全理性、伴隨感性與人性。
變因	可知、可量化、線性、可預知。	不可知、非線性，變因之間的交互作用，可能非預期的結果。
焦點	個人決策：英雄式的領導者做出高難度的決策。	行政團隊決策：一個由領導者帶領、同時受多位執行者與隨後的決策影響，而不斷修正的流程。
成功條件	根據已知資訊做出決策。	根據決策流程採取行動，並適時修正行動，帶領他人獲得成功。
執行者	由上而下，由領導者做出決策。	由上而下再往上；執行中的影響因素，才是決策的關鍵。
透明度	決策者資訊不公開，不對外說明理由，屬於封閉的系統。	公開錯誤，透過學習加以修正，屬於公開的流程。

屬性	現代主義觀點	後現代主義觀點
能力培養	決策的能力來自經驗或機會，屬於領導者的權力。	領導者經深思後在所有階層發展，屬於權力授權。

資料來源：Bennis, W. (2004). Managing the dream: Reflections on leadership and change. Basic Books.

（二）後現代體育行政決策的架構

後現代領導決策的架構是從多面向、複雜且持續變化的程序所建構而成（Tichy & Bennis, 2007）。後現代體育行政決策的架構涵蓋三個面向，如表二。

表二　後現代體育行政決策的架構

架構面向	架構內容
時間	準備 → 做決策之前，必須針對決定的事做好準備。 決定 → 什麼事做了決定，有助於決定成為正確的決策。 執行 → 執行時必須督導，才能確保決策產生預期的結果。
範疇	決策發生在三大範疇中： 1、對人做出決定。 2、對策略做出決定。 3、遭逢危機之下做出決定。
支持群體	1、決策者的人際關係是提供必要資訊的來源。 2、公共關係代表做決定的手段。 3、決策者必須考量各種利益團體，決策者必須和這些不同的利益團體互動，並且管理好彼此關係。

資料來源：Tichy, N. M., Bennis, W. (2007). Judgment: How winning leaders make great calls. portfolio, published by the penguin group.

後現代主義思潮，屬於混亂、非單一化的思維模式，因此體育行政決策是複雜且混沌的，後現代體育行政決策必須檢視決策者調度資源的能力，與支持群體互動的關係（Bennis, 2004；Foucault, 1995）。後現代體育行政決策者在做決定時會用到以下四種知識：

1. 自我知識：一位好的決策者，願意洗耳恭聽別人的話、自覺反省自己的想法、捨棄舊的典範。

2. 人脈知識：人脈是個人的社會資本，個人的人脈就像一張樹狀圖，標示在各節點之間。決策牽涉到利害關係人與利益團體，平時建立人脈與公關，能為自己培養出好的決定能力。

3. 組織知識：好的決策者會致力於持續改善組織階層的團隊和利害關係人的關係，使他們做出好的決定。

4. 背景知識：號召顧客、供應商和董事會（通稱為利害關係人）共創知識，以支援更好的決定。例如，邀請供應商與利害關係人共同開發產品，此用意在解決人性動態面的問題、衝突、消除不必要的隱瞞藏私，建立一支利害關係人的團隊，改善績效。

　　根據以上體育行政決策架構與知識，認為有效的決策策略，應充分掌握背景知識，針對人、策略與危機三大範疇做出決定的過程，每個範疇決定流程都經歷準備、決定、執行三個階段，如表三（Tichy & Bennis, 2007）。

表三　體育行政決策架構與知識交叉矩陣表

範疇　　知識	人事　　準備—決定—執行	策略　　準備—決定—執行	危機　　準備—決定—執行
自我知識	對於自我理想、角色與能力的決定。	對於事業與人生策略的自我決定。	面臨危機時與自我省思時的決定。
人脈知識	對於團隊成員人選的決定。	因應行政需求的決定。	在危機時如何尋求與人合作的決定。
組織知識	組織系統的決定，以確保組織內人員素質與能力水準。	調度與協調組織各個階層，以執行策略的決定。	在危機時刻如何與整個組織合作的決定。
背景知識	找出重要的利害關係人參與決定。	促使利害關係人參與和執行的決定。	危機時與重要利害關係人應對的決定。

資料來源：Tichy, N. M., Bennis, W. (2007). Judgment: How winning leaders make great calls. Portfolio, published by the Penguin Group.

三　後現代體育行政決策的流程

　　後現代體育行政決策流程不是線性發展的過程，即是非線性與複雜的過程，因此決策者可能會發生一些錯誤，必須在執行過程中不斷收集資料與修定流程，甚至過程中遇到阻礙，必須更新重來一遍，此運作流程如同電腦 redo loops，下了重做指令，電腦會重走迴路一次，稱為決策流程「重做迴路」。「重做迴路」的用意，強調決策者必要時應當回到先前的步驟，或需修改某部份流程，視決策為一種程序。

　　如圖一，說明後現代決策流程，可能不依循領導者的直覺做決策，而是透過密集的思考與修正流程的方式。例如：「……你確定是這樣做嗎？」說明決策之後執行過程

中，應不斷檢視，採取「重做迴路」確保決策流程取得成功。一般決策者所做的決策不盡然是好的，我們可以瞭解各階段中，好的決策與壞的決策的特徵。決策流程可分為察覺、定義、動員、決定、付諸實施、學習/調整等六個階層。

（一）察覺

好決策：1. 做決策前及早確認需要的資訊。

2. 做決策前帶動成員採取行動。

3. 做決策前先提振成員的士氣為成果作準備。

壞決策：1. 做決策前無法研判環境狀況與缺乏有利的資訊。

2. 做決策前未能看清事情問題的真象。

3. 做決策前未能依循直覺謹慎研判去做。

（二）定義

好決策：1. 做決策前針對問題抽絲剝繭，一針見血的方式描述。

2. 做決策前針對問題的因素加以說明清楚。

3. 做決策前針對問題提供背景因素和陳述背後潛藏的意義。

壞決策：1. 做決策前錯誤的定義與解讀。

2. 做決策前對於決策之後的終極目標沒有清楚。

3. 做決策前存在舊的想法與制度規範，造成束縛動彈不得。

（三）動員

好決策：1. 做決策前確認問題相關的利害關係人。

2. 做決策前號召和鼓舞相關人員說明與討論。

3. 做決策前廣納意見，只要對問題有好的建議都加以參考。

壞決策：1. 做決策前沒有設定明確的達成目標。

2. 做決策前決策者找錯人。

3. 做決策前沒有針對問題做自我改正與調整。

（四）決定

好決策：1. 做決策時應對問題做出是或否的決定，不可模棱兩可。

2. 做決策時應清楚的解釋決定內容。

3. 做決策時應當掌握決定時機。

壞決策：1. 做決策時仍然做出對錯不分的決定。

2. 做決策時沒有看出事情的關聯性，以及問題如何演變。

3. 做決策時避免延宕決定。

（五）付諸實施

好決策：1. 做決策後仍應繼續坐鎮，掌握執行的流程。

2. 做決策後支持實際執行的人。

3. 做決策後設定明確的各階段目標。

壞決策：1. 做決策後掉頭離開，不承擔責任。

2. 做決策後執行人員所獲得的資訊不健全，甚至與原先問題相左。

3. 做決策後執行人員並無法掌握所有的問題因素。

（六）調整

好決策：1. 做決策後執行人員能適時取得回饋。

2. 做決策後執行人員能適時進行調整。

3. 做決策後執行人員能不斷持續回饋。

壞決策：1. 做決策後執行人員或組織出現了阻力。

2. 決策者或組織團隊缺乏評估或者找錯評估的工具。

3. 決策者或組織團隊缺乏因應變動的營運機制。

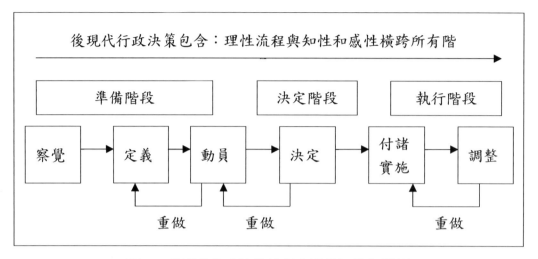

圖一　後現代行政決策流程與重做迴路架構圖

資料來源：Tichy, N. M., Bennis, W. (2007). Judgment: How winning leaders make great calls. portfolio, published by the penguin group.

　　一位決策者必須把握問題的癥結，決策之後未來目標的樣貌及採取何種策略到達目標。所以，體育行政決策者的行動態度應當具備三項特徵。1.理念（問題解決成功的方法）：是指決策者的信念與策略，在行政組織中對利害關係人、計畫方案、方案促銷與行政手段等假設。2.價值（決策者的領導行為）：行政領導行為的價值是指對團隊或部屬加薪或升遷的獎勵，及組織團隊獲獎的紀錄，這些行為形成組織文化的基礎。3.情感動力（激勵員工的方法）：是指激勵部屬熱愛組織的方法，以正式的獎勵制度或以非正式的讚美方式。

　　體育行政決策者根據以上三項特徵，建立決策的系統化效果，亦即（1）理念與價值觀的連結：價值觀應強化理念與搭配策略的執行。（2）理念與情感動力的連結：理念應令人折服、並因此激勵組織內所有階層的成員。（3）價值觀與情感動力的連結：假若價值觀能引起員工的共鳴，這些價值觀將會激勵組織並成為組織的道德指標。

四　後現代體育行政決策的價值

　　後現代主義針對實證主義與現代主義的決策模式加以批判，認為當前的決策，已成為一種封閉的行為，其批判的理由有三。1.過分強調決策過程中工具理性的運作，而忽視了目的理性思考。2.結果是在決策的歷程，強調以複雜的數學或電腦計算，以尋求一種最佳化與最大化結果，尋求一種可預測與控制的結果。3.決策成為一種管理作為，強調例行性與技術的運行，甚至是一種無理性的表現，諸如：參與式決策、專家式決策等

多種決策皆是不適當。參與式決策是以公民投票來進行政策決策，這只是基於政治說服或量化數，對組織權力進行一種分配，而非價值的調和（Foucault, 1995）。專家式決策以特別委員會的形式，透過諮商或一個評價角色的產生來進行決策，但是這種作法長久使用後，將會明顯忽視原先價值的爭議，使專家常以自己的標準來理解問題，並將視為一種例行性的工作歷程。然而現代主義強調以電腦對管理階層或量的問題進行分析，是另一種功能不全的作法，事實的問題無法完全深入解決。

後現代主義秉持一貫立場，認為決策絕不是價值中立的，決策是無法脫離權力、價值與興趣的，並將決策所需的能力描述為「結合複雜人類情境理解之邏輯與價值分析之哲學技巧」，也因此決策是一種哲學活動，是需要更多的專業準備（Giroux, 1991）。後現代體育行政決策的價值觀是指決策者必須具備高潔品格，也就是心裡有一只道德尺度，個人將做什麼事和不做什麼事，定下明確的策略（Janis, 1983）。決策依據層次的區別，可分為一般決定、行政決定、決定等三種決策的不同層次。一般決定(decision making)是個人最普遍的實際作為，而且通常是個人可觀察之外在行為表現。行政決定(administration decision making)：為決策之上，具有三個特色：（1）此種決定常為某人所為，但其結果常會影響他人自由的表現。（2）這種決定通常是具道德性的，必須顧及大眾的利益。（3）這種決定通常在進行權力分配，如設立委員會來進行有關的決策，因而可以稱是第二層次的決策。決定(policy making)屬於最廣義的語詞，旗下包括決定與行政決定（Etzioni, 1989）。

以後現代的觀點，行政決策價值理論以「價值序階」的建立為核心，認為人的價值判斷區分為三個階層：型3三、型2、型1；正代表從「好」（good）的價值考慮，到「對」（right）的價值思考，如表四（Hodgkinson, 1996）。行政決策價值模式可以從「好壞」、「對錯」的角度加以說明。從第三層情感，往上到第二層認知、理性能力，至第一層則是意志層面。這正代表著從「好」的價值朝向「對」的價值發展。

表四　後現代行政決策價值序階之分析

價值層次	價值類型	價值特徵	價值基礎	相關心理能力	相關動機層次
1	1	對的	原則	意動、意志	高層次需求
2	2A		結果	認知、理性	
	2B		共識	思考	
3	3	好的	喜好	情感、情緒	低層次需求

資料來源：Hodgkinson, C. (1996). Administrative philosophy: Values and motivation in administrative life, p.115. Oxford: Pergamon.

「好」：其對應著喜好，主要關心快樂與喜好的相關問題。另一方面可能與動物經驗相似，是經由自然的衝動與本能得知，也有可能是經由後天學習而產生。朝向一種個殊與自我放縱的表現。但如此的考慮往往忽略了價值衝突的潛在性。因為沒有一個情境是個人可以放縱所有慾望。屬於需求層次論：生理與安全的需求、兩因素論的動機因素。

「對」：主要對應著「適欲的」概念，強調律則與訓練，即強調在眾多人集合下何者適當？何者有道德有義務？這種價值的思慮，是人與動物的差別，同時也是人之集體責任、良心、超個人能力的展現（Hodgkinson, 1983）。屬於需求層次論之中「愛與隸屬」的需求、兩因素論的激勵因素。

後現代主義行政決策者，其決策過程均具有道德與哲學意義並涉及價值因素。傳統的決策過程，已成為一種封閉的行為，強調例行性與技術的運行，甚至是一種無理性的表現（Bennis, 2007）。例如：許多體育行政決策的作為，常受政治說服對組織權力進行一種分配與壓制，此現象並非價值的調和。體育行政決策的價值序階概念之間的衝突，是指價值序階「型1、2、3」領域間的衝突，處理原則較為單純。因為1＞2、2＞3稱之為價值先於理性，理性取決於價值；個人僅能在價值的限制中展現其情感與理性（Hodgkinson, 1996），即原則、結果、共識或情感間的選擇，在此有兩個例外：1.少數原則（principle of least principle）：當主管有效解決部屬間的衝突時，常會以個人價值為組織價值的取向，而不遵從上述的處理原則。2.大數原則（principle of most principle）：以大多數人的意見為共識，會導致採取一些較不符合組織價值之價值處理原則。

後現代體育行政領導者決策的價值衝突，應以尊重成員的情緒，建立一個動態的社會架構，考慮行政組織之間互動情形，將價值層次提升以意志為決策的價值序階。激發團隊成員以高層次的動機為價值的思維。此高層次的價值思維，能使組織的營運系統創造知識。

五　結論

一九六〇年科學管理學派，具有每一個決策的管理步驟，運用在分析、模式和方法上，並於一九七〇和一九八〇年代大量於商場企業計劃上運用，在行政管理中呈現，讓許多行政管理決策者如何當個出色的企業策略專家，後現代主義者認為：這是一種錯覺的迷失，此理論所建構的策略決策的方式，實際上產生龐大的計畫和官僚組織；並沒有給決策者增添任何的決策價值。

後現代行政決策者的觀點認為：「策略是領導人的，不是底下的官僚或幕僚人員」。一九八一年起，逐漸許多學者改變立場，駁斥理性策略學派之非。針對理性策略學派批評，後現代行政是使用工具的心理層面與人類能力，以及群體的社會動態和組織決策等方面理由。運用於體育行政決策亦是如此，各組織單位決策者必須自己做策略決策，領

導人有責任綜合運用各種分析工具、直覺、經驗資料和分析，做出自身業務單位的策略決策。Etzioni（1989）以心理學家觀點批評現代主義理性決策認為：1. 人的心智裝不下複雜的事物，因為人腦太過有限。2. 大部分的決策必須結合兩個或多個機率的能力很低。3. 我們學得很慢而且同樣的錯誤一犯再犯。4. 我們都容易造成情緒作祟，尤其是引起恐懼的焦慮感，這些因素會使人做錯決策產生困擾。然而，Janis（1983）亦指出不良的決定，是因為人具有防衛性避險，過度延後做決定；過度反應之下做出決定，以逃避焦慮的狀態；過度警覺只顧收集更多的資訊，卻不做決定。

從以上論述，後現代主義觀點給行政決策者重新的思維與決策應有的行為，認為以完全理性方式行動是不可行的，因為當我們將社會情境因素納入決策思考的因素中，決策的程序即將更複雜。文獻顯示現代主義理性思考似乎都沒有反映經驗現實，策略決策絕非理性的程序，也不是純直覺式和政治上跌跌撞撞的程序。

參考文獻

Bennis, W. (2004). Managing the dream: Reflections on leadership and change. Basic Books.

Bennis, W. (2007). The challenges of leadership in the modern world. American Psychologist, 62, (1).

Etzioni, A. 1988. The moral dimension: Toward a new economics. New York: The Free Press.

Etzioni, A. (1989). Humble decision making. Harvard business review, July-August.

Foucault, M. (1995). The archeology of knowledge, translated by A. Sheridan Smith. London: Tavistock Publications, 210-211.

Giroux, H.(ed.).(1991). Postmodernism, Feminism and Cultural Politics N.Y.:SUNY.

Hodgkinson, C. (1983). The philosophy of leadership. New York: St. Martin's Press.

Hodgkinson, C. (1996). Administrative philosophy: values and motivation in administrative Life, p.115, Oxford: Pergamon.

Janis, I. L. (1983). Groupthink: Psychological studies of policy decisions and fiascoes. Boston: Houghton Mifflin.

Tichy, N. M., Bennis, W. (2007). Judgment: How winning leaders make great calls. portfolio, published by the penguin group.

接受美學視域下鍾理和〈貧賤夫妻〉文本探討

謝惠雯

臺北市立大學中國語文學系博士班四年級

摘　要

鍾理和（1915-1960），被稱之為「倒在血泊中的筆耕者」，曾獲中華文藝獎金委員會長篇小說第二獎、亞洲畫報徵文佳作。本文分別以「作者中心」、「文本中心」、「讀者中心」三者進行文本探討。「作者中心」：鍾理和從富農之子到後半生的艱辛生活，同姓婚姻扮演了重要的轉捩點；「文本中心」以孫紹振教授提出的理論範疇：形象三維組合說、藝術形式規範說、錯位論、感覺論、比較法，對文本進行分析；從「讀者中心」可知，鍾理和的文學是：農民、鄉土樸實的文學，具有悲憫的人道主義。

關鍵詞：鍾理和、貧賤夫妻、接受美學

一　前言

　　鍾理和生於民國四年九月二十九日（農曆）。日據時代高小畢業，再加上一年半的漢文私塾教育。民國二十七年隻身前往中國東北，到遼寧省瀋陽市去做駕駛汽車的工作。民國二十九年回臺灣娶鍾平妹為妻——因犯上同姓通婚大忌，三十年移居北平。三十五年再回臺灣，回臺後染上肺病，從此不離病榻。他一生沒有固定的職業，把全付的精力用在寫作和自修上，生前著作無法得到重視，直到病逝後遺作「故鄉四部」才被發表於《臺灣文藝》（第一卷第五期）。刊登他作品最多的林海音說他是「苦命又狂愛寫作的作家」。曾獲中華文獎會國父誕辰紀念長篇小說第二獎（民四十五年）。民國四十九年八月四日因病逝世，得年46歲。

　　鍾理和創作文類包含散文、小說等。因客觀環境不允許，只能在創作中尋找人生的出路，晚年對生活絕望，對文學感到無力，生前雖一再告誡家人「不得再有從事文學者」，然而在備嘗人間疾苦之後，仍執著於文學創作，不改其志，具現了作家追求理想的精神，陳火泉稱之為「倒在血泊中的筆耕者」，是對其不朽形象最傳神的寫照。鍾理和小說中往往帶有濃厚的自傳性色彩，《夾竹桃》為其赴北平期間的經歷縮影，描述貧困與破敗的生活黑暗面；《笠山農場》則是以作者自身在高雄時的親身經歷，描寫了同姓婚姻的困境以及反應農民的勞動生活；《故鄉》系列更是描繪出一幅幅臺灣農村痛苦生活的景象，表達了對於農民生活的關注與同情。婚姻、貧窮和疾病則是三個相互糾結的主題，成為鍾理和作品中的基本題材，葉石濤評論其小說：「一向不以社會性觀點來處理題材，倒用美學和人性來安排情節，使得他的小說細膩動人有高度的藝術成就。」[1]

　　臺灣目前高中國文教材有選錄鍾理和作品的有：南一、龍騰、康熹、三民，四家出版社[2]。分別選錄：南一版第四冊第十四課〈貧賤夫妻〉，三民版第一冊第十三課〈我的書齋〉，龍騰版第二冊第二課〈我的書齋〉，康熹版第二冊第四課〈我的書齋〉；就搭配之延伸閱讀篇目來看：南一版選〈我的書齋〉，三民版、龍騰版、康熹版均選〈貧賤夫妻〉；就冊次編排來看：三民版放在第一冊，第十四課為〈項脊軒志〉；龍騰版、康熹版均放在第2冊，且在〈我的書齋〉前一課均選錄歸有光〈項脊軒志〉，讓這兩篇文本可以做比較，而南一版將〈項脊軒志〉放在第二冊第九課；由上可知：目前鍾理和作品被選錄在高中國文教材有〈貧賤夫妻〉、〈我的書齋〉這兩篇，此次以〈貧賤夫妻〉作為文本探討。

　　臺灣語文教材的《教師手冊》圍繞作家中心，圍繞知人論世，有非常豐富的系統的資料，這相對於大陸多數教材參考資料比較單薄、隨意的狀況，前者是比較專業化的。

1　資料來源：當代客家文學史料系統 http://lit.ncl.edu.tw/hakka/hypage.cgi?HYPAGE=search/search_res.hpg&dtd_id=1&sysid=170602-A-001

2　東大版為高職選用的教材，且三民東大為同家出版公司，故未將東大版放入討論。

但大陸教材是文本中心，而文本中心畢竟是更根本的，如果把這二者結合起來，那專業化程度就更高了。[3]

在西方文學理論發展的歷程中，以「作者」、「文本」、「讀者」三者為主軸的文本解讀方式，各有其擅場及學說依據，如：作者中心的浪漫主義、文本中心的新批評主義、存在主義文論，或者開始關注讀者參與文學作品的創造、讀者接受美學……等等，上述各學派對於文本的詮釋有其不同的見解。[4]

「作者中心」、「文本中心」的思維是常見於語文課堂上的傳統教學模式，老師負責傳輸並教導該文本種種關於作者及文本解讀的知識與技能；至於以「讀者中心」為焦點的教學模式則將學生視為各自獨立的讀者，教學課堂上讓這些獨立的讀者與文本直接溝通對話，這是一種互動式的教學模式。[5]

由上所述，本文便以「作者中心」、「文本中心」、「讀者中心」三者進行文本探討。

二　文獻探討

西方文學批評從十九世紀風行的社會歷史批評之後，經歷了「作者中心論」、「本文中心論」、「讀者中心論」三個時期。所謂「作者中心論」是以作者的創作為理解作品的根本依據；而「本文中心論」即以本文自身的語言結構等為理解文學意義的根本依據；「讀者中心論」則以讀者的閱讀、反應，創作性理解為文學意義生成的主要根源。[6]

接受美學最主要特點為「作者—文本—讀者」三個重要元素，以往文學只探討作者如何創作、動機為何、文本與作者之間的社會、生活經驗有何相關性等問題，著重作者、作品的思考，忽略文學影響者、接受者的看法；接受美學則從另一個角度思考文學發展的問題，它以讀者的反應為核心，向外擴展，探討作者何以如此創作作品，最後再放大關注於整個社會的價值觀感，及社會價值觀感如何影響作者創作。接受理論是將讀者視為主體，研究讀者積極能動作用的科學，其地位超越了作者，讀者既是沒參與文本創作的作者，也是使文本得以成為作品不可或缺的作者，讀者在接受美學中受到重視，讀者的審美經驗自然不可忽視，因此，接受理論要求讀者要有一定的思想、道德、文化方面的涵養，有一定的接受能力與審美水準，這樣讀者的視野才會提高，才能促使作者

3　賴瑞雲：《孫紹振解讀學簡釋》（臺北市：萬卷樓圖書公司，2017年），福建師範大學文學院百年學術論叢第四輯第九冊，頁239-240。

4　楊曉菁：《中文閱讀策略研究：以《文心雕龍》「文術論」為理論視域》（臺北市：萬卷樓圖書公司，2016年），頁15。

5　楊曉菁：《中文閱讀策略研究：以《文心雕龍》「文術論」為理論視域》（臺北市：萬卷樓圖書公司，2016年），頁51。

6　張惠婷：《郁達夫小說的接受研究》（高雄市：中山大學中國文學系研究所碩士論文，2007年），頁14。

創造出更好的文學作品。[7]

（一）姚斯（Hans Robert Jauss, 1921-1997）

接受美學著重探討讀者對作品的理解、反映和接受，研究對作品產生不同理解的社會的、歷史的與個人的經驗，姚斯認為文學史本身就是一個審美與接受的過程。作品本身是一種歷史性的存在，它更是文學史的審美接受與審美生產的過程；其次，文學作品的歷史性存在關鍵在讀者的理解，因此一部文學史事實就是讀者的接受史、效果史，姚斯一方面把文學理論歸結為文學史理論；另一方面又將文學活動的歷時性歸結為共時性，企圖建立一種新的文學史理論。

主要論點有三：1.「期待視野」：所謂的期待視野是指讀者在閱讀文學作品前，內心往往會有既成的思維指向或觀念結構，如同學生在學習一個新單元、新事物前，即具備某些先備知識或經驗，讀者進行閱讀時也會選擇與自己內心期待相近的事物去接受獲得的資訊。2.「作品的歷時性與共時性」：歷時性是文學史的縱向研究；共時性為文學發展的橫向研究。利用文學發展的橫切面同等地安排同時代文學作品的異質多重性，以全面性的審美態度探討整個社會的接受程度，以歷史性為經、共時性為緯，打破單一視角，進行文學作品全面的分析，開創文學史的新視野。3.「文學的社會性質」：姚斯在他的接受理論中，論述文學與社會關係，透過期待視野、歷時性與共時性等驗證方法，使我們理解到文學作品的創作與影響不侷限於個人，而是來自整個社會結構功能。[8]

（二）伊瑟爾（Wolfgang Iser，1926-2007）

伊瑟爾其論點與姚斯不同。姚斯從文學史出發，探討整個社會的接受層面，注重集體性與廣闊性的社會背景，理論比較零散，前後常有矛盾之處，它是一種宏觀的研究；伊瑟爾則從讀者的閱讀現象出發，著重讀者閱讀活動的心理研究，架構性較強，也易於敘述，是一種微觀的研究。

主要論點有三：1.「未定點」：每個讀者在閱讀之前，須具備相當程度的知識和經驗，且每個人閱讀之後的的感受不盡相同，讀者對文本的閱讀過程就是一個再創造的過程，因為作品是多層面開放式的圖式結構，結構中的空白及未定點則端賴讀者對它做出解釋，人的期待視野或游移視點處於主導的能動地位來對文本實行再創造。2.「閱讀時

7　林秀美：〈從接受美學看王粲詩歌對《詩經》的接受〉，《臺東大學人文學報》第1卷第2期（2011年12月），頁7。

8　林秀美：〈從接受美學看王粲詩歌對《詩經》的接受〉，《臺東大學人文學報》第1卷第2期（2011年12月），頁7-10。

的主客體交融」：文學既非完全的文本，亦非完全是讀者的主觀性，而是二者的結合或交融。作品與讀者的關係並非簡單的主體與客體的關係，因為閱讀透過讀者個人的感受在作品中進行，是一種先吸收再儲存於腦海，接著延伸至生活中的一種，藉由時間的催化，融入個人的風俗民情，使讀者將作者的意識予以吸收、融合，進而發展出作品意識的存留或拓展。造成作品與讀者間的共鳴的關係則是讀者的生活經驗與社會歷史背景所造成的結果，每個作者與讀者的經驗不盡相同，透過閱讀，讀者能將非自身的經驗同化，進而反過來成為影響自己原有的經驗。3.「虛擬讀者」：作者在創作之初即已設定為何類的讀者而創作，準備好使某一類的讀者在閱讀之後有所感受。[9]

三　從作者中心進行分析

臺灣教材是作家中心，知人論世、資料豐富、專業性解讀是其特色。[10]孫紹振在《文學文本解讀學》中指出，要揭示創作奧秘，就要「以作者的身分和作品對話」，亦即「把自己當作作者，設想其為什麼這樣寫而不那樣寫」，「有了作為作者的想像，才有可能突破封閉在文本深層的……生成奧秘」，「把作品還原到創作過程中去」，才可能「從隱秘的生成過程中去探尋藝術的奧秘」。[11]

鍾理和的父親鍾鎮榮是名聞六堆客家地區的富農，人稱鍾番薯，事業有成，家境富裕。童年時期的鍾理和白胖清秀，甚得父親疼愛。鍾理和十八歲時，回到美濃，因幫父兄經營農場，認識並愛上同姓女子鍾台妹，兩人同姓，使他們的愛情遭到很大的阻力。客家社會保守傳統，又是封閉的農村地區，宗親觀念尤其強烈，同姓之人視為一家。因此，鍾理和不惜與家庭決裂，決定與臺妹遠走高飛。民國二十九年搭船抵達瀋陽，三十年到北平，三十五年全家搭上難民船，回到基隆。返臺後，肺疾發作，當時結核病幾乎就是絕症，長年的疾病破壞了鍾理和的健康，也盪盡了繼承自父親的財產。鍾理和病弱，家裡的經濟重擔全落到妻子身上，因此妻子也就成為他筆下描寫最多的女主角——平妹。[12]

鍾理和是富農之子，夫妻為何是「貧賤夫妻」？鍾理和從富農之子到後半生的艱辛生活，同姓婚姻扮演了重要的轉捩點。「貧賤夫妻百事哀」，貧賤夫妻真的是百事哀嗎？

9　林秀美：〈從接受美學看王粲詩歌對《詩經》的接受〉，《臺東大學人文學報》第1卷第2期（2011年12月），頁11-13。

10　賴瑞雲：《孫紹振解讀學簡釋》（臺北市：萬卷樓圖書公司，2017年），福建師範大學文學院百年學術論叢第四輯第九冊，頁151。

11　賴瑞雲：《孫紹振解讀學簡釋》（臺北市：萬卷樓圖書公司，2017年），福建師範大學文學院百年學術論叢第四輯第九冊，頁16。

12　陳萬益主編：《普通高級中學國文第四冊教師手冊》（臺南市：南一書局，2017年），頁337-339。

面對這樣的生活，鍾理和並未曾想拋棄鍾台妹，而鍾台妹更是發揮了女性堅忍、剛強的一面，一肩扛起家中經濟，成為家庭經濟支柱，即使在丈夫生病住院期間，也將家中治理得井井有條，不因男主人缺席而想離開這個家。

四 從文本中心進行分析

孫紹振解讀學的基礎是文學創作論。……是從創作論的角度解讀文本，是從創作論進入的，其核心是揭示文本的創作奧秘。……無論是孫紹振的創作論，還是解讀學，「揭秘（主要是創作奧秘）」都是它的一個總綱，一個基本理念，但呈現的形式卻「相反」，這是一個硬幣的兩面。[13]

以下就孫紹振教授提出的理論範疇：形象三維組合說、藝術形式規範說、錯位論、感覺論、比較法，對文本進行分析。

（一）形象三維組合解讀（分析）法

形象三維組合是指藝術形象是情感特徵、生活特徵、藝術形式特徵三維組合（猝然遇合）的產物。由於創作主體的主觀特徵也包含智性，孫紹振後來把感情特徵改為主體特徵，這就將智性也包含進去了，相應的，將生活特徵改為客體特徵。這也正是歌德說的「使形式、材料和意蘊互相適合，互相結合，互相滲透」，「形式是生氣灌注、顯示特徵的，是與內容融為一體的」。[14]

情感特徵（主體特徵）：文中一開頭，便是離家住院三年後，欣喜的歸來，期待與家人相見的心情；見到了妻子，對她愧疚之情油然而生；自責生病，無力照顧家庭；妻子去捐木頭，擔心妻子被抓，心情如熱鍋上的螞蟻；妻子平安回來，放下心中大石。

生活特徵（客體特徵）：妻子在丈夫住院三年期間，獨自一人撐起家中經濟重擔，好不容易盼到丈夫歸來，生活並沒有因為丈夫的回來而轉好，但妻子並未因此有所埋怨，反而努力地想辦法改善家中經濟去捐木頭，最後在丈夫找到一份差事結束。

藝術形式特徵：妻子去捐木頭，林警出動拿人，信差喝酒、賭博誤事，透過視覺、聽覺的摹寫，讓人彷彿身歷其境，驚險、心急如焚、不知所措之情，渲染於文本之中。

---

13 賴瑞雲：《孫紹振解讀學簡釋》（臺北市：萬卷樓圖書公司，2017年），福建師範大學文學院百年學術論叢第四輯第九冊，頁163。

14 賴瑞雲：《孫紹振解讀學簡釋》（臺北市：萬卷樓圖書公司，2017年），福建師範大學文學院百年學術論叢第四輯第九冊，頁166。

（二）藝術形式規範知識解讀（分析）法

藝術形式是最大的奧秘。小說一般最後都有一個結果。解讀分析時，可直接抓住結果，分析作品中產生這一結果的「因」。這個因果關係的所有的「因」總是被作家安排得天衣無縫、絲絲入扣、針腳綿密，表現出了高度的因果統一，展現了作家高超的藝術手法。它又分為內容因果和寫法因果。[15]

〈貧賤夫妻〉採用的是內容因果的寫法，因男主人離家三年住院—＞平妹獨自撐起家庭經濟；因男主人在家養病，無法外出工作—＞平妹內外須兼顧；因平妹外出工作辛勞—＞男主人體貼妻子心勞，接下家務工作；因家中經濟並未改善—＞平妹去捆木頭；因林警抓人，信差誤事—＞男主人外出尋妻，擔心不已；因妻子傷勢—＞男主人自責不已，最終覓得工作。用一連串的因果事件，按時間順序，串起小說內容。

（三）錯位解讀（分析）法

把真善美三者的關係歸結為「錯位」，「亦即既非完全統一，或者只是量的差異，亦非完全脫離，而是交錯的三個圓圈，部分重合，部分分離。在不完全脫離的前提下，錯位的幅度越大，審美價值越高，反之錯位幅度越小，則審美價值越小，而完全重合則趨近於零。」換句更簡單一點的表述就是：真、善、美三者並不是完全統一，也不是斷裂，而是有限統一的錯位關係，在不斷裂的情況下，錯位幅度越大，審美價值越高。再簡單一點就是：真、善、美三者並不是完全統一的，而是既互相聯繫又有矛盾的有限統一。最簡單就是：真善美錯位或真善美有限統一。[16]

〈貧賤夫妻〉一文，遵守法律，不盜伐山林，是實用價值（善），夫妻之情鶼鰈情深，是情感價值、審美價值（美），美與善在這裡出現了錯位、矛盾，就實用價值來看，女主人為男主人捆木頭，扛起家中經濟重擔，還不如男主人去捆木頭，但是文中的男主人是個生病之人，所以女主人執意地為了家中經濟，她願意挺而走險、以身試法，跟著大家去當個盜木之人，不顧法規，不考量自身的安全，越是這樣無功利的行為，就越能顯現出夫妻之間同甘共苦的情感。

身分、責任的錯位，家庭經濟刻板印象是男主外，女主內，但文中因男主人身體衰弱，而變成女主外，男主內；男主人不忍妻子除了要出外工作掙錢，又要處理家務，便接下家務工作，體貼妻子，減輕妻子負擔，夫妻之間不分彼此，相互扶持，只為了能讓

---

15 賴瑞雲：《孫紹振解讀學簡釋》（臺北市：萬卷樓圖書公司，2017年），福建師範大學文學院百年學術論叢第四輯第九冊，頁173-174。

16 賴瑞雲：《孫紹振解讀學簡釋》（臺北市：萬卷樓圖書公司，2017年），福建師範大學文學院百年學術論叢第四輯第九冊，頁187。

家中經濟改善，不讓柴米油鹽醬醋茶成為一種負擔。

（四）感覺解讀（分析）法

感覺是整個文學的基礎，受情感的影響最大。作家主體和生活客體要統一，統一於什麼呢？統一於情感。但是情感是一種「黑暗的感覺」，要表達它是很困難的。這就使作家們不得不轉而借助於感覺和知覺。人的知覺和感覺的相對性受人的情感的影響最大。情感會衝擊感覺和知覺使之發生量的和質的變異。[17]

一般而言，五官感覺中視覺占絕大多數，其次是聽覺，別的感覺能引入作品，就顯得獨特、新穎。李澤厚講過，視覺是被人類改造得最好的，是人化的眼睛，而觸、嗅、味覺帶著較多的動物性，特別是觸覺。因此，能進入作品，往往是一個亮點。[18]

〈貧賤夫妻〉在五官感覺的描寫，主要是視覺和聽覺。平妹第一天去揹木頭順利回來時，「她的上衣沒有一塊乾燥，連下面的褲子也溼了大半截；滿頭滿臉冒著汗水，連頭髮也溼了；這頭髮蓬亂異常，有些被汗水膏在臉上，看上去，顯得兇狠剽悍。」作者描寫平妹工作一天，揹木頭回來時的外貌，上衣、褲子、頭髮、臉，全部都濕了，沒有一絲乾燥的地方，刻劃平妹辛苦的一面。

全文最精采的五官感覺描寫，非林警出動抓人莫屬。「走到寺下邊彎入峽谷，落條河，再爬上坡，那裡沿河路下有一片田。走完田壟，驀然前邊揚起一片吶喊。有人大聲喝道；「別跑！別跑！」還有匯成一片的「哇呀——」像一大群牛在驚駭奔突。……只見五六個男人急急惶惶跑過，氣喘吁吁，兩個林警在後面緊緊追趕，相距不到三丈。「別跑！別跑！」林警怒吼。蹦！蹦！蹦！顯然男人們已把木頭扔掉了。……沿路有數條木頭拋在地上。裡面一疊聲在喊：「那裡！那裡！」只見對面小河那向空曠的田壟裡有無數人影分頭落荒逃走，後面三個人在追，有二個是便衣人物，前面的人的肩上已沒有木頭。「站著，別跑，×你媽的！」有聲音在叱喝，這是南方口音的國語。另一股聲音發自身邊小河裡，小河就在四丈近遠的路下邊，在朦朧的月光下竄出二條人影，接著又是一條，又再一條。第三條，我看出是女人，和後面的林警相距不到二丈。小河亂石高低不平，四條人影在那上面跌跌撞撞，起落跳躍。俄而女人身子一踉蹌，跌倒了，就在這一剎那，後面的人影一縱身向那裡猛撲。哎呀！我不禁失聲驚叫，同時感到眼前一片漆黑，險些兒栽倒。待我定神過來時，周遭已靜悄悄地寂然無聲了，銀輝色的月光領有了一切。方才那掙扎，追逐和騷動彷彿是一場噩夢。但那並不是夢，我腳邊就有被扔

---

17 賴瑞雲：《孫紹振解讀學簡釋》（臺北市：萬卷樓圖書公司，2017年），福建師範大學文學院百年學術論叢第四輯第九冊，頁198。

18 賴瑞雲：《孫紹振解讀學簡釋》（臺北市：萬卷樓圖書公司，2017年），福建師範大學文學院百年學術論叢第四輯第九冊，頁198-199。

掉的木頭，狼藉一地。」這裡透過視覺、聽覺摹寫和譬喻，讓林警抓人的驚險場面，彷彿就在眼前，非常具有畫面感。

最後再用視覺摹寫，描寫平妹平安歸來時的情形，「這才發現她左邊顴骨有一塊擦傷，渾身，特別是左肩有很多泥土，頭髮有草屑。……左邊上至肩膀，下至腿骨，密密地布滿輕重大小的擦破傷和瘀血傷。胯骨處有手掌大一塊瘀血，肩胛則擦掉一塊皮，血跡猶新。我看出這些都是新傷。」透過這些傷勢的描述，可以看出平妹捆木頭的艱辛以及在躲避林警時的困難、驚險。

（五）比較法

俄國烏申斯基關於「比較是一切理解和思維的基礎」，從更宏觀的角度，還有費孝通說的：「沒有分類，就是一團亂麻；沒有比較，就選不出『最佳』；沒有歸納，就不能認識規律；沒有提煉，就達不到昇華。學習上的每一次『盤點』，都會加強學習的針對性，減少盲目性，使學習更講效益。」孫紹振的觀點就是，同中求異之比是比較有意義的。同主題、同題材、同體裁或某方面有關聯的相關作品的比較，發現有關作品的個性、特殊性等等。[19]

在《如果閱讀一本書》中作者提到：閱讀的層次問題。認為想要增進閱讀的技巧之前，一定要先了解閱讀層次的不同。他提出了四個閱讀層次：第一層次的閱讀，稱之為「基礎閱讀」；第二個層次的閱讀，稱之為「檢視閱讀」；第三個層次的閱讀，稱之為「分析閱讀」；第四個層次的閱讀，稱之為「主題閱讀」。而「主題閱讀」是所有閱讀中最複雜，也最系統化的閱讀，是屬於最高層次的閱讀。[20]

主題閱讀為選定一個主題，利用不同文本參照比對，透過理解、歸納、分析、比較……的方式，讓閱讀的深度和廣度都能向外延伸，進而使讀者進行閱讀的一種方式。文本是作者的成品，文本的產生和作者所處的時空背景、經歷，必然脫離不了關係，因此檢視閱讀與分析閱讀是進入主題閱讀的前置作業或準備工作。[21]

以敘事為主要目的和內容的文章，稱為「敘事文」或「記敘文」，包括了故事、新聞、遊記、小說、訪問等。[22]

---

19 賴瑞雲：《孫紹振解讀學簡釋》（臺北市：萬卷樓圖書公司，2017年），福建師範大學文學院百年學術論叢第四輯第九冊，頁246-247。

20 莫提默・艾德勒（Mortimer J. Adler）、查理・范多倫（Charles Van Doren）著，郝明義、朱衣譯：《如何閱讀一本書》（臺北市：臺灣商務印書館，2007年5月），頁17-21。

21 莫提默・艾德勒（Mortimer J. Adler）、查理・范多倫（Charles Van Doren）著，郝明義、朱衣譯：《如何閱讀一本書》（臺北市：臺灣商務印書館，2007年5月），頁309。

22 黃富榮著，賴蘭香策劃：《中文傳意寫作篇》（香港：香港城市大學出版社，2006年），頁24。

> 篇章內容雖然以事件為主，但刻劃人物，才是主題，所敘各事，都是為了要寫出
> 人物的性格、抱負。這類敘事寫作，大都是記載了篇章主角的經歷，也會透過他
> 們的口，讓他們親述自己的事跡。例如：人物傳記、訪問稿多屬此類。[23]

由此可知：即便是寫人物，仍是需要藉由事件的敘述，來凸顯人物的個性及特色。

　　〈貧賤夫妻〉寫的是夫妻兩人相互體諒，為了家庭，拮据的經濟生活，並未將他們
二人打倒，反而攜手突破難關，共同見證了愛情的堅貞與美好。以同主題魯迅的《傷
逝》作比較。

　　從敘事上看，《傷逝》敘述的是一對年輕人衝破傳統思想的束縛，但最後卻走向婚
姻和愛情的悲劇結局。……《傷逝》表達的是大多數人都可能面對的一種兩難：責任倫
理和實踐理性之間的衝突。在小說中，子君和涓生勇敢地衝破了傳統思想的束縛，成立
了自己的小家庭。但是，當整個社會制度、思想和文化都沒有得到根本性變革的時候，
這個新成立的小家庭置身在傳統社會之中，彷彿就如一葉小舟飄搖在汪洋的大海上，隨
時都有覆舟的危機。在這種情況下，這對年輕人儘管衝出傳統的束縛，但迎面而來的可
能是在汪洋大海中飄搖與沉淪的悲劇命運。這時候，對於涓生而言，只有兩條出路，一
種是無奈的掙扎，最後不得不和子君共同沉淪。另一種是涓生先救出自己，而把毀滅的
危機留給子君。在小說中，涓生選擇了第二種，……正是這種兩難，最終使得涓生在選
擇了第二種之後，又不得不處在悔恨的情緒中。然而，又如何讓自己從悔恨的情緒中解
脫出來呢？小說給出的答案是遺忘，涓生說道，"我要以遺忘和說謊作為前導，開始我
新的生活"。[24]

　　〈貧賤夫妻〉、《傷逝》主題相同，都是描述一對年輕夫妻，想突破傳統思想束縛的
故事，但故事中的主角面對事情的處理方式卻大相逕庭，〈貧賤夫妻〉中的平妹毅然決
然地扛下家中經濟，並無怨言，夫妻二人同心，攜手開創屬於自己的生活，即使現實生
活中，過得並不盡如人意，但終有撥雲見日的一天；《傷逝》中的涓生，並未與子君並
肩面對困境，而子君也沒有展現像平妹般堅毅的一面，最後子君逝去，涓生選擇用遺忘
和說謊來詮釋這曾經的情感。

　　小說積澱了人類敘事形式的審美經驗，作為人類心靈探索的歷史水平線，成為後世
作家審美想象起飛的制高點。[25]體裁相同，均是以小說的形式呈現。兩篇小說的主角，

23　黃富榮著，賴蘭香策劃：《中文傳意寫作篇》（香港：香港城市大學出版社，2006年），頁25。

24　鄭家建：〈關於中學語文教材中魯迅小說（《祝福》《故鄉》《孔乙己》《傷逝》《狂人日記》《藥》《阿
　　Q正傳》《離婚》）的解讀〉，《經典文本的深層結構（下）》（上海市：上海三聯書店，2016年），頁
　　662-663。

25　孫紹振：〈小說：因果關係、打出常規和情感錯位──兼析《最後一課》《項鍊》《孔乙己》《西遊
　　記・三打白骨精》《紅樓夢・寶黛愛情、黛玉之死》《三國演義・草船借箭、曹操》〉，《經典文本的
　　深層結構（下）》（上海市：上海三聯書店，2016年），頁575。

在面臨抉擇時，表現出來的態度、行為，沒有對錯，但〈貧賤夫妻〉夫妻相處之道，似乎層次高些。

五　從讀者中心進行分析

兩峰歸納鍾理和的作品特色：「真」是指感情上的真，文字上的真。「厚」是指作品的溫柔敦厚性格。「樸」是行文風格的樸實和造詞遣句的樸素。施懿琳指出鍾理和作品中有三大思想特質：一是反封建、反權威的「革新精神」；二是不屈服、不妥協的「人性尊嚴」；三是悲生民、憫萬物的「人道主義」。尤其是人道主義精神，讓鍾理和跳脫生活困境，以感同身受的柔軟關懷，去悲憫、同情更多苦難困窮的農村民眾。林載爵、葉石濤都用「薛西弗斯」的精神來概括他的創作態度。[26]

現在他走了，一支擅長於描寫農民生活，著意於鄉土的椽筆，伴著他長埋於地下，文藝園中純樸的鄉土氣息，不易再嗅到了。[27]

一九七七年臺灣鄉土文學熱潮達到沸點的時候，曾經有人以臺灣鄉土文學之父稱呼鍾理和。「鄉土」是鍾理和受到文學界矚目的開端，也是高峰，之中有肯定，但也可能侷限了人們觀察鍾理和文學世界的視野。[28]

鍾理和曾經形容自己是「抱著愛與信念而枯萎的人」，他的人也許真的枯萎了，可是他的愛與信念卻透過文學傳留下來了。[29]

從上述可知，鍾理和的文學是：農民、鄉土樸實的文學，具有悲憫的人道主義。

六　結語

孫紹振教授：閱讀的過程並不是靜態的，而是心靈與文本，學養、專業積累與文本歷史性之間的搏鬥，用學術語言來說，就是讀者主體與文本主體的深度同化與調節。[30]孫劍秋教授：海峽兩岸教師在教學策略上，均著重培養學生對閱讀理解能產生自發性思考。兩岸教學方法或有些許不同，實質目的卻是殊途同歸。經由彼此間的切磋琢磨，我們看見了教學形式的突破、也發現了教學內容的創新，甚至於專家學者間交流講評所觸發的悸動，在在激發現場教師自我學習、自我提升的想望，也對未來的閱讀教學供給了

26 陳萬益主編：《普通高級中學國文第四冊備課用書》（臺南市：南一書局，2017年），頁14-06。

27 陳火泉：〈倒在血泊裡的筆耕者〉，《臺灣文藝》第4期（1964年10月）。

28 彭瑞金：〈土地的歌·生活的詩──鍾理和的笠山農場〉，《臺灣春秋》第2卷4期（1989年10月）。

29 楊照：〈抱著愛與信念而枯萎的人──記鍾理和〉，《聯合文學》第11卷2期（1994年12月）。

30 孫紹振：〈《背影》的美學問題〉，《經典文本的深層結構（下）》（上海市：上海三聯書店，2016年），頁482。

最佳養分。[31]教師在教學前,如何透過自身專業素養解析文本,進而在教學進行時,能更貼近作者作品要傳達的意涵,是當前刻不容緩的議題。

31 孫劍秋主編:〈孫序〉,《碰撞下的震撼與火花》(臺北市:萬卷樓圖書公司,2014年),頁2。

參考文獻

專書

賴瑞雲　《孫紹振解讀學簡釋》　臺北市　萬卷樓圖書公司　2017年　福建師範大學
　　　文學院百年學術論叢第四輯第九冊

陳萬益主編　《普通高級中學國文第四冊教師手冊》　臺南市　南一書局　2017年

陳萬益主編　《普通高級中學國文第四冊備課用書》　臺南市　南一書局　2017年）

楊曉菁　《中文閱讀策略研究：以《文心雕龍》「文術論」為理論視域》　臺北市　萬
　　　卷樓圖書公司　2016年

孫紹振　〈《背影》的美學問題〉　《經典文本的深層結構（下）》　上海市　上海三聯
　　　書店　2016年

孫紹振　〈小說：因果關係、打出常規和情感錯位──兼析《最後一課》《項鏈》《孔乙
　　　己》《西遊記‧三打白骨精》《紅樓夢‧寶黛愛情、黛玉之死》《三國演義‧草
　　　船借箭、曹操》〉　《經典文本的深層結構（下）》　上海市　上海三聯書店
　　　2016年

鄭家建　〈關於中學語文教材中魯迅小說（《祝福》《故鄉》《孔乙己》《傷逝》《狂人日
　　　記》《藥》《阿Q正傳》《離婚》）的解讀〉　《經典文本的深層結構（下）》
　　　上海市　上海三聯書店　2016年

孫劍秋主編　《碰撞下的震撼與火花》　臺北市　萬卷樓圖書公司　2014年

莫提默‧艾德勒（Mortimer J.Adler）、查理‧范多倫（Charles Van Doren）著　郝明
　　　義、朱衣譯　《如何閱讀一本書》　臺北市　臺灣商務印書館　2007年5月

黃富榮著　賴蘭香策劃　《中文傳意寫作篇》　香港是　香港城市大學出版社　2006年

學位論文

張惠婷　《郁達夫小說的接受研究》　高雄市　中山大學中國文學系研究所碩士
　　　論文　2007年

期刊

林秀美　〈從接受美學看王粲詩歌對《詩經》的接受〉　《臺東大學人文學報》第1卷
　　　第2期　2011年12月

楊　照　〈抱著愛與信念而枯萎的人──記鍾理和〉　《聯合文學》第11卷2期　1994
　　　年12月

彭瑞金　〈土地的歌‧生活的詩──鍾理和的笠山農場〉　《臺灣春秋》第2卷4期
　　　　1989年10月

陳火泉　〈倒在血泊裡的筆耕者〉　《臺灣文藝》　第4期　1964年10月

網路資料

當代客家文學史料系統 http://lit.ncl.edu.tw/hakka/hypage.cgi?HYPAGE=search/search_res.
　　　　hpg&dtd_id=1&sysid=170602-A-001

合作閱讀教學法融入經典閱讀教學

──以《紅樓夢》教學為例

謝淑熙

現任職臺灣海洋大學、新生醫專通識中心兼任助理教授、中華文化教育學會秘書長

摘　要

　　本研究的主題旨在探討合作學習（cooperative learning）融入經典閱讀教學，對學生學習成效之影響。合作閱讀策略是美國學者 J. K. Klingner 和 S. Vaughn 於一九九九年提出的閱讀策略教學法，此教學法結合了合作學習（Cooperativelearning）與交互教學法（Reciprocalteaching）的特性，教學目的是引導學生在小組中互相幫助，運用學過的學科知識去解讀閱讀的主題，分析大意，再將討論結果紀錄在閱讀筆記上。

　　研究設計是透過「閱讀與寫作」（Reading and Writing）課程教學來進行，其選課學生為臺北市立教育大學選修的大二學生，課程的教學目的是引導學生閱讀經典古籍，並且融會貫通書中的精華內容與完整結構，以培養批判性思考（critical thinking）的能力，以及對生命美學教育的延伸思考。因此，課程內容主要是以古典文學與現代文學為教本，教師運用合作學習策略，引導學生閱讀經典名著。而教學的進行係強調個人閱讀心得寫作與團隊研究報告的分享，以達到學生對該經典的閱讀有充分和周延的認知，並且能夠進行見解的溝通和交流。合作學習策略可以以增加與同儕的互動、培養工作默契、提高學生課堂的參與程度，而且可讓每個人展現自己的專長。研究方法採用預覽、詳讀、大意理解、及總結等四個程序來進行，涵蓋了溝通合作交流、批判性思考、問題解決、創造力等方面的策略，以其能深入理解學生閱讀的能力；教學材料選自《紅樓夢》自編「閱讀學習單」、「學習心得單」、「問題討論」、「延伸思考」等，以發揮教師對閱讀教學的指引作用，而設計出更理想的教學內容，進而培養學生良好的學習態度，並反思運用合作學習教學法以落實經典閱讀教學是否有成效。預期成果：1. 建立良好的師生互動關係，以提升學生良好的學習態度；2. 使學生透過資訊融入教學活動，以增進學生自主學習與發揮創意的原動力。3. 使學生透過經典閱讀教學，以提升研讀經典古籍的興趣。

關鍵詞：合作學習、閱讀教學、交流能力、問題解決能力、創造力。

一　前言

在知識經濟蓬勃發展的時代，要如何培養學生學會應對二十一世紀的學習能力，已是二十一世紀課程改革的重大主題。美國學校圖書館員學會（American Association of School Librarians，簡稱 AASL）曾於二〇〇七年提出「21世紀學習者應具備的準則」（Standards for the 21st Century Learner），指出學校課程應培養學生批判思考、獲取知識、應用知識、創造知識、分享知識以及參與社會發展的能力。的確，閱讀書籍、探索知識，乃是激發自己潛能及創造思考的原動力。英國教育部長布朗奇（David Blunkett）說：「每當我們翻開書頁，等於開啟了一扇通往世界的窗，閱讀是各種學習的基石。在我們所做的事情中，最能解放我們的心靈的，莫過於學習閱讀。」（天下雜誌、263期、2002）因此面對多元文化社會的變遷，我們應全面推展學習型組織，引領學生懂得溝通合作交流，有能力活用知識來解決問題。

美國聯邦教育部在二〇〇七年就制定了《21世紀技能框架》（以下簡稱《框架》），《框架》將二十一世紀人們應具備的基本技能整合起來，繪製了學習者的學習設計和培養技能藍圖。《框架》主要的四個內容是核心課程和二十一世紀教育主題（Core Subjects and 21st Century Themes）、生活和工作技能（Life and Career Skills）、學習和創新能力（Learning and Innovation Skills）、資訊媒體與技術能力（Information, Media and Technology）。其中，學習和創新能力處於二十一世紀學習技能的金字塔頂端，包含了創造性和創新能力（Creativity and Innovation）、批判性思維和問題解決能力（Critical-thinking and Problem-solving）、交流能力（Communication）和合作能力（Collaboration）。這些能力俗稱「4Cs」，被視為美國教育革新的核心任務。在教學中，教師將「4Cs」融於活動和任務設計中，鼓勵學生合作共享，發揮每個人的長處和優勢，取長補短；在團隊和任務中建設和營造建設「我們」的文化和氛圍；課堂上允許學生犯錯，鼓勵學生不斷嘗試，打破固有的思維模式，勇於嘗試，大膽實踐。的確，《框架》理論的提出，提供教育領導者及圖書館在推動閱讀教學活動，應思考如何引導學生將「4Cs」的核心任務，融入合作學習策略，以提升學生學會應對二十一世紀學習的能力。

二　合作學習在經典閱讀教學上的運用

合作學習（cooperative learning）是一種有系統、有結構的教學策略。所謂能力（ability），實際上與國際教育中所談的技能（skill）、素質（quality）和素養（literacy）大致是相通的，它涵蓋了溝通合作交流、批判性思考、問題解決、創造力等方面。依學生的學習能力、性別、種族或社經背景，異質分配到小組中，彼此互相指導，互相學習；讓學生從不同的對象中，學到更多的觀點，以結合學習經驗達成學習目標（王碧

惠，2007）。因此每位教師應該積極推動合作學習策略，以培育學生終身閱讀與他人分享知識的好習性，及強化學生知性、感性的討論能力。

（一）合作學習（cooperative learning）的意義

合作閱讀策略是美國學者 J. K. Klingner 和 S. Vaughn 於一九九九年提出的一種閱讀策略教學法，此教學法結合了合作學習（Cooperativelearning）與交互教學法（Reciprocalteaching）的特性，學生在小組中互相幫助，運用學過的閱讀策略去解讀英文故事中的生字，分析大意，再將討論結果紀錄在閱讀筆記上。Klingner 和 Vaughn 的研究，證明了合作閱讀策略教學可以有效的增進第二語言學習者（Secondlanguagelearners）的英語閱讀理解能力，字彙學習和學科知識。合作學習透過團隊的知識建構和個人的反省可以豐富個人的學習經驗，並激發他們探索新的觀點和視野（S. S. Liaw, G. D. Chen, andH M Huang, 2008）。

（二）合作學習法在經典閱讀教學上的運用

本研究是透過「閱讀與寫作」（Reading and Writing）課程教學來進行，其選課學生為臺北市立教育大學選修的大二學生，課程的教學目的是引導學生閱讀經典古籍，並且融會貫通書中的精華內容與完整結構，以培養批判性思考（critical thinking）的能力，以及對生命美學教育的延伸思考。因此，課程內容主要是以古典文學與現代文學為教本，教師運用合作學習策略，引導學生閱讀經典名著。而教學的進行係強調個人閱讀心得寫作與團隊研究報告的分享，以達到學生對該經典的閱讀有充分和周延的認知，並且能夠進行見解的溝通和交流。合作學習策略可以增加與同儕的互動、培養工作默契、提高學生課堂的參與程度，而且可讓每個人展現自己的專長。茲歸納合作學習的教學方法與流程，如下：

1 策略的教導

包括預覽、詳讀、大意理解、及總結等四個程序性的策略。（邱彥瑄，2007）本教學在閱讀經典之初，會由授課教師先行就寫作的時代背景、思想潮流以及相關學派的觀點進行解說。再加上利用網路的資源，讓學生進行問題的探究，並呈現作品的學習方式。（徐新逸，2001）讓學生尋覓課本以外更豐富寬廣的天空。

2 合作的團體學習活動

包括角色的確定、學習材料、實施步驟等。（邱彥瑄，2007）每本經典每位同學都

必須依循進度進行閱讀，學生必須運用圖書館網路資源，進行學習資料的蒐集、分析整理。並透過影片欣賞，以提升學生對教材內容有更深刻的認知能力與學習興趣。

3 分組報告

　　教師透過師生的分組報告，鼓勵學生活化所需的先備知識，並統整新訊息，以增進閱讀理解能力。分組報告與討論是探索團體運作中最基本的要素，沒有討論的團體絕對不是一個探究團體。經由分組深入的討論與報告，可以幫助學生朝多元的方向發展，以提升學習成效。

4 合作學習的五個基本要素

　　（1）積極互相依賴（2）個別績效責任（3）面對面互動（4）培養合作技巧（5）反思和分析的時刻。（Ellia，2007）唯有如此，才能在不違背合作學習基本精神的前提下，量身訂做適合學習者的合作學習策略。合作學習可以培養同儕之間的互動與默契，展現學生個人的專長，增進課堂的參與程度與學習興趣。

三　合作閱讀教學實例

　　透過經典閱讀教學，可以引領學生開啟古典文學的堂奧，在古聖賢哲的智慧結晶與經典話語中，開拓學生的新視野，陶冶其閱讀品味，培養學生終身學習的能力。《紅樓夢》全書以賈、王、史、薛四大家族為背景，以賈寶玉和林黛玉的愛情故事為主線，圍繞兩個主要人物的感情糾葛，描寫了大觀園內外一系列青年男女的愛情故事。《紅樓夢》是一部以發展人物性格為創作核心的生命美學小說，所以不論是依據現實生活中人物，在衣、食、住、行上的基礎需求，或是按照小說在敘事藝術方面對四需內容的建構，四需書寫正是作為小說塑造人物形象和發展情節功能時不可或缺的重要素材。因此以《紅樓夢》人物介紹與「生活四需」——即服飾、飲食、住所、行踏四方面作為合作閱讀教學的主題。茲分述合作閱讀教學教學活動與內容，表列如下：

表一　合作閱讀教學目標與教學內容

課次	教學目標	教學內容
1	摘要和分析題旨能力	《紅樓夢》經典人物介紹
2	學習和創新能力	《紅樓夢》服飾之外顯書寫
3	學習和創新能力	《紅樓夢》飲食之生活寫實風貌
4	資訊媒體與技術能力	《紅樓夢》之住所
5	資訊媒體與技術能力	《紅樓夢》之行踏

　　本課程是選用《紅樓夢》文本，運用合作閱讀教學的策略，配合《紅樓夢》經典人物介紹、服飾之外顯書寫、飲食之生活寫實風貌、住所、行踏等教學內容，訂定教學目標，呈現完整的教學概念。希望藉由教學目標，讓學生了解《紅樓夢》全書的旨趣與意涵，進而提升分析題旨、學習和創新、資訊媒體與技術等能力。

表二　學生分組報告

分組	主題	內容
第一組	《紅樓夢》經典人物介紹	1. 賈寶玉 他性格的核心是平等待人，尊重他人個性，主張各人按照自己的意志自由生活。 2. 林黛玉 從小體弱多病，極工詩詞，所作之詩文筆與意趣俱佳，故有才女之稱。 3. 薛寶釵 薛寶釵性格的複雜性，使她具有處事周到，辦事公平，關心人，體貼人的美好品格。
第二組	《紅樓夢》服飾之外顯書寫	1. 服飾的基本款式外觀 服飾外顯出人物之性別與身分尊卑 2. 服飾之內在書寫 透露出主體的性格、面對生活的價值態度 3. 服飾顯示的性格描述 服飾傳達人物內心的各種意識與感知 4. 服飾顯示的人物情感意涵 服飾藉飾物配件以傳情 5. 《紅樓夢》服飾之表演書寫 服飾設計的表演多樣化
第三組	《紅樓夢》飲食之生活寫實風貌	1. 飲食內容 食材來源：宮中賞賜、配合自然節氣、天候、生態的產品、季節性差異的產品等。 2. 飲食禮儀 貴賤尊卑之別、主子與奴才、用餐禮儀、座次安排等。 3. 飲食器具 餐具：水晶缸、纏絲白瑪瑙的碟子、白粉定窯的小碟子‧烏木三鑲銀箸等

分組	主題	內容
		4. 飲具 玻璃盞、琥珀杯、烏銀梅花自斟壺、海棠凍石蕉葉杯
第三組	《紅樓夢》之住所	觀園中五個院落式建築：大觀樓，瀟湘館，稻香村，蘅蕪苑和怡紅院。 瀟湘館——林黛玉住所 蘅蕪苑——薛寶釵住所 怡紅院——賈寶玉住所
第四組	《紅樓夢》之行踏	1. 乘車轎、馬匹或步行 賈家主子不只是外出乘輿轎，在偌大之府內亦可能乘坐小轎。 2. 賈府男性騎乘馬匹 賈府男性，出行時較多是以乘馬代步。

　　本課程是利用合作閱讀教學的自主學習，將全班學生分為四組，學習內容是以《紅樓夢》經典人物介紹、《紅樓夢》服飾之外顯書寫、《紅樓夢》之住所、《紅樓夢》之行踏等四部分，各組學生運用圖書館網路資源，進行學習資料的蒐集，並利用「面對面互動」、「反思和分析」等技巧來培養團隊合作精神。教師的角色主要在課前的引導，課程進行中的聆聽，課堂上學生的互動，探討學習才是主軸。

表三　影片介紹、教材主題摘錄與分析

https://www.youtube.com/watch?v=iHlQ7EFA7SM

影片介紹	主題摘錄	分析
元妃省親	元妃乃命筆硯伺候，親拂羅箋，擇其喜者賜名。因題其園之總名曰：「大觀園」，正殿匾額云：「顧恩思義」，對聯云：「天地啟宏慈，赤子蒼生同感戴；古今垂曠典，九州萬國被恩榮。」又改題：「有鳳來儀」，賜名瀟湘館。「紅香綠玉」，改作「怡紅快綠」，賜名怡紅院。「蘅芷清芬」，賜名「蘅蕪院」。	在《紅樓夢》第十八回「皇恩重元妃省父母，天倫樂寶玉呈才藻」中描述賈府長女賈元春被選進宮冊封為賢德妃後的省親別墅大觀園，其多處建築由元春省親時親自賜名
劉姥姥嬉遊大觀園	李紈端了一碗放在賈母桌上，鳳姐兒偏揀了一碗鴿子蛋放在劉姥姥桌上。賈母這麼說聲「請」，劉姥姥便站起	在《紅樓夢》第四十回描述劉姥姥進大觀園進屋吃飯生動有趣的情節。

影片介紹	主題摘錄	分析
	身來，高聲說道：「老劉！老劉！食量大如牛，吃個老母豬不抬頭！」說完，卻鼓著腮幫子，兩眼直視，一聲不語。眾人先是發怔，後來一想，上上下下都哈哈的大笑起來	飲食深繫著小說人物生活的每一個層面，因此能更容易深入人物生活的私密處。
黛玉葬花	花謝花飛飛滿天，紅消香斷有誰憐？遊絲軟系飄春榭，落絮輕沾撲繡簾。閨中女兒惜春暮，愁緒滿懷無釋處；手把花鋤出繡簾，忍踏落花來複去？…… 爾今死去儂收葬，未卜儂身何日喪？儂今葬花人笑癡，他年葬儂知是誰？試看春殘花漸落，便是紅顏老死時。一朝春盡紅顏老，花落人亡兩不知！	在《紅樓夢》第二十七回中描述林黛玉吟誦出〈葬花詞〉，共五十二句，三百六十八字。黛玉憂愁多思，葬花也是另一種對自己的愛惜與對現實生活無奈的感慨。
《王熙鳳大鬧寧國府》	甯國府賈敬迷信仙術，因汞丹中而亡，其子賈珍之妻請弟媳王熙鳳操辦喪事，又請尤老娘、尤二姐、尤三姐來幫忙。熙鳳之夫賈璉見二姐美貌，遂與其私會，並私自納其為妾。三姐不滿二姐行為，整日憂愁，終自刎而死。熙鳳設法支走賈璉，將二姐誘到大觀園住下，表面對其極好，私下卻指使婢女故意刁難。賈璉又納秋桐為妾，熙鳳又慫恿秋桐與二姐爭風吃醋。二姐深感生活艱難，萬般無奈，吞金而亡，一縷香魂追隨三姐而去。	劇情改編自《紅樓夢》，情節主要描述賈府公子賈璉以一個有婦之夫的身分在外另結新歡尤二娘，然而元配王熙鳳得知後決定展開報復，最後復仇成功的故事。

本階段的自主學習是學生觀看教師所錄製的四段影片，一是元妃省親，二是劉姥姥嬉遊大觀園，三是黛玉葬花，四是《王熙鳳大鬧寧國府》。經由影片的欣賞，更能體現大觀園內亭臺樓閣的富麗堂皇，封建禮制的繁瑣，豪華盛宴的排場。「黛玉葬花」一段影片，反映出林黛玉的多愁善感，也彰顯了她孤芳自賞，不願向現實低頭的孤傲性格。「一朝春盡紅顏老，花落人亡兩不知」令人慟絕，竟成為寶黛之間愛情結局的讖語。「明媚鮮妍能幾時，一朝飄泊難尋覓。」此句預示了賈家各人的最終命運和衰落，也說明了人生於世，沒有人能夠永遠處於巔峰狀態，在遭受各種困境的歷練，可能會居無定所四處漂泊。曹雪芹以細膩寫實的文筆與一生血淚的經歷，寫下感人肺腑的巨著，全書高潮迭起，寓意深遠，受到中外讀者的喜愛，更造成紅學的炫風及潮流。

表四　課文摘錄與分析

	課文摘錄	分析
經典人物介紹	「面如敷粉，唇若施脂，轉盼多情，語言常笑。天然一段風騷，全在眉梢；平生萬種情思，悉堆眼角」。	《紅樓夢》第三回中描述賈寶玉出場時，小說曾以林黛玉的視角描寫他賈府中下人稱其寶二爺，在大觀園詩社中又有別號怡紅公子、絳洞花王、富貴閒人。
經典人物介紹	兩彎似蹙非蹙籠烟眉，一雙似喜非喜含情目。態生兩靨之愁，嬌襲一身之病。淚光點點，嬌喘微微。嫻靜似嬌花照水，行動如弱柳扶風。心較比干多一竅，病如西子勝三分。	《紅樓夢》第三回中曾描述林黛玉的外貌，黛玉憂愁多思，弱柳扶風，同時喜愛詩書，頗有詠絮之才，具有詩人的特質。
服飾之外顯書寫	先就看見薛寶釵坐在炕上做針線，頭上挽著漆黑油光兒，蜜合色棉襖，玫瑰紫二色金銀鼠比肩褂，蔥黃綾棉裙，一色半新不舊，看去不覺奢華。	在《紅樓夢》第四回描述薛寶釵的服飾，就充分體現「因人裁衣」的特色，讓不同性格的人物，就在他們的服飾上折射出不同的性格風貌
飲食之生活寫實風貌	李紈端了一碗放在賈母桌上，鳳姐兒偏揀了一碗鴿子蛋放在劉姥姥桌上。賈母這麼說聲「請」，劉姥姥便站起身來，高聲說道：「老劉！老劉！食量大如牛，吃個老母豬不抬頭！」說完，卻鼓著腮幫子，兩眼直視，一聲不語。眾人先是發怔，後來一想，上上下下都哈哈的大笑起來。	在《紅樓夢》第四十回描述劉姥姥進大大觀園進屋吃飯生動有趣的情節。飲食深繫著小說人物生活的每一個層面，因此能更容易深入人物生活的私密及瑣碎之處。

　　《紅樓夢》是我國經典名著，全書塑造許多生動鮮活的藝術形象，包括：賈寶玉、林黛玉的人物形象、服飾之外顯書寫、飲食之生活寫實風貌等。從上述片段的選文中，曹雪芹塑造了一群個姓鮮明的人物形象，他們各有所長，例如：林黛玉善良專情但又愛耍小脾氣，賈寶玉的直率卻又有些隨心所欲。作者透過劉姥姥的見聞與感受，引領讀者由旁觀者的角度去了解大觀園中豪華、奢侈的生活樣貌，具體而鮮明的映照出兩個貧富懸殊的世界。另一方面，作者也透過對人物動作、對話的生動描寫，將沒見過世面的村婦劉姥姥刻劃得栩栩如生：由於長期的生活磨練與人生體驗，表現出樸實淳厚，卻善體人意、靈巧機智的人格特質。作者融合生活的情節，運用比較分析的方法，從多個側面分析人物特色，以凸顯書中每個人物不同的個性，讓學生可以深刻體現書中的思想意涵，刻劃細膩的藝術手法，耐人尋味的情節佈局，以提升學生學習興趣。

表五　合作閱讀教學分組報告評分及建議表

組別	日期（星期）／時間 主題／作者	負責內容表現
		資料搜集表現：優□　尚可□　有待改進□
		PPT 製作表現：優□　尚可□　有待改進□
		上臺講解表現：優□　尚可□　有待改進□
建議事項		

　　經由分組報告評分及建議表分析，可以了解學生在搜集資料與 PPT 製作方面，是否能夠運用合作閱讀教學法融入經典閱讀教學，以培養學生主動探究的學習態度，學生在搜尋圖書館網路資源與充分熟悉古典小說內容，分析整理相關資訊後，將報告主題製作成 PPT。各小組上臺的講解表現，可以體現學生團隊合作的精神，進而提升學生創新能力和交流合作能力，充分發揮合作閱讀教學的功效。

表六　閱讀學習單

1

【閱讀學習單】			
科系：地生系	學號：U10510020	姓名：張家瑜	分數
主題	紅樓夢		
心得	紅樓夢是中國古典小說的巔峰之作，長達一百二十回。有別於明清兩代著名章回小說的四大奇書，它是一部世情小說，在當時的許多小說是承襲前代作品而來，就是以史料、鬼神為主，很少有描寫宦官之家的生活，紅樓夢卻能獨創一格，從眾多名書中脫穎而出，位列清朝章回小說之名著，並千古流傳成為必讀經典，想必有它的魅力及值得探究的部分吧！ 　　紅樓夢為一部背景架空的長篇章回小說，裡面除了為人所熟知的林黛玉、賈寶玉、薛寶釵之外，還包括王熙鳳、賈母、迎春……等眾多角色，他們每個人都有自己的思維及性格，在這富麗堂皇的賈府中，演譯著他們華麗卻淒涼的一生。 　　小時後接觸紅樓夢時，經常會為了書中的大量人物所困惑，但每經過一段時間去重新讀過，總能有新的體悟，裡面的人、事、物、時，所		

用的筆法都很細膩。在人物方面，它不僅寫出了那人的樣貌，還巧妙利用人物本身和他人互動的關係，來表現出該人物栩栩如生的形象，其中我一直最喜歡主角林黛玉。

林黛玉，她聰明絕頂又伶牙俐齒，貌美而氣質不凡，卻總是多愁善感，在葬花一環節中便可知曉，但不善與人交際，只能孤芳自賞，最終落得孤苦悲涼的結局，然而如今再想，她的自卑自憐，造就了她一生她的結局，若是她能為了寶玉，為了他們的愛情，勇敢一回，不在意他人的眼光及想法，破除封建社會的束縛，或許結局便不會如此淒涼。但也是因為從作者的安排中，看出她對寶玉的一片真心，以及帶有缺憾的美，不完美的美。

在作者的安排下，賈府最終窮困潦倒，黛玉吐血離世、寶玉出家，其它人物也少有善終，結局竟如此悲涼！看著龐大的賈府一步步走向衰亡，難道人世間的男歡女愛、榮華權勢，何嘗不是鏡花水月如夢一般？

2

【閱讀學習單】			
科系：史地系	學號：U10504003	姓名：張華玲	分數
主題	元妃省親		
心得	元妃省親，在紅樓夢中，篇幅不大，但是卻是賈府中最重要的事件之一。 藉由元春晉升為賢德妃，被賜回家省親，賈府的權勢達到了高峰。透過這部元妃省親的橋段影片，可以看出整個元妃省親的過程，體現了封建社會下，尊卑貴賤，禮法制度的情形，而在此光鮮亮麗的外表下，整個元妃省親的事件中，也籠罩在悲涼的狀態下，暗示了日後賈府的衰敗，而在影片中，吸引我的目光的則是那看似突兀，實際上卻有著深遠意義的沙漏，沙漏，代表著時間的消逝與迫近，代表著元妃省親的活動即將進入尾聲，心中除了充滿依依不捨之情，也充滿著想戀之情。 在我們生活當中，沙漏、時鐘、手錶，都是時時刻刻地提醒我們，每一分每一秒都在與時間競賽，而我們，終究追趕不上時間那靜悄悄的溜走，我們只能頭也不回的往前看，向前走，儘管走過的路是多麼的美麗；儘管經歷的一切是多麼的扣人心弦，時間，最終仍然毫不留情的繼續流逝，時針、分針、秒針一刻不停歇，讓我們體認到時間與享受當下是彌足珍貴的奢侈與幸福。		

從上述摘錄二篇學生的閱讀學習心得，可知《紅樓夢》這部小說，不僅可以當做小說來欣賞，也可以把它當做研究的題材。如果純就欣賞的角度而言，書中複雜的人物個性及精采的情節安排，優美的辭藻，華麗的場景盡收眼底，所蘊含的人生哲理，更是耐人尋味，令人難以釋懷。若把它當做研究題材，例如、劉姥姥進大觀園，取之不盡，用之不竭的寶藏，令人大開眼界。舉凡其內容述及之建築、食物、藝術、衣飾、醫藥、俚語等洋洋大觀。甚至作者的背景、小說的版本以及思想內容等，皆可供有志於文學者深入研究。因此紅樓夢是一部欣賞與研究皆適宜的作品。不僅可以怡情養性，對文學有興趣的人，讀了《紅樓夢》之後，不論對於寫作或批評，皆有十分重大的助益。《紅樓夢》問世後，以其深入的思想意蘊與精湛的藝術魅力，震撼著一代代讀者的心靈，產生了跨越時空的巨大的影響，在學術研究領域形成了聲勢浩大的「紅學」，這足以說明《紅樓夢》所具備的藝術價值。

綜合上述，可知「知識的分享」對學生而言，同儕之間互切磋、共琢磨的影響力，不亞於老師在課堂上的講解，不過要採用「合作思考教學法」的老師必須要非常熟悉此教學法的基本原理、教學流程、答問技巧及教室管理技巧，以免反而減少了學生的學習時間。（李珀，1998）《紅樓夢》書中有句話說：「世事洞明皆學問，人情練達即文章」，透過廣泛閱讀，觀摩名家作品，可以提升學生創意思考的能力。《禮記‧學記》上說：「獨學而無友，則孤陋而寡聞。」同儕間筆硯相親的學習，不僅可以發揮團隊精神，在觀摩學習中，分享學習經驗與心得，進而傳播資訊，由此可見，合作閱讀教學可以說是一舉數得的教學方式，值得推廣。

四 結論與建議

綜合上述研究結果，提出本研究之結論與建議。

（一）結論

教育是引導學生發展，並經由老師及同儕的互動，建構學生的心理能力，使學生達成高一個層次的心理發展（張世忠，2003）。在二十一世紀的教學理念中，美國教師將「4Cs」融於活動和任務設計中，鼓勵學生合作共享，取長補短，發揮每個人的長處和優勢，這的確是新世紀重要的教育理念。英國生物學家達爾文（Darwin，1809－1882）曾說：「最有價值的知識是關於方法的知識。」的確，在資訊科技文明日新月異的時代，各級學校的教材內容也需要不斷的發展與創新，掌握住良好的教學方法，也就是掌握住開啟新時代智慧的鑰匙。茲略述運用合作閱讀教學，足以促進學生學會應對二十一世紀學習的能力，如下：

1 增進批判性思維和問題解決能力

　　學者洪文東（2000）提出「問題解決能力」須具備：創造思考、批判思考和推理思考。學生在小組中學習到的是互相協助與關懷，而不是彼此競爭，教室成為學習、討論、互相成長的地方。（張世忠，2003）其目的除了讓學生具備基本知識外，也期待學生在閱讀的過程中能夠比較分析其異同，甚至進行反省批判，以增進批判性思維和問題解決能力。

2 加強資訊媒體與技術能力

　　網路環境應用合作學習，主要是在科技界面下發揮人文互動的效果，促進網路互動與協助參與的功能。（孫春在、林珊如，2007）利用網路傳遞訊息，利用影片的欣賞讓學生有身歷其境的感受。凡此種種，都會使得現行的教育系統產生極大的變化。如何結合學校圖書館的網路資源與影片的欣賞，來推動合作學習教學策略，乃是擴大學生學習領域、增進自主學習能力、啟發閱讀興趣的基石。

3 提升學生閱讀理解和創新能力

　　在合作學習的團體運作裡，教師只為學生提供協調與諮詢，小組成員成為彼此資訊提供及分享的對象，藉由小組成員共同達成任務的互動過程中，互相刺激鼓勵，達到澄清和建構彼此概念的目的。（郭英彥，2007）。Roth 和 Roychoudlury（1993）亦認為透過小組溝通與辯論的過程，學生可以重塑自己的概念架構（conceptual framework）和知識體系（knowledge system），以促成概念的改變，達到有意義的學習。的確，透過師生的互動和溝通，可以提升學生的閱讀理解和創新能力。

4 提升學生人際關係和和交流能力

　　同學們除了課業的學習之外，還有一個很重要的功課就是建立良好的人際關係，人際關係思想，蘊涵著人與人之間，應盡的責任與義務，人與人之間的互動關係。合作學習課程活動是在小組之中完成，同學必須與其他同學有正向的互動，所以要試著用彼此能接受，甚至是喜悅的方式去溝通、討論，來解決共同的問題。要達到此一理想，必須具備兩個條件：其一是有語言上的表達能力；其二是有待人處事的基本社交技巧。這兩點均須在平常的教學活動中先行養成。（蔡姿娟，2004）足證良好的人際關係，可以增進學生的交流能力和合作能力。

　　美國歷史學家亨利、亞當斯說：「只要懂得如何學習，就有足夠的知識。」一個情緒智商高的人會有自制力、多元觀點的能力、解決問題的能力、溝通的能力、團隊合作的能力、表達的能力、領導的能力、創造力，且其人際關係也會更和諧，這樣的人就是

21世紀所需要的人。為因應時代的挑戰與衝擊，培養學生學會應對二十一世紀學習的能力，已成為前瞻未來，領航知識世紀的核心任務。因此，學校教育要全面推展學習型組織，引導學生利用合作學習的教學方式，培養學生擁有「4Cs」的學習能力，並積極推動全民閱讀運動，以提昇知識競爭力。

（二）建議

1. 有「現代物理學之父」之譽的愛因斯坦（德語：Albert Einstein, 1879-1955）曾說：「提出一個問題往往比解決一個問題更重要」的確，面臨跨世代的文化視野，讓學生在學習中活動中，思考、應變，發覺問題，再與小組、分享交流不同的看法，可以提升學生的思辨能力。跨越時空，不同世代思維模式的文化，可以啟發學生豐富的想像力與創造力，進而培養學生終身學習的能力。這是當今各級學校在推動經典閱讀教學，值得關切的議題。

2. 孔子說：「三人行，必有我師焉，擇其善者而從之，其不善者而改之。」（《論語‧述而篇》），又強調「獨學而無友，則孤陋而寡聞」（《禮記‧學記》），說明朋友之間互相的切磋琢磨，可以使學業品德日益精進。而且合作學習不但可廣泛的運用於各年級、學習階段、不同學科及學習任務，同時也可增進教學效果，包括認知、情意和技能各方面的學習成效（Panitz, 1999；Slavin, 1995）。

3. 經由《紅樓夢》一書的合作閱讀教學，不應侷限於原典文意的詮釋、作者生平事蹟的介紹、人物個性的描述，建築、園林、食品、茶飲、醫藥、服飾等文化知識都是延伸閱讀的重要範疇。《紅樓夢》一書融攝古文、歷史、心理學、社會學、哲學等多元範疇，透過古典小說的閱讀教學，可以引領學生開啟古典文學的堂奧，在作者嘔心瀝血的智慧結晶與經典話語中，開拓學生的新視野，陶冶其閱讀品味。

4. 建構多元化教材及學習環境，是實施資訊融入教學之基石，透過教學平臺的聯結、線上討論的應用來打破僵化的傳統教學方式（邱子修，2009）。整合性的資訊系統，有著融合教育與生活的能力，統整各類學科，藉著電腦的輔助，以激發學生的好奇心及創造力。

5. 英國偉大的物理學家牛頓（Newton，1643-1727）曾說：「我可以比別人看的更高更遠，是因為我站在巨人的肩膀上」，足證合作學習可以培養學生尊重關懷與團隊合作的精神，進而提升宏觀的視野與解決問題的能力，。

　　因此，每位教師應先調整自己的學習觀和知識觀，引導學生成長及發展，透過小組的合作，從事知識的分享與建構，並學會負責的態度，以求新求變的信念，來提高學校教育的品質，使每位莘莘學子在快樂的學習環境中茁壯成長。

參考文獻

中文部份

王碧惠　《合作學習對國小自閉症兒童合作技巧之成效研究》　臺北市　臺北教育大學特殊教育學系碩士論文　2007年

李　珀　《合作思考教學》　臺北市　臺北市教育局　1998年

邱彥瑄　《教育研究2007年15期》　頁147-158　2007年

洪文東　《從問題解決的過程培養學生的科學創造力》　屏師科學教育　11　2000年頁52-62。

徐新逸　如何利用網路幫助孩子成為研究高手？網路專題式學習與教學創新　臺灣教育607　2001年　頁25-34。

張世忠　《建構取向教學──數學與科學》　臺北市　五南圖書出版公司　2003年

郭英彥　國小自然與生活科技領域實施合作學習之行動研究　中原大學教育研究所碩士論文未出版　桃園縣　2007年

蔡姿娟　〈合作學習教學法對高三學生英文閱讀理解及態度之效益研究〉　《國民教育研究學報》第13期　2004年　嘉義大學國民教育研究所，2004年　頁266

孫春在、林珊如　《網路合作學習：數位時代的互動學習環境、教學與評量》　臺北市心理　2007年

天下雜誌　263期　2002年11月15日

網路展書讀──中華典籍網路資料中心──紅樓夢網路教學研究資料中心　http://cls.admin.yzu.edu.tw/hlm/HOME.HTM

《紅樓夢人物簡介》　http://www.hkliteraturefestival.org.hk/literary/open/0005/role01.htm

英文部份

Panitz, T. (1999). The motivational benefits of cooperative learning. New Directions for teaching and learning, 78, 59-67.

Roth, W.M., & Roychoudhiry, A. (1993). The concept map as a tool for the collaborative learning of knowledge：A microanalysis of high school physics students. Journal of Research in Science Teaching, 30, 503-534

Slavin, R. E. (1995). Cooperative learning : theory, research, and practice. Englewood Cliffs, NJ: Prentice-Hall

S.S.Liaw,G.D.Chen,andH M Huang,” (2008) S. S. Liaw, G. D. Chen, and H. M. Huang,”

Users' attitudes toward Web-based collaborative learning systems for knowledge management". Computers & Education, 50, pp.950-961. 2008

美國聯邦教育部在二〇〇七年制定了《21世紀技能框架》網址：https://kknews.cc/zh-tw/education/o54lb6.html

古典文學在國際教育中的思維與教學

——以國際文憑組織大學預科中文A課程為例

蕭士軒

東吳大學中國文學研究所博士研究生，現任康橋國際學校（Kang Chiao International School）專任教師

摘　要

國際文憑組織（International Baccalaureate Organization, IBO）一九六八年創立於瑞士日內瓦。五十年來，開發出一系列具有挑戰性的國際教育項目和嚴格的評估制度。自一九八八年開始，國際文憑組織大學預科項目（Diploma Programme, DP）將中文課程納入第一學科組，規劃語言 A 及語言 B（母語非中文）兩種課程。二〇一三年起，語言 A 課程改制為「語言與文學」（Language and Literature）、「文學」（Literature）依學生程度各分為普通（Standard Level）高級（Higher Level）課程，滿足了全球 IB 學生學習中文的需求。

中文 A 課程以批判性思考（Critical thinking）為核心概念，並在「當地」和「全球」的情境中展開教學，架構出同時具備全球化及中國文化特質的文學及語言課程。教師參照 IBDP 官方指南（Guide Book）建議進行課程設計，需依不同時期、不同地區、不同種族、不同性別的作家，精選數種不同文類的文本，對全本文獻進行深入的閱讀與反思。

中文 A 課程將古典文學列為重點課程範疇，因古典文學對於理解歷代社會背景與文化傳承具有基礎性、啟發性及積極性的作用，故要求學生深入探究文本核心創作的理念，觀照其中所傳達的「情」與「志」何以跨越時空，形成古今思想上的差異，進而理解，產生共鳴；同時，在多元文化語境（context）中，利用古典文學的特質，比較評述各類文化及文本，觀察共通性與異質性，並通過對多元文化的理解和尊重，培養文化融合（Cultural Integration）以及跨文化溝通（Intercultural communicative competence）的能力。

關鍵字：國際文憑組織、IBDP、漢語教學、跨文化教學、文化融合

一　前言

國際文憑組織（International Baccalaureate Organization, IBO）一九六八年創立於瑞士日內瓦。五十年來，開發出一系列具有挑戰性的國際教育項目和嚴格的評估制度。自一九八八年開始，國際文憑組織大學預科項目（Diploma Programme, DP）將中文課程納入第一學科組，規劃語言 A 及語言 B（母語非中文）兩種課程。二〇一三年起，語言 A 課程改制為「語言與文學」（Language and Literature）、「文學」（Literature）依學生程度各分為普通（Standard Level）高級（Higher Level）課程，滿足了全球 IB 學生學習中文的需求。

中文 A 課程以批判性思考（Critical thinking）為核心概念，並在「當地」和「全球」的情境中展開教學，架構出同時具備全球化及中國文化特質的文學及語言課程。教師參照 IBDP 官方指南（Guide Book）建議進行課程設計，需依不同時期、不同地區、不同種族、不同性別的作家，精選數種不同文類的文本，對全本文獻進行深入的閱讀與反思。

中文 A 課程將古典文學列為重點課程範疇，因古典文學對於理解歷代社會背景與文化傳承具有基礎性、啟發性及積極性的作用，故要求學生深入探究文本核心創作的理念，觀照其中所傳達的「情」與「志」何以跨越時空，形成古今思想上的差異，進而理解，產生共鳴；同時，在多元文化語境（context）中，利用古典文學的特質，比較評述各類文化及文本，觀察共通性與異質性，並通過對多元文化的理解和尊重，培養文化融合（Cultural Integration）以及跨文化溝通（Intercultural communicative competence）的能力。

二　國際文憑組織 IBDP 中文課程教育理念與規劃

國際文憑組織（International Baccalaureate Organization, IBO）創辦於一九六八年，為一群日內瓦國際學校教師為解決該校學生面臨之升學問題所提出的教學計劃，同時須滿足學生全球移動學習型態的教育需求，破除各國教育制度的藩籬與落差，建立一套可適應全球化、尊重在地化、利於全球化多元學習、廣為世界各國大學所接受標準文憑制度。國際文憑組織最早設立時，只有針對11與12年級（即臺灣的高中二年級與三年級）所規劃的 DP（Diploma Programme）大學預科課程，至一九九四年開始發展 MYP（Middle Years Program）中學課程；最後於一九九七年導入 PYP（Primary Years Program）小學課程，建立起十二年一貫的完整的國際教育體系。發展至今，全球共有四千九百九十六所 IB 認證學校，參與學生超過一百三十萬人[1]，是現今全世界最大的國際教育組織。

1　本統計資料截止日為二〇一八年一月底，參見 IBO 國際文憑組織官方網站 http://www.occ.ibo.org/

　　國際文憑組織規定通用之「工作語言」（Working Languages），主要為英語、法語、西班牙語。對於不同層度上的業務與課程支援，會提供包含日語、阿拉伯語、印尼與華語等語系的「拓展語言」（Access Languages）服務，提供官方相關工作與教育文件，確保該教育體系中各校與國際文憑組織可密切交換意見及溝通，並及時提供所有課程所需服務。除上述官方制定之「工作語言」及「拓展語言」之外，國際文憑組織明確的規定所有參與該教育體系之世界各地區學校，都需要制定符合該校所在地區之「專屬」語言政策，即是除了可運用於業務及課程交流的官方語言外，各校皆可視所在地教學需求，教授本國母語，並與數種官方語言，以及學生有興趣選修之各類語種課程，組成該校之語文教學政策，並以此發展出符合國際文憑組織要求之語文教學系統。

　　為何國際文憑組織如此重視各校須有專屬之語文政策？國際文憑組織的學習架構中，有特別提出各科教學必須在「全球情境中展開」，亦即在全球化的架構下，鼓勵學生向世界不同文化體系所發展出來的人文、藝術、科學等各類學科成果探索，成就開闊胸襟與智慧的青年。但在全球情境的課程中，國際文憑組織並非要求所有參與的學校必須全然遵守「全球化」的「共性」，而是期盼保留各地區各校的「特性」，即是尊重各國、各民族及各地區文化保存專屬的特質，並應由「本地」為基礎，再接納國際文憑組織之學習架構，形成兼容本地與國際化特色的課程。

　　國際文憑組織大學預科課程（IBDP）學生，依規定必須選修六大學科[2]，然而六大學科中，關於語言學習的部分，鮮少有官方提供之教材與參考資料，而自然及社會類學科都有提供數套教材，可滿足教師授課及學生學習的需求。有如此的差別主要是因為自然科學、社會科學學科，具備全球同步發展的特性，可以在一定程度上制定共通的標準進行教學。但語文學習有各地區民族特殊文化背景與質性，語法使用之慣性，文字型態及運用的特性，IBDP 必須為各語文課程保有一定程度的教材自選權力，使 IBDP 語文教師遵守官方提供之課程大綱架構的前提下，自行決定教材選擇、課程難易度及進度的規劃。如此開放式的課程，除了考驗教師本質學能的展現與對 IBDP 教育核心價值的理解與運用、沉浸並融合於課程教授之外，更讓學生在此課程中對自我身處的文化環境有深層的認識與理解，強化自我文化價值認同，找尋在世界舞臺的定位與立足點，方能在全球化教育體系中接納多元文化。這樣的願景與擘劃，正是國際文憑組織對於各民族文化尊重的體現。

　　IBDP 語文教學政策，為滿足世界各地不同程度的學生，有相當多元的選擇，以中文課程為例，課程規劃如下：

2　國際文憑大學預科課程（curriculum）設置於六大學科組（Subject groups），包括：語言和文學研究（Studies in Lnguage and Literature）、語言習得（Language Acquisition）、個人與社會（Individals and Societies）、科學（Sciences）、數學（Mathematics）以及藝術（The Arts）。學生必需從組別一至組別五中各選一門「科目」（course）學習，再從組別六選擇一門藝術科目或是再從前面五組中任意選擇一個課程作為第六個科目研讀。

表一　IBDP 中文課程規劃

學科組類別	課程名稱	課程等級	說明
第一學科組	中文 A：文學 Chinese A: Literature	高級課程 Higher Level	母語為中文且僅全英文授課時間不足三年者
		普通課程 Standard Level	
	中文 A：語言和文學 Chinese A: Language and Literature	高級課程 Higher Level	母語為中文且僅全英文授課時間不足三年者
		普通課程 Standard Level	
	中文 A：文學與表演藝術 Chinese A: Literature and performance	普通課程 Standard Level	跨學科課程，結合中文文學和藝術科目
第二學科組	中文 B Chinese B	高級課程 Higher Level	愛好及了解部分中國文學的外國學生
	中文 B Chinese B	普通課程 Standard Level	愛好中文的外國學生
	中文 Ab initio	初級課程 initio	針對外國學生學習入門漢語者

　　由上表可知，IBDP 的語文課程規劃相當豐富，是學生的程度與興趣安排不同難度的課程，除了可避免學生在未分程度的學習環境中遭遇不可突破的困難與挫折，亦可維繫學習中文的興趣與熱情，同時，無論是修習第一學科組或第二學科組的文學課程，皆需要與其他學科的學習環環相扣，與時俱進；最主要目的在於培養學生成為具有宏觀國際視野的學習者，更期望學生具備優異的閱讀與分析能力，運用於跨領域課程中，養成主動研究、發掘問題與批判性思考的學術智慧。

　　IBDP 對於語文課程規劃上採取開放自由的態度，除提供語言習得的「指南」[3]，與《大學預課中教學與學習方法》[4]外，另提供課程教材選擇建議之《中文 A 指定作家名單》[5]以及《指定翻譯文學作品目錄》[6]。由於官方僅「建議」教師的教學規畫作為，不

3　Diploma Programme, *Language A: Literature Guide*, *Language A:Language and Literature Guide*, *Language B: Literature Guide*, First Examinations 2015, International Baccalaureate Organization, 2013.

4　Diploma Programme, *Approaches to teaching and learning*《大學預課中教學與學習方法》International Baccalaureate Organization, 2015.

5　*Chinese A Prescribed List of authors*, International Baccalaureate Organization, 2011.

會對課程遂行細節做過度干涉，因此，IBDP 語文課程執行順利與否、學生最後取得的學習成果，是相當仰賴教師之專業知識比重相當高。即便課程開放性高，但所有的課程設計核心理念及授課，都必須依循下列 IBDP 所規範之六大教學原則完成教學活動：

1. 要基於探究
2. 要注重對概念的理解
3. 要在當地和全球情境中開展
4. 要注重有效的團隊合作與協作
5. 要開展因材施教，以滿足所有學習者的需要
6. 要通過（形成性和總結性）評估獲得信息反饋[7]

上述六項教學原則，代表著 IBDP 的文學教師，必須相當程度的「知識背景」與「研究能力」，引領學生用「探究」與「理解」的學習精神，並把課程施行的概念場域設定於全球化學習的概念中，並要求學生培養團隊合作的精神，發揮有效率的協同學習與研究，方能獲得真正的知識底蘊。

　　另外，IBDP 的文學教師，必須滿足所有學習者的需求。由於學生申請 IBDP 課程，學校有專責單位與學習顧問可以保留評估是否核准的權力，但不可斷然拒絕學生申請課程的期望，所以，在課程進行中，教師必須「隨時」評估學生的學習狀況與效能，給予適當的協助與建議，並且在同一課程中，經由與學生討論與對話、測驗與論文寫作，評估學生的特質與專長、學習弱項等，協助不同特質的學生在同一課程中，獲得學習上相對應的成就，並期望修習過 IBDP 文學課程的學生，具備符合國際文憑組織使命宣言中，對其教育目標所言：「培養勤學好問、知識淵博、富有愛心的年輕人，他們通過對多元文化的理解和尊重，為開創更美好、更和平的世界貢獻力量。[8]」

　　本文討論之焦點集中在 IBDP 中文 A 課程，而該課程又分為「文學」及「語言與文學」；此二課程又依學生語文程度不同，分為普通課程（Standard Level）及高級課程（Higher Level）二類。「文學」課程較著重於學生在不同時期、不同地區及不同作家的文學作品學習中，獲得進階的語文能力培養及運用，更期望學生能體悟人生，進而培養美感、情感知能等能力，亦通過作品認識多元文化，並產生對周遭自然、世界與環境的關懷之情。而「語言與文學」課程則略減文學作品的選讀，增加語文運用的題材，訓練

6　*Prescribed literature in translation list*, International Baccalaureate Organization, 2001.

7　Diploma Programme, *Approaches to teaching and learning*《大學預課中教學與學習方法》International Baccalaureate Organization, 2015, P17.

8　Diploma Programme, *Language A: Language and Literature Guide*, First Examinations 2015, International Baccalaureate Organization, 2013, P iv.

學生曾在與時俱進的時代潮流中，將文學的精神與技巧，融合並運用不同的媒材與手法表現。表二為「文學」及「語言與文學」課程內容大要比較：

表二　IBDP 中文 A「文學」及「語言與文學」課程規劃比較

語言 A：文學		語言 A：語言與文學	
普通課程（SL）	高級課程（HL）	普通課程（SL）	高級課程（HL）
第1部分：翻譯作品		第1部分：文化背景／語境中的語言	
學習2部作品，均出自指定翻譯文學作品目錄	學習3部作品，均出自指定翻譯文學作品目錄	與高級課程相比，為達至學習目的所選擇的主題較少	與普通課程相比，為達至學習目的所選擇的主題較少多
第2部分：精讀作品		第2部分：語言與大眾傳播	
學習2部選自指定作家名單中的作品，體裁不同	學習3部選自指定作家名單中的作品，體裁不同（必須包括一部詩集或詞集）	同第1部分	同第1部分
第3部分：按文學體裁編組的作品		第3部分：文學—作品和背景／語境	
學習3部體裁相同的作品，均選自指定作家名單	學習4部體裁相同的作品，均選自指定作家名單	學習2部作品，其中1部出自指定翻譯文學作品目錄	學習3部作品，其中1或2部出自指定翻譯文學作品目錄
第4部分：自選作品		第4部分：文學—批判性研究	
學習3部作品，均自由選擇	學習3部作品，均自由選擇	學習2部選自所學語言 A 的指定作家名單	學習3部選自所學語言 A 的指定作家名單

　　由上表可知，「語言 A：文學」課程中，普通課程的學生應學習10部作品，高級課程的學生應學習13部作品。「語言 A：語言與文學」課程中的第1與第2部分，普通課程至少選擇3個語言主題；高級課程至少選修4個語言主題。雖然「文學」課程似乎較「語言與文學」需修習的書籍較多，但因為「語言與文學」課程需加入不同的語言及文字應用課程，難度不亞於文學課程，其複雜度更勝於文學課程。

　　IBDP 中文課程，較不侷限於對字詞義的認知、閱讀與表達等基礎能力的獲得與進階學習，更著重於學生在於「文本解析」後，從所接觸到的閱讀材料中，能否獲得「美感的經驗」、「多元文化理解」、「創作情境感知」以及「批判性思考」等高層次的語言能力。相較之下 IBDP 課程設計較為著重於對於文本深層解讀，並深入理解作者時代背景，學思歷程及所在地區、年代、宗教、種族，加之以分析文化、語境、語義所建構的作品形式及創作背後意義及意識，且針對閱讀素養、邏輯思辯、宗教與民族融合（衝突）進行全面性探討。

三　IBDP 中文 A 課程中古典文學之價值與定位

　　國際文憑組織課程在尊重各地區學校所制定的語言（母語）政策下，必須讓全世界選擇中文 A 課程的學生們，在相同的課程規範中，有較為公正的評量標準完成學習。所以，為了避免有可能發生漫無目標的課程設計狀況出現，國際文憑組織為中文 A 課程提供了《中文指定作家名單》，以利教師在設計課程時參考之用。那古典文學在全球化教育系統的 IBDP 中文 A 課程中是否重要？可先從統計《中文指定作家名單》中古典文學作家與指定作品佔所有作品的比例來觀察：

表三　IBDP《中文指定作家名單》[9]中古典文學作家名單

詩詞（Poetry）			
作家（Author）	時期（Period）	作家（Author）	時期（Period）
屈原	先秦	李清照	宋
陶淵明	魏晉	陸游	宋
王維	唐	辛棄疾	宋
李白	唐	《詩經》	先秦漢魏晉
杜甫	唐	〈大風歌〉（劉邦）	先秦漢魏晉
白居易	唐	〈東門行〉	先秦漢魏晉
李商隱	唐	〈十五從軍行〉	先秦漢魏晉
柳永	宋	〈陌上桑〉	先秦漢魏晉
蘇軾	宋	〈孔雀東南飛〉	先秦漢魏晉
散文（Essay）			
作家（Author）	時期（Period）	作家（Author）	時期（Period）
孔子	先秦	韓愈	唐
老子	先秦	柳宗元	唐
孟子	先秦	歐陽脩	宋
莊子	先秦	蘇軾	宋
司馬遷	漢		
戲劇（Drama）			
作家（Author）	時期（Period）	作家（Author）	時期（Period）

9　*Chinese A Prescribed List of authors*, International Baccalaureate Organization, 2011.

關漢卿	元	洪昇	明
王實甫	元	孔尚任	明
湯顯祖	元		
長篇小說（Novel）			
作家（Author）	時期（Period）	作家（Author）	時期（Period）
羅貫中	元末明初	吳敬梓	清
施耐庵	元末明初	劉鶚	清
吳承恩	明	曹雪芹	清
中短篇小說（Short story）			
作家（Author）	時期（Period）	作家（Author）	時期（Period）
〈柳毅傳〉	唐	〈鶯鶯傳〉	唐
〈霍小玉傳〉	唐	《古今奇觀》	明
〈李娃傳〉	唐	蒲松齡	清

在《中文指定作家名單》中，「詩詞」部分共計三十八位作家，古代作家含佚名與指定作品共計十八位；「散文」部分共計三十位作家，古代作家九位；「戲劇」部分共計十二位作家，古代作家五位；「長篇小說」部分共計四十位作家，古代作家六位；「中短篇小說」部分共計三十位作家，古代作家六位。名單總計作家以及特別指定作品共計一百五十位，古代作家部分共計四十四位，約佔全體作家的百分之三十左右。

在滿足全球所有選擇修習中文A課程學生的學習需求下，推薦中文作家中，古典文學作品佔百分之三十，這樣比例是高還是低？就需要從學生原本的中文能力與教師課程設計慣性做判斷。IBDP中文A教導的學生並非全無中文基底者，如果是針對非華裔人種選修第二外語，或本身為不具中文基礎之華人，則建議選擇中文B的課程。這是IBDP中文A與對外漢語或華語文教學差別最大之處。因國際文憑組織本身有制定「母語權益政策」，其中明確規範全球參與國際文憑組織的學校，必須尊重所在地區大部分學生使用之語言，並開設相關課程。根據《中文A：文學指南》，對母語權益政策有這樣的描述：

> 提倡學生對母語文學遺產的尊重，這樣，雖然上課的教學語言不是其母語，但他們仍有繼續發展母語口頭和書面技能的機會。在大學預科項目中，該項政策通過語言A：文學課程體現出來有超過45種語言供學生選修，另外還有應學生特別要求而開設的語言課。對於普通課程，學生還可以選修獲得學校支持的自學課程，

　　這使盡可能多的學生能夠用他們的母語學習一門文學課程。[10]

　　這也就是說，學生要選擇中文 A 課程，就需要具備超過基礎等級以上的中文能力，而且國際文憑組織非常注重學生對於母語學習的持續性與程度上的進展，期望能達到以深入認識與理解自我文化為中心，拓展至多元文化融合的學習歷程與目標。

　　IBDP 中文 A 課程，教師依照國際文憑組織所提供的《指南》及官方參考資料，自行搭配選擇課程設計與授課要項，對於授課書籍選取的部分，含翻譯文學（指不同語言文學作品翻譯為中文）除 IBDP 規範各課程書籍數量不同外，須盡量遵守作者、年代、文體、性別、地區、種族、宗教等異質選擇規範，以期學生能藉由不同的作品，進行批判思考的訓練與反饋。但課程設計並未強迫規範古典與現代文學的選取比例，教授中文的教師們在設計課程時，雖囿於授課時間的緊迫及選書（文）數量的限制，但為了給予學生本國文學發展的歷史脈絡以及文體流變的國學知識，至少會選取「先秦散文」、「唐宋詩詞」與「明清小說」三類與近現代文學作為課程選材的搭配。以下為臺灣某國際學校針對 IBDP 課程所規劃的課程範例：

表四　IBDP 中文 A 語言與文學課程設計範例

Language A: language and literature				
	Higher level	**240 hours**	**Standard level**	**150 hours**
第一部分：文化背景／語境中的語言	1.語言與群體（民族／地區／次文化）	60 hours	1.語言與群體（民族／地區／次文化）	40 hours
	2.語言與社會關係（社會地位和行業地位、門第）		2.語言與社會關係（社會地位和行業地位、門第）	
	3.性別（不平等、男性氣質與女性氣質的構成）			
第二部份：語言與大眾傳播	1.勸說性語言的應用（廣告、呼吁）	60 hours	1.勸說性語言的應用（廣告、呼吁）	40 hours
	2.媒體體系（電視頻道、網路搜索引擎）		2.媒體體系（電視頻道、網路搜索引擎）	
	3.通俗文化		3.通俗文化	

---

[10] Diploma Programme (2013). Language A: Literature Guide, First Examinations 2015, International Baccalaureate Organization. P8.

	4.藝術與娛樂（廣播劇和電視劇、記錄片）			
第三部分：文學—文本背景與語境	易卜生《玩偶之家》	70 hours	易卜生《玩偶之家》	40 hours
	張愛玲《傾城之戀》		張愛玲《傾城之戀》	
	白先勇《臺北人》			
第四部份：批判性研究	魯迅《野草》	50 hours	魯迅《野草》	30 hours
	余華《活著》		余華《活著》	
	《詩經》			

表五　IBDP 中文 A 文學課程設計範例

Language A: literature				
	Higher level	**240 hours**	**Standard level**	**150 hours**
第一部分：翻譯作品	川端康成《雪國》	65 hours	川端康成《雪國》	40 hours
	哈潑・李《梅崗城的故事》		哈潑・李《梅崗城的故事》	
	易卜生《玩偶之家》			
第二部份：精讀作品	《論語》	65 hours	《論語》	40 hours
	張愛玲《傾城之戀》		張愛玲《傾城之戀》	
	白先勇《臺北人》		魯迅《野草》	
	魯迅《野草》			
第三部分：按文學體裁編組的作品	龍應台《野火集》	65hours	龍應台《野火集》	40 hours
	余華《活著》		余華《活著》	
	湯顯祖《牡丹亭》		湯顯祖《牡丹亭》	
	蘇軾《東坡詩集》			
第四部份：自選作品	依《中文指定作家名單》學生自選三部作品	45 hours	依《中文指定作家名單》學生自選三部作品	30 hours

　　以上列二表可知，中文 A 在學生11與12年級的兩年課程規劃中，高級課程（Higher level）學習總時數為兩百四十小時，普通課程（Higher level）則為150小時。但這僅是建議教師於本課程最基本的授課時間，只能多於此規定授課時數，以臺灣地區高中授課時數換算，每周節數約為五至六節課，亦因內容繁複，需閱讀的資料眾多，對學生學習及教師掌控教學節奏、授課內容深淺的調整上是極具挑戰的。

全世界選擇修習 IBDP 中文 A 課程的學生大多身處與雙語甚至於多語言的學習環境中，必須兼顧多種語言的學習，對於閱讀較不貼近現代語言語境（Linguistic context）的古典文學作品，學習上會有一定程度的困難，為何還需要在課程中保留一定程度的古典文學？從國際文憑組織制定的語言教學政策角度觀察，IBDP 在全球提供了超過四十五種的語言課程，但無論使用何種語言教學，都共同使用一本課程「指南」（Guide book），這代表的是在國際文憑的架構下，所有語言皆應一視同仁，無所謂孰強孰弱的爭議；同時，在全球化的浪潮中，為避免部分國家及地區遭受其他較強勢的經濟或文化體的侵略或同化，以致本身自古流傳的文化精粹面臨滅絕的危機。要求保留「古典文學」的學習項目，就成為對世界各民族文化及文學的尊重與保護的教育方針之一了。

綜述而言，古典文學在整個中文 A 課程中的比例，是相當適中的，教師可藉由較為開放的課程組合，調整古典與現代文學之間採納學習的比例，讓學生學習不同時期、不同作者、不同文類的作品，以達到均衡閱讀與思考的目的；而古典文學在中文 A 課程中，對於協助學生理解歷代社會背景與文化傳承，具有「學科認知的基礎性」、「文學思辨啟發性」及「文化認同積極性」三大重要作用，讓學生在學習過程中，能夠產生對自我國族以及文化更深層的認同與情懷。

四　古典文學於 IBDP 中文 A 課程中的教學與應用

人類歷史發展悠久，舉世之古文明，至今能流傳者，皆有文字之紀錄；而生命中之情志，則藉訴諸文學承載之。積歷代文學之成果，才成就今日中國文學博大精深，繁盛豐美的境界。文學類別者眾，古往今來作品作者多如繁星，如何藉由精確選擇且深入的課程設計，讓學生能建構自我的文學觀與思考體系，是國際文憑組織最重視的課題之一。

傳統中文教學中，「背誦」被視為培養語文能力的基本功，也是累積深厚文學、國學基底的訓練方式。參照臺灣、港澳及大陸地區高級中學以上的中文課程教材，採納綜合性、廣泛編納作家及作品的「課本」，濃縮數千年文學史上最精華的「片段」，務必使語文學習達到某種程度上的全面性。這樣的安排，其實可以讓學生被動的認識了許多文學名家的「單篇」名作，卻無法真正閱讀該作家整部的作品，對於作者的認識、作品的賞析、時代背景的了解變成片段式的學習，對於真正學習素養的培育，或多或少流於形式，而學生在學習的過程中，也被這些「課本」框限住了學習格局，無法培養綜觀全局的視野，也沒辦法累積學術與研究的能量，甚為可惜。

在 IBDP 中文 A 課程中，古典文學課程重視的，是對於文本的「詮釋」，亦即在教學過程中，教師必須站在引導的立場，並採取較中立的態度，教導學生在閱讀古典作品的過程中，如何利用不同的「詮釋角度」，重新認識作品。IBDP 中文 A 教材選擇，皆是以一部完整的作品為單位，可以是一本書，或是以二十首詩為一部作品，深入細讀，

求深不求廣，雖然與傳統中文教學以單篇作品數量取勝的學習模式比較起來似乎較「無效率」，但 IBDP 中文 A 課程期盼學生能於閱讀中除了培養知識技能外，更能夠在學習歷程中找到閱讀的樂趣與興趣，從一部作品的一位作家，成為探索文學世界起點，主動學習相關或類似文體的文本，養成持續閱讀並成就終身學習的熱情。

在 IBDP 中文 A 課程中的古典文學教學思維，即是要回歸到基本學習語文的初衷：學什麼、怎麼學、培養何種能力。這些語文學習的元素與授課教師有著密不可分的關係，從教案設計開始到教學遂行、成果驗收，都與教師的專業及態度有關，學生對於古典文學學習的動機與成果也肇始於教師引領。IBDP 中文教師，對採納於課程計畫中的古典文學文本必須深入理解，並反覆思考學生學習的需求，如何鍛鍊學生最終具備批判性思考。在這個過程中，教師必須跳出自身原有求學經歷與的學習框架，重新檢視 IBDP 中文 A 課程規範。在傳統文學的架構下運用創新的學習模式，甚至可以導入其他學科的研究與教學法，刺激學生思考古典文學在現今社會中存在的價值與影響，亦可找尋除了傳統定義的文學價值外，與現今社會各領域間的關聯，思索從古至今人類所面臨生命的挑戰與情感的抒發，是否因為時代變遷而有所差異或相似之處，使學生體認真正的生命意義。

學生所需達到之課程目標，教師依照預先制定的課程計畫，於課程進行中，隨時對學生施以形成性評量（formative evaluation）以及總結性評量（summative evaluation）觀察其學習歷程，利用分析（Analysing）、組織（Organizing）、創作文本（Producing text）、運用語言（Using language）等全面向測試指標，以及討論、辯論、角色扮演、閱讀、寫作和口頭表達等學習方法輔助，培養學生接納與探索古典文學之美的能力。

修習 IBDP 的學生，畢業之前必須參與國際文憑組織官方測驗，做最後的能力評核。測驗的目的在於評估學生是否已經具備 IBDP 課程訓練下應有的學術能力程度。中文 A 課程共有兩份紙筆測驗，皆採取開放式的問答；測驗題的設計，「試卷一」（PAPER 1）是利用學生完全沒有讀過的文本進行評析，而「試卷二」（PAPER 2）則是請學生根據試題中引導問答題，運用課程中已讀過的文本，進行闡述。以下為國際文憑組織二○一六年五月所舉辦的 IBDP 中文 A 課程官方測驗「試卷二」題目整理[11]：

---

11 IBDP 測驗中「試卷一」（PAPER 1）題目以節選受測學生於課程中未讀過之作品進行閱讀評析測試。普通課程則為兩篇選文，受測學生選擇其中一題，並依照「引導題」作答；高級課程由四篇選文組成兩組題目，受測學生選擇其中一組作答，需分析、比較，評論二文之間的相似與差異，以及其相關背景、讀者對象、寫作目的和文體風格特徵等方面的意義等。因受限於選文之篇幅，故不在本文中收錄範例，僅以「試卷二」（PAPER 2）題型舉隅。

表六　IBDP 中文 A 課程「試卷二」題目[12]

中文 A：語言與文學（Chinese A: Language and Literature）	
試卷二（PAPER 2）	
高級課程（Higher Level）	普通課程（Standard Level）
2小時	1小時30分
回答下列任何一個討論題。你的回答必須以課程第三部分選修的兩部文學作品為基礎。如果沒有根據這兩部作品進行討論，就不能得到高分。回答中應闡明你是怎樣通過語言文字和相關背景來閱讀理解每一部文學作品的。 1. 在你選修的至少兩部文學作品中，作者怎樣通過對各種人物的塑造，揭示出壓迫與歧視的存在。 2. 在你選修的至少兩部文學作品中，作者如何挑戰或顛覆了讀者既有的觀念，使他們重新認識周遭世界？ 3. 在你選修的至少兩部文學作品中，作者如何表現了人類的生存苦難和困境？ 4. 在你選修的至少兩部文學作品中，作者如何建構了男性形象與女性形象？ 5. 通過你選修的至少兩部文學作品，分析作者如何通過視角轉換雕塑文義？ 6. 在你選修的至少兩部文學作品中，作者如何呈現美與醜之間的關係，創造了什麼樣的效果？	
中文 A：文學（Chinese A: Literature）	
試卷二（PAPER 2）	
高級課程（Higher Level）	普通課程（Standard Level）
2小時	1小時30分
從下列各類問題中任選一題來回答。答案必須根據問題的要求對第三部分所學過的至少兩部作品加以比較對照。答案裏所引用的例子若不是出自第三部分的至少兩部作品，將不會獲得高分。 詩詞 1. 請以所學過的至少兩位詩人的作品為例，分析討論詩人如何通過意象的細心安排來營造作品的總體情緒氛圍。 2. 請以所學過的至少兩位詩人的作品為例，分析討論詩歌「意在言外」的寓意。 3. 請以所學過的至少兩位詩人的作品為例，分析討論詩人如何通過日常生活中「了無詩意」的口語化語言的使用來取得特別的效果。	

---

12 整理自二〇一六年五月，國際文憑組織大學預科項目中文 A：語言與文學以及中文 A：文學測驗題。

散文

4. 請以所學過的至少兩部作品中的篇章為例，分析討論作者如何將個人的情緒外移於其所描寫的事物。

5. 請以所學過的至少兩部作品中的篇章為例，分析討論作者如何通過對具體事物的敘述與描寫來引出聯想與議論。

6. 請以所學過的至少兩部作品中的篇章為例，分析討論作品的「詩意」體現在甚麼地方。

戲劇

7. 請以所學過的至少兩部作品為例，分析討論戲劇作品中人物對話的語言既源於生活又高於生活的特點。

8. 請以所學過的至少兩部作品為例，分析討論作者運用何種戲劇手段來突破舞臺的限制，將無法直接呈現在觀眾面前的內容引進作品。

9. 請以所學過的至少兩部作品為例，分析討論作品如何通過小舞臺上的日常生活戲劇場景中有意義的細節來反映社會與歷史大舞臺上的現實。

長篇小說

10. 請以所學過的至少兩部作品為例，說明作品的結構其實就是情節發展演進的邏輯。

11. 請以所學過的至少兩部作品為例，分析討論人物心理描寫的特點及其作用。

12. 請以所學過的至少兩部作品中的篇章為例，分析討論作者如何以小人物的遭遇來反映時代的巨大變遷。

中短篇小說

13. 請以所學過的至少兩部作品中的篇章為例，分析討論中短篇小說如何通過人物之間的關係來表現不同價值觀念之間的矛盾沖突。

14. 請以所學過的至少兩部作品中的篇章為例，分析討論動物或植物意象的運用如何有效地為作品的主題服務。

15. 請以所學過的至少兩部作品為例，分析討論作品的中心意義如何在故事的高潮得到強烈而集中的體現。

　　觀察 IBDP 中文 A 最終測驗的題目，「文學」課程因選讀文本數量的關係，故題目的分類與題數較「語言與文學」多，但二者皆展現了 IBDP 課程中期望培養學生面對文學應具備理解與詮釋的核心素養；學生可以在作答過程中，藉由不同的文本，展現價值觀的差異、時代的轉變、創作意涵、當代創新與觀念衝擊、移情作用、修辭技巧所構築的意象等，雖未指定學生必須利用「古典」或「現代」文本進行評析基礎，但為了有明確而精準的文本比較，以凸顯選擇主題的同與異，使測驗成果呈現最佳化，學生多數都

會從課堂中學習過的文本，選擇古典與現代各一部作品評析，而非全然採用現代文學作品，主要是因為古典文學中所展現的文化底蘊及時代性，以及人物型塑與社會場域構築、書寫運用，相較於現代作品更能突顯兩文本之間差異性，由於有這樣的因素，學生在課程中，對於古典與現代文學的學習，會盡力達到兼容並蓄的平衡。

因此，從測驗端觀察可以得知，任何修習 IBDP 中文 A 課程的學生，應將語文視為一種藝術形式來欣賞，並以廣闊的人文視野去欣賞所學作品，而非僅對於作品進行「分析」的工作，應將古典文學視為跨越古、今人思想交流的管道，深入探究文本核心創作的理念。教師藉由課堂引導，如：遭受相同人生困境的作家們如何面並解決，終至安頓身心，恬適自在；或面臨重大議題、人生轉折關鍵時刻，作家們是否會有相同或不同的抉擇等等主題，觀照文本中所傳達的「情」與「志」何以跨越時空，形成古今思想上的差異，進而理解，產生共鳴。

在全球多元文化語境（cultureal context）的場域中，IBDP 中文 A 課程期望學生能接觸更豐富多樣、反映不同習俗、文化和複雜事物的作品，並探究其文化背景、文化語境在現實情境中所產生的幽微的心理作用。學生運用古典文學，比較評述各類文化及文本，觀察共通性與異質性，並通過對多元文化的理解和尊重，培養文化融合（Cultural Integration）以及跨文化溝通（Intercultural communicative competence）的能力。亦在課程訓練學生思考與反饋的過程中，對於自我國族文化將有更深層的認識，立基於此，將傳統中國文化及文學之美，透過全球化教育的場域開展。

五 結語

IBDP 中文 A 課程相較於其他國際教育系統的中文課程或測驗如 AP[13]、SAT II[14] 等，呈現非常大的差異性，AP、SAT II 等僅將中文課程定位為初階的語文應用課程，並無對中長篇文章或者全本作品深入閱讀探究的課程，考題則以較淺顯易懂的語體文設計，測驗學生聽說讀寫的程度，閱讀理解亦僅限於日常溝通能力，幾乎不可能像國際文憑組織如此平等的重視中文課程在全球化教育中所扮演的角色，並藉由強化中文學習的縱深，從「書皮學」變成「深層閱讀」，並搭配與主題相關之選書，加深記憶與理解、多元文化的橫向整合等重大核心學習元素，目的在於訓練學生將「帶著走的能力」內化與實踐在生命的每一刻，而非侷限在於基礎語文能力的培養。

但在 IBDP 中文 A 課程中遂行古典文學教育，有其先天上的窒礙之處，原因有二：

---

13 美國大學理事會（College Board）贊助與授權「大學預科課程」（Advanced Placement, AP）的縮寫。

14 即 SAT Subject Test。SAT 為 Scholastic Assessment Tests 的縮寫。由美國大學理事會（College Board）委託美國教育測驗服務社（Educational Testing Service, ETS）定期舉辦的學科水平測驗，成績可作為美國各大學申請入學的重要參考條件之一。

其一是許多選擇修習中文 A 課程的學生，雖然對於中文的運用上，「聽」與「說」已具備一定的水平，但對於「讀」與「寫」則有待加強，這也是因學生身處國際化的學習情境中，大多使用 IB 官方工作語言，例如英文、法文、西班牙文等，對於中文與亦掌握與應用較不精準，較艱深的詞彙理解度也需再加強，對於言簡意賅的古典文學，或特定時代用語，學習與理解較為困難；其二則是學生對於古典文學所需之史學、文化及文學知識的先備經驗不足，造成授課教師必須重新架構其學習古典文學的知識背景，才能在課堂上與學生有較深層的教學交流。

　　國際文憑組織成立以來就一直堅持以培養學生國際化、多元並蓄的能力，更尊重各國文化，在全球化的課程架構中，依循國際文憑組織期望學科能力指標的範疇，學習已不再是一個單一面向的行為，而是逐漸走向跨國、跨文化、跨學科領域整合的模式。IBDP 中文 A 課程的基於國際文憑組織的教學理念，學生除了通過課程學習，深入探究古典文學及傳統文化、培養優異的語文表現外，更期望學生能培養自我反思與溝通能力，生根本土展望世界的思考力，以及無畏於時代快速變動及全球化挑戰的反應力。

參考文獻

專書類

董　寧　《國際文憑組織大學預科項目中文 A 文學課程指導》　香港市　三聯書局
　　　　2012年

禹慧靈　《國際文憑組織大學預科項目中文 A 語言與文學課程指導》　香港市　三聯書
　　　　局　2013年

董　寧　《中文 A 文學專題研究論文寫作指導》　香港市　三聯書局　2014年2月

坪谷・紐厄爾・郁子著，莊雅琇譯　《給孩子與世界接軌的教育》　臺北市　商周出版
　　　　2015年8月

Diploma Programme (2001). *Prescribed literature in translation list*, International Baccalaureate
　　　　Organization,2001.

Diploma Programme (2011). *Chinese A Prescribed List of authors* ,International Baccalaureate
　　　　Organization.

Diploma Programme (2013). *Language A: Literature Guide*, First Examinations 2015,
　　　　International Baccalaureate Organization.

Diploma Programme (2013). *Language A: Language and Literature Guide*, First Examinations
　　　　2015, International Baccalaureate Organization.

Diploma Programme (2015). *大學預課中教學與學習方法 Approaches to teaching and
　　　　learning,* International Baccalaureate Organization.

學位論文類

顧彬彬　《國際文憑項目研究》　華東師範大學課程與教學系碩士論文　2006年4月

金　添　《國際文憑項目學生評價研究》　北京師範大學比較教育學碩士論文　2008年
　　　　5月

馮　洋　《國際文憑大學預科項目指導下之 IB 中文教學的考察與分析──以廣州美國
　　　　人國際學校為具體分析案例》　廣州中山大學漢語國際教育碩士論文　2012年
　　　　6月

許羚琬　《國際學校之 IBDP 華語習得規劃個案研究──以高雄美國學校為例》　高雄
　　　　師範大學華語文教學研究所碩士論文　2012年8月

王志芳　《國際學校對外漢語寫讀一體化教學設計研究，以南京國際學校為例》　南京
　　　　師範大學國際教育文化學院碩士論文　2014年4月

期刊論文類

李　棟　〈國際高中階段課程探析——以 IBDP 課程為例〉　《基礎教育》　第6卷第8
　　　　期　2009年8月　頁8　39-42

陶建敏　〈IB「文憑項目」中文課程大綱及湘度應教材編寫策略討論〉　《華文教學與
　　　　研究》總第46期　2012年第2期　2012年　頁1-8

董敘明、蘇倩　〈試論教育國際化中高中 IBDP 課程教師角色與職能的轉變〉　《課程
　　　　教育研究》2014年2月下旬刊　頁68

吳昱昊　〈IBDP 中文文學課程的課程架構與學習要求〉　《江蘇教育研究》　2014年
　　　　第16期　2014年6月　頁37-41

王秋萍　〈談「國際文憑大學預科課程」〉　《教育研究月刊》第247期　2014年11月
　　　　頁118-132

王麗雲　〈國際高中文憑學程探究〉　《課程與教學季刊》第18卷第3期　2015年7月
　　　　頁125-155

鍾鎮城　〈國際學校裡的 IBDP 與 AP 華語習得之比較〉　《高雄師大學報》第39期
　　　　2015年12月　頁43-56

國立臺灣戲曲學院通識教育學報第五期

主　　編　黃一峰

審查委員　王光中、林澤宏、孫劍秋

　　　　　黃一峰、黃偉揚

執行編輯　王書芬

發 行 人　張瑞濱

出 版 者　國立臺灣戲曲學院

地　　址　臺北市木柵路三段 66 巷 8 之 1 號

電　　話　（02）29367231（木柵校區）

傳　　真　（02）29375561

編 輯 所　萬卷樓圖書股份有限公司

印　　刷　百通科技股份有限公司

封面設計　百通科技股份有限公司

發　　行　萬卷樓圖書股份有限公司

　　　　　地址 臺北市羅斯福路二段 41 號 6

　　　　　樓之 3

　　　　　電話 (02)23216565

　　　　　傳真 (02)23218698

　　　　　電郵 SERVICE@WANJUAN.COM.TW

香港經銷　香港聯合書刊物流有限公司

　　　　　電話 (852)21502100

　　　　　傳真 (852)23560735

ISBN　978-986-05-7067-0

2018 年 6 月初版

定價：新臺幣 300 元

如何購買本書：

1. 劃撥購書，請透過以下郵政劃撥帳號：

　帳號：15624015

　戶名：萬卷樓圖書股份有限公司

2. 轉帳購書，請透過以下帳戶

　合作金庫銀行　古亭分行

　戶名：萬卷樓圖書股份有限公司

　帳號：0877717092596

3. 網路購書，請透過萬卷樓網站

　網址 WWW.WANJUAN.COM.TW

大量購書，請直接聯繫我們，將有專人為

您服務。客服：(02)23216565 分機 610

如有缺頁、破損或裝訂錯誤，請寄回更換

國家圖書館出版品預行編目資料

國立臺灣戲曲學院通識教育學報第五期 /

黃一峰主編. -- 初版. – 臺北市：臺灣戲曲學

院出版：萬卷樓發行, 2018.06

　面；　公分　　年刊

ISBN 978-986-05-7067-0(平裝)

1.通識教育　2.高等教育　3.期刊

　　525.3305　　　　　　　107017873